MÜNCHNER STUDIEN

ZUR

SOZIAL- UND WIRTSCHAFTSGEOGRAPHIE

in

MÜNCHNER UNIVERSITÄTS-SCHRIFTEN

MÜNCHNER STUDIEN ZUR SOZIAL- UND WIRTSCHAFTSGEOGRAPHIE

Herausgeber:

Institut für Wirtschaftsgeographie der Universität München

HANS-DIETER HAAS   HUBERT JOB   KARL RUPPERT

Schriftleitung: Reinhard Paesler

Band 42

Gewerbebrachflächenrecycling

Ein Beitrag zur nachhaltigen Stadt- und Regionalentwicklung

Herausgegeben von
Hubert Job und Martin Koch

VERLAG MICHAEL LASSLEBEN KALLMÜNZ / REGENSBURG

2001

Gedruckt mit freundlicher Unterstützung aus Mitteln der Münchner Universitäts-Schriften
und der Bayritex-Stiftung, Kronberg/Taunus

ISBN 3 7847 6542 4

Buchdruckerei Michael Laßleben, 93183 Kallmünz über Regensburg

Geleitwort

Die deutsche und europäische Stadt- und Regionalentwicklung muß einen Spagat leisten: Der Bedarf an Flächen für Wohnen, Gewerbe und Infrastruktur steigt. Dies ist – unbeschadet konjunktureller Schwankungen – ein Reflex auf wesentlich dynamischere wirtschaftliche Veränderungen und auch die grundlegend veränderte Nachfragesituation privater Haushalte. Andererseits ist der sorgfältige Umgang mit der Ressource Boden heute keineswegs ein Thema für ökologisch sensible Theoretiker, sondern eine handfeste plausible Vorgabe der Siedlungsentwicklung.

Auf diese unterschiedlichen Anforderungen an die Siedlungsentwicklung eine Antwort zu geben, ist eine ebenso zentrale wie originäre Aufgabe von Raumordnung und Stadtentwicklungspolitik. Mag es dafür keinen „Königsweg" geben, mögen die Lösungsansätze in den Teilregionen des Landes unterschiedlich sein, so gibt es doch grundlegende Erfahrungen und überzeugende Strategien. Der Flächenkreislaufwirtschaft dürfte dabei die Schlüsselrolle zukommen.

Denn auch der Umgang mit von Menschen bereits genutzten Flächen ist widersprüchlich: Dem steigenden Flächenbedarf steht gegenüber eine seit inzwischen Jahrzehnten dramatisch zunehmende Zahl von Flächen, die von den früheren Nutzern freigegeben wurden, die brach liegen, die nicht wieder genutzt werden: Gewerbeflächen, Militärflächen, Bahnflächen – dies sind die auffälligsten Beispiele und daneben gibt es eine große Zahl von Brachen, die aus kleinteiligeren Umstrukturierungsprozessen freigesetzt werden.

Unverkennbar ist, daß der Mechanismus der Rückführung freigesetzter Gewerbeflächen in die Flächennutzung eine der schwierigsten Bodennutzungsprozesse darstellt. Die Ursachen dafür liegen auf der Hand: Eigentumsverhältnisse, unklare Interessen der früheren Nutzer, Vermarktungsschwierigkeiten, Bewertungsprobleme, Vorbelastung der Grundstücke.

Für Raumordnung und Stadtentwicklung ist daher eine Politik des Flächenrecycling von größtem Interesse. Die dynamische Zunahme der Siedlungsfläche, die überproportional gegenüber der Bevölkerungszunahme verläuft, erfordert einen sparsamen Umgang mit Grund und Boden. Das Ziel der Nachhaltigkeit hat dieser Aufgabe neue Impulse verliehen. Raumordnungsverfahren und Umweltverträglichkeitsprüfungen sind für eine konsequente Flächenhaushaltspolitik daher immer wichtigere Rahmenbedingungen. Der Koordinierung der Flächenausweisungen durch Regionalplanung und durch die kommunale Bauleitplanung kommt eine entscheidende Rolle zu.

Die Verhinderung der Zersiedlung als raumordnerisches, städtebauliches und ökologisches Prinzip erfordert einerseits eine konsequente Ausweisung von Bauland an Siedlungsschwerpunkten mit einer ökonomisch effizienten Bündelung von Versorgungs- und Infrastruktureinrichtungen sowie eine bessere Anbindung an den öffentlichen Personenverkehr einerseits und einer ebenso konsequenten Wiedernutzung der gerade in diesen Bereichen vorhandenen Brachflächen andererseits. Für die traditionellen hochverdichteten Agglomerationsräume in Deutschland, die sich in besonderem Maße der Umstrukturierung stellen müssen, hat das Flächenrecycling einen herausgehobenen Stellenwert – in manchen Regionen ist dies geradezu eine Überlebensfrage.

Flächenrecycling ist damit zugleich die große Chance für das deutsche und europäische Siedlungssystem: Dieses Siedlungssystem ist gekennzeichnet durch eine – im weltweiten Vergleich – ausgeprägte Urbanisierung. Deutschland und die Europäische Union sind Teile der am meisten verstädterten Regionen der Welt. Und dieser Verstädterungsprozeß wird sich fortsetzen. Das europäische Stadtmodell ist dabei – im Unterschied zu vielen anderen Regionen der Welt – durch eine ausgeprägte Dezentralisierung geprägt: Weniger als ein Viertel der Europäer lebt in großen

Ballungsräumen. Die große Mehrheit der Europäer lebt in Mittel- und Kleinstädten – ein Netzwerk von Groß-, Mittel- und Kleinstädten – das ist das europäische Stadtmodell.

Es gibt gute Gründe für die Annahme, daß dieses dezentrale und arbeitsteilige Siedlungssystem für die Dynamik der nächsten Jahrzehnte besonders geeignet ist: vernetzte Siedlungsstrukturen mit Kooperation zwischen Städten bei Bewahrung der lokalen Identität. Partnerschaften zwischen Stadt und Umland, Partnerschaft in den Regionen ist eine Grundvoraussetzung dafür. Und die Bereitstellung von Flächen, die Entscheidung über Bodennutzungen sind zentrale Aufgaben dieser Partnerschaft. Recycling von Gewerbebrachflächen als Ausdruck einer aktiven Bodenpolitik muß daher als integriertes Element der Kooperation von Stadt und Umland verstanden und genutzt werden.

Ministerialdirektor Prof. Dr. Michael Krautzberger
Bundesministerium für Verkehr, Bau- und Wohnungswesen, Berlin

Vorwort der Herausgeber

Die derzeitige Siedlungs- und Verkehrsentwicklung ist nicht nachhaltig! So betrug die Zunahme dieser am intensivsten genutzten, metahemeroben Flächen in Deutschland 1999 129 ha am Tag. D.h. pro Sekunde werden 15 m² Freifläche umgewidmet. Neue Baugebiete mit vermehrten Ein- und Zwei-familienhäusern entstehen am Rande der Stadtregionen, wo die Grundstückspreise erschwinglich sind, und trotz geringerer Arbeitsplatzdichten werden immer flächenaufwendigere Gewerbegebiete auf der „grünen Wiese" entwickelt. Bodenversiegelung, Landschaftszerschneidung, erhöhter Ressourcenver-brauch und steigende Emissionen durch den induzierten Verkehr (den die seit Jahresbeginn geltende Entfernungspauschale für Pendler zusätzlich forcieren wird) sind die unweigerlichen Konsequenzen.

Parallel zum immer stärker um sich greifenden „Urban Sprawl" kommt es aufgrund des sozio-ökonomischen Strukturwandels zur Freisetzung ehemals gewerblicher und industrieller Standorte, militärischer Konversionsflächen oder auch freizeit- und verkehrstechnisch genutzter Liegenschaften. In den altindustrialisierten Gebieten Westdeutschlands und den strukturell schwächeren Städten Ostdeutschlands vollzieht sich dieser Prozeß in seiner radikalsten Form. Dort kam es in den letzten beiden Jahrzehnten bzw. nach der Wiedervereinigung zu einem Brachfallen von Flächen, für die sich keine kurzfristige Nachnutzung ergeben hat. Solche Flächen bieten ein enormes Potential für eine zweckmäßige, neuen ökonomisch-technischen Anforderungen angepaßte Stadt- bzw. Regional-entwicklung. Außerdem - brachgefallene Baulichkeiten innerhalb des Siedlungskörpers sind kein Phänomen der Neuzeit, sondern schon von jeher konstitutive Elemente der Stadtentwicklung gewesen.

Um diesen zwei in entgegengesetzter Richtung verlaufenden Trends Einhalt zu gebieten, ist eine verstärkte Wiedernutzung von Gewerbebrachflächen unabdingbar - im Sinne eines dem Nach-haltigkeitsprinzip verpflichteten haushälterischen Umgangs mit Grund und Boden. Gewerbe-brachflächenrecycling beschränkt sich nämlich ausschließlich auf bereits „gebrauchte" Standorte, die leider viel schwieriger zu beplanen und komplexer zu erschließen sind als „Neuland". Probleme, Techniken, Instrumente und Strategien sowie, nicht zuletzt, Chancen, die sich mit diesem brand-aktuellen stadt- und regionalplanerischen Handlungsfeld Gewerbebrachflächenrecycling verbinden, sind Inhalt des vorliegenden Sammelbandes. Denn in fast allen Städten und Gemeinden Deutschlands gibt es zwischenzeitlich (mehr oder weniger gelungene) Beispiele der Reaktivierung solcher Brach-flächen.

In der Hauptsache sind die hier vorgestellten Ergebnisse Resultat eines dreijährigen Forschungs-projektes, das im Auftrage der ‚Gesellschaft für Innovation und Unternehmensförderung mbH', Saarbrücken, durchgeführt wurde. Die wichtigsten innerhalb der Beiträge aufgeworfenen Forschungs-fragen sind:

- Aufdeckung ursächlicher Faktoren und aktueller sowie zukünftiger Freiflächeninanspruchnahme innerhalb Deutschlands.
- Kennzeichnung der derzeitigen Situation des Gewerbebrachflächenrecyclings im Hinblick auf funktionale (Begriffsbestimmung und Typisierung) und räumliche (projektbezogen, gesamtstädtisch, regional und national) Kriterien.
- Einschätzung künftiger Trends, insbesondere des Beitrags des Gewerbebrachflächenrecyclings einerseits zur Reduzierung der Freiflächeninanspruchnahme und andererseits als Möglichkeit der inneren Erneuerung vorhandener Siedlungskomplexe.
- Erörterung der Wirkungsweise bestehender und in der wissenschaftlichen Diskussion befindlicher Instrumente zur Förderung des Gewerbebrachflächenrecyclings.

Die schwierige Informationslage in einem zudem sehr komplexen Handlungsfeld legte ein primär qualitatives Forschungsdesign nahe. So stellte die Sammlung von rund 500 Fallbeispielen die wesentliche Grundlage einer regional und funktional differenzierten Analyse der gegenwärtigen Situation im Brachflächenrecycling dar. Erkenntnisse über die zukünftige Entwicklung wurden im Rahmen einer dreistufigen Delphi-Befragung von 15 hochrangigen Experten aus den Bereichen Forschung und Wissenschaft, Verwaltung und Politik, Consulting und Projektentwicklung sowie Umwelt- und Naturschutz gewonnen.

Die Verfasser wünschen sich, mit dem vorliegenden Werk einen angewandt-geographischen Beitrag zu leisten; einen Beitrag, der hoffentlich planerische Früchte trägt – indem darauf abgezielt wird, der Entkoppelung von Freiflächeninanspruchnahme und Wirtschafts- sowie Wohlstandsentwicklung ein Stück weit näher zu kommen. Somit könnte der im Raumordnungsgesetz festgeschriebenen Leitvorstellung einer nachhaltigen Raumentwicklung besser entsprochen werden.

Hubert Job und Martin Koch

Inhaltsverzeichnis

Verzeichnis der Autoren

Dipl.-Geogr. J. Eitel
Gesellschaft für Innovation und Unternehmensförderung mbH, Saarbrücken

Dipl.-Geogr. F. Hömme
Universität Trier

Prof. Dr. H. Job
Ludwig-Maximilians-Universität München

Dipl.-Geogr. H. P. Klein
Gesellschaft für Innovation und Unternehmensförderung mbH, Saarbrücken

Dr. M. Koch
Gesellschaft für Innovation und Unternehmensförderung mbH, Saarbrücken

Prof. Dr. M. Krautzberger
Bundesministerium für Verkehr, Bau- und Wohnungswesen, Bonn

Dipl.-Geogr. M. Pütz
Ludwig-Maximilians-Universität München

Dipl.-Geogr. C. Renschler
Universität Trier

Prof. Dr. T. Sieverts
Technische Hochschule Darmstadt

Dipl.-Ing. J. Trautmann
S.K.A.T., Architekten und Stadtplaner, Bonn

Dr. C.-C. Wiegandt
Bundesamt für Bauwesen und Raumordnung, Bonn

URSÄCHLICHE FAKTOREN, QUANTITATIVE UND QUALITATIVE DIMENSION SOWIE RÄUMLICHE VERTEILUNG DER BUNDESWEITEN FREIFLÄCHENINANSPRUCHNAHME

Marco Pütz und Hubert Job

Kurzfassung

In den letzten 50 Jahren hat sich die Siedlungs- und Verkehrsfläche in Deutschland fast verdoppelt. Die Freiflächeninanspruchnahme beträgt heute über 120 ha pro Tag. Die Enquête-Kommission "Schutz des Menschen und der Umwelt" hat 1998 gefordert, die Freiflächeninanspruchnahme bis zum Jahr 2010 sukzessive auf 12 ha pro Tag zu verringern und langfristig Siedlungsflächen vollständig zu recyceln. In zehn Jahren soll jährlich nicht mehr Fläche in Anspruch genommen werden als derzeit in rund 37 Tagen. Gegenwärtig ist jedoch noch kein Zeichen des Rückgangs der Freiflächeninanspruchnahme zu erkennen. Vielmehr wird sich die Freiflächeninanspruchnahme in Art und Menge sowohl in den alten als auch in den neuen Ländern fortsetzen. Obwohl die Bevölkerungszahl in den nächsten Jahren ungefähr gleich bleibt, wird die individuelle Flächeninanspruchnahme für Wohnen, Arbeiten, Mobilität und Freizeit steigen. Aufgrund der weiterhin hohen Nachfrage nach gewerblichen Bauflächen und dem ungebrochenen Trend zur Eigenheimbildung werden trotz baureifer Wiedernutzungspotentiale im Innenbereich vor allem Freiflächen im Umland der Agglomerationen und der verstädterten Regionen beansprucht werden. Die zukünftige Raumentwicklung wird neben dem Wohlstandseffekt von gesamtwirtschaftlichen Trends beeinflußt. Die Art und Weise der Siedlungsflächennutzung wird zudem von wohnungsbaupolitischen, ordnungsrechtlichen und fiskalpolitischen Instrumenten berührt. Wie sich der ökonomische Strukturwandel auf Flächenbedarf und Flächeninanspruchnahme auswirken wird, ist gegenwärtig noch unklar. Insgesamt kann davon ausgegangen werden, daß im Zuge der Tertiärisierung die Flächenproduktivität gesteigert wird. Allerdings steht zu erwarten, daß die höhere Flächenproduktivität durch eine extensivere Nutzung der Privathaushalte und geringere Flächenproduktivitäten von neuen, integrierten Konsum- und Freizeiteinrichtungen (Urban Entertainment- und Factory Outlet Center, inszenierte Ferienwelten etc.) wieder ausgeglichen wird.

1. Einleitung

1.1 Flächennutzung und nachhaltige Entwicklung

Zu den zentralen Forderungen einer nachhaltigen Entwicklung gehört der effiziente Umgang mit natürlichen Ressourcen. Auf die nachhaltige Entwicklung von Städte und Regionen übertragen resultiert daraus die Aufgabe, die Daseinsgrundfunktionen Wohnen, Arbeiten, sich Versorgen, Bilden und Freizeitverhalten räumlich so zu organisieren, daß möglichst wenig an Fläche, Energie, Stoffen und anderen Ressourcen in Anspruch genommen bzw. verbraucht wird. Die Flächennutzung erscheint in zweierlei Hinsicht als ein Ansatzpunkt für eine nachhaltige Stadt- und Regionalentwicklung. Zum einen wird der Ressourcenverbrauch von Städten und Regionen zu einem erheblichen Teil durch die Struktur der Flächennutzung, d.h. die Art und Intensität der einzelnen Nutzungen, ihre räumliche Verteilung und die zwischen ihnen bestehenden Beziehungen mitbestimmt. Zum anderen erfordert die Flächennutzungsplanung schon immer die Abwägung verschiedener Interessen und die Berücksichtigung der verschiedenen Dimensionen nachhaltiger Entwicklung (vgl. BERGMANN u. SIEDENTOP 1998, S. 196). Deshalb ist eine nachhaltige Flächenhaushaltspolitik im Sinne eines sparsamen und schonenden Umgangs mit Grund und Boden durch die Integration ökonomischer, ökologischer, kultureller und sozialverträglicher Ansprüche an die Flächennutzung zentraler Bestandteil auf allen Ebenen der räumlichen Planung.

1.2 Der Begriff „Freiflächeninanspruchnahme"

Die Tatsache, daß Boden keine unbegrenzt verfügbare Ressource ist, wurde inzwischen von den politischen Entscheidungsträgern erkannt und hat Eingang in Gesetze und Richtlinien gefunden. Das Gebot eines schonenden und sparsamen Umgangs mit Grund und Boden ist in der Bodenschutzkonzeption der Bundesregierung (1985), im Baugesetzbuch (BauGB), in der Novelle des Raumordnungsgesetzes (1998) und im Bundesbodenschutzgesetz (BBodSchG, Gesetz zum Schutz vor schädlichen Bodenveränderungen und zur Sanierung von Altlasten, vom 17. März 1998) berücksichtigt. Der erste Paragraph im Baugesetzbuch enthält das Ziel, mit Grund und Boden sparsam und schonend umzugehen (§ 1a, Abschnitt 5, unter 9 BauGB). Das Begriffspaar "sparsam" und "schonend" findet auf den ersten Blick in seiner ökologischen Zielrichtung Zustimmung, impliziert jedoch einen Konflikt zwischen Flächensparen und -verschwenden auf der einen und Bodenzerstören und -schonen auf der anderen Seite. So minimiert eine hohe Baudichte zwar den Baugrund (flächensparend), bewirkt aber durch die hohe Dichte einen hohen Versiegelungsgrad (bodenzerstörend). Umgekehrt kann eine geringe Baudichte zwar bodenschonend sein, ist jedoch nicht baugrundsparend.

Die Dichotomie der Begriffe ist auf ihre unterschiedliche Herkunft zurückzuführen. Die Forderung des flächensparenden Bauens ist älter und stammt aus der Diskussion um Zersiedelung und optimale Ausnutzung der Infrastruktur und ist eine Folge gestiegener Bodenpreise. Die Forderung des bodenschonenden Bauens ist jünger und Ergebnis der Bodenschutzdiskussion. In der Schweiz wird dieser Konflikt zwischen den Begriffen durch die Bezeichnung des ortsspezifisch auszulegenden "haushälterischen Umgangs mit dem Boden" aufzulösen versucht (vgl. SIEVERTS 1997, S. 42f.).

Die beide Begriffe "Flächensparen" und "Bodenzerstörung" werden in der Öffentlichkeit unter dem Schlagwort "Flächen- bzw. Landschaftsverbrauch" diskutiert (vgl. IWU 2000, S. 113). Flächen- bzw. Landschaftsverbrauch sind jedoch genauer als eine – normativ neutrale – Veränderung in der quantitativ zu betrachtenden Komponente Versiegelung von Grund und Boden und der qualitativen Beeinträchtigung ökologischer, kulturhistorischer oder auch landschaftsästhetischer Funktionen (im Sinne einer durch den Verlust kultureller Merkmalsträger bedingten Monotonisierung der Kulturlandschaft) zu verstehen. Das Suffix "-verbrauch" ist insofern problematisch, als im Vergleich zu anderen Ressourcen der Verbrauch der Ressource Fläche weniger offensichtlich ist, weil Fläche nicht disapparieren kann. Vielmehr werden Freiflächen in Siedlungs- und Verkehrsflächen umgewidmet. Bei diesem Prozeß der Freiflächenumwidmung können zwar Freiflächen in ihren Funktionen stark beeinträchtigt und die nicht-erneuerbare Ressource Boden „verbraucht" werden, allerdings nicht notwendigerweise und in einigen Fällen nur auf Teilflächen. Deshalb wird im folgenden der wertneutrale Begriff der „Freiflächeninanspruchnahme" verwendet.

Die Inanspruchnahme von Freiflächen kann einen ständigen Verlust ökologisch aktiver Freiflächen zur Folge haben und zum Anwachsen von Flächen hohen Hemerobiegrades führen, auf denen einzelne oder mehrere Funktionen des Naturhaushaltes eingeschränkt oder sogar unterbunden werden. Naturnahe Landnutzungsformen können durch naturferne Nutzungen zurückgedrängt und beseitigt werden. Das Spektrum der nicht mehr rückgängig zu machenden qualitativen Schädigungen der ökologischen und soziokulturellen Funktionen von Freiflächen umfaßt z.B. Schädigungen des Wasserdargebotspotentials oder des Erholungspotentials von Freiflächen. In Abhängigkeit von Intensität der Bodennutzung und Versiegelungsgrad können nur bestimmte Organismen oder ganze Biozönosen und deren Lebensräume zerstört sowie Grundwasser und Klima negativ beeinflußt werden (vgl. WITTENBECHER 1999, S. 13).

Auch wenn bestimmte Bodennutzungen bereits Jahrzehnte zurückliegen, können Böden ernsthaft oder sogar irreversibel geschädigt sein. Dies zeigt insbesondere die Altlastenproblematik an Standorten ehemaliger Industrie- und Gewerbebetriebe sowie an Altmaterialdeponien. Die (Folge-)Kosten der Bodenzerstörung betragen jährlich schätzungsweise 60 Mrd. DM (HÜBLER u. SCHABLITZKI 1991). Außerdem reicht die Raumwirksamkeit der Flächennutzung über die betroffene Fläche hinaus, indem die linienhafte Zerschneidung der Natur durch Verkehrs- oder andere Infrastrukturtrassen zur Belastung von Landschaften (Habitat-Verinselung, Lärm- und Abgas-Imissionen u.a.m.) führt. Auf das Problem des Rückgangs „unzerschnittener verkehrsarmer Räume" soll in diesem Band allerdings nicht näher eingegangen werden (vgl. BUNDESAMT FÜR NATURSCHUTZ 2000; GRAU 1998; JOB 2001).

In den beiden folgenden Kapiteln wird ein Überblick gegeben über erstens die quantitative und qualitative Dimension sowie die räumliche Verteilung der Freiflächeninanspruchnahme in Deutschland und zweitens die zugrunde liegenden Ursachen der Freiflächeninanspruchnahme. Dabei wird Bezug genommen auf die Flächenerhebung der tatsächlichen Nutzung 1997 (Statistisches Bundesamt). Anschließend wird in Kapitel 4 auf der Basis der Flächenerhebung der geplanten Nutzung 1997 (Statistisches Bundesamt) ein Überblick über die voraussichtliche Flächennutzung und Trends der weiteren Siedlungsflächenentwicklung gegeben.

2. Quantitative und qualitative Dimension sowie räumliche Verteilung der Freiflächeninanspruchnahme in Deutschland

In der Bundesrepublik Deutschland wird seit 1981 alle vier Jahre eine Flächenerhebung nach Art der tatsächlichen Nutzung durchgeführt; in den neuen Ländern erstmals 1993. Die Flächen werden nach ihrer effektiven Belegung in der Gemarkung nachgewiesen (Belegenheitsprinzip). Als Basis für die Bestandsaufnahme dient das Liegenschaftskataster und das ihm zugrunde liegende "Verzeichnis der flächenbezogenen Nutzungsarten im Liegenschaftskataster und ihrer Begriffsbestimmungen". Bundesweit werden auf diese Weise die für jedes Flurstück im Liegenschaftskataster gespeicherten Informationen über die Flurstücksfläche und die Art der vorherrschenden Nutzung nachgewiesen und nach 17 Nutzungsarten differenziert. Seit 1997 umfaßt die Flächenerhebung auch die geplante Flächennutzung, d.h. die in einem Flächennutzungsplan dargestellte Art der Nutzung.

Um die bebaute, intensiv genutzte Fläche von landwirtschaftlich oder naturnah genutzter Fläche unterscheiden zu können, wird in der Flächenerhebung die Kategorie "Siedlungs- und Verkehrsfläche" (SuV) gebildet. Sie beinhaltet die Nutzungsarten "Gebäude- und Freiflächen", "Betriebsflächen ohne Abbauland", "Erholungsflächen", "Friedhöfe" und "Verkehrsflächen". Die Siedlungs- und Verkehrs- fläche ist jedoch nicht identisch mit der versiegelten Fläche, weil sie neben bebauten Flächen immer auch untergeordnete Frei- und Grünflächen enthält, z.B. bei Erholungsflächen. Die Zunahme der Siedlungs- und Verkehrsfläche ist in der Regel auf die Umwidmung von Landwirtschafts- und Waldflächen zurückzuführen (TESDORPF 1984, 13).

2.1 Flächennutzung 1997

Nach der Flächenerhebung 1997 sind 42 052 km² oder 11,8% der Bodenfläche Deutschlands (357 028 km²) Siedlungs- und Verkehrsflächen (vgl. Karte 1). Davon entfallen 52% auf Gebäude- und zugehörige Freiflächen, 40% auf Verkehrsflächen sowie 6,4% auf Erholungs- und Freizeitflächen. Im alten Bundesgebiet ist der Anteil der Siedlungs- und Verkehrsfläche mit 13,3% deutlich höher als in den neuen Ländern und Berlin-Ost mit 8,4%. Der Anteil der Siedlungs- und Verkehrsfläche an der Bodenfläche ist in den Stadtstaaten Berlin (66,7%), Hamburg (56,6%) und Bremen (53,9%) erwar- tungsgemäß am höchsten, gefolgt von Nordrhein-Westfalen (20%) und dem Saarland (19%). In Mecklenburg-Vorpommern werden dagegen nur 6,2% der Bodenfläche von der Siedlungs- und Verkehrsfläche in Anspruch genommen. Insgesamt ist davon auszugehen, daß ungefähr 50-60% der Siedlungs- und Verkehrsfläche versiegelt sind (vgl. BIZER 1995, S. 390).

Die höchsten Anteile an Siedlungs- und Verkehrsfläche konzentrieren sich auf die großen Agglomera- tionen, auf die verstädterten Räume entlang der Rheinachse und auf den Siedlungskorridor Stuttgart- München (vgl. Karte 1; DOSCH u. BECKMANN 1999a, S. 500). Der Belastungsgrad ist von Region zu Region jedoch unterschiedlich (vgl. SIEDENTOP 1999, S. 150ff.). Generell sind die Belastungen in den westdeutschen Verdichtungsräumen wesentlich höher als in den ostdeutschen. Durch die fortlaufenden Suburbanisierungsprozesse und den Ausbau des regionalen Verkehrsnetzes ist jedoch zu erwarten, daß sich langfristig die Belastungsniveaus in den Neuen Ländern angleichen werden. In Abhängigkeit von der Zahl der Einwohner und Arbeitsplätze variiert der Verstädterungsgrad in Verdichtungsräumen. Frankfurt/Main weist mit knapp einem Drittel einen relativ hohen Anteil baulich geprägter Flächen an der Gesamtfläche aus (1992). Bei der Berechnung des Anteils baulich geprägter Flächen für konzentri- sche Ringzonen um die Kernstadt ergibt sich ein differenzierteres Bild der Verstädterung. Chemnitz, Dresden, Leipzig und auch Hannover sind vergleichsweise kompakt verstädterte Regionen mit einem eher ländlich geprägten, belastungsarmen Umland. Der Anteil baulich geprägter Flächen sinkt jenseits des 10-km-Radius abrupt auf niedrigere Werte ab. Im Gegensatz dazu sind Stuttgart und Frank- furt/Main vergleichsweise dispers verstädterte Regionen mit flächenhaften Verkehrs- und Siedlungs- belastungen im Umland (vgl. SIEDENTOP 1999, S. 151).

Die Landwirtschaftsfläche nimmt mit 193 136 km² oder 54,1% den größten Anteil der Bodenfläche ein. Der Anteil der Landwirtschaftsfläche an der Bodenfläche ist in den neuen Ländern und Berlin-Ost mit 57,2% höher als im alten Bundesgebiet mit 52,8%. Der Wald bedeckt 104 915 km² oder 29,4% der Bodenfläche Deutschlands. Der Anteil der Waldfläche liegt im alten Bundesgebiet mit 30,2% etwas über dem Anteil in den neuen Ländern und Berlin-Ost (27,4%). Die Wasserfläche nimmt mit 7 940 km² einen Anteil von 2,2% an der Bodenfläche ein. Ungefähr ein Drittel der Wasserfläche Deutschlands befindet sich in Bayern (1 322 km²) und Mecklenburg-Vorpommern (1 271 km²).

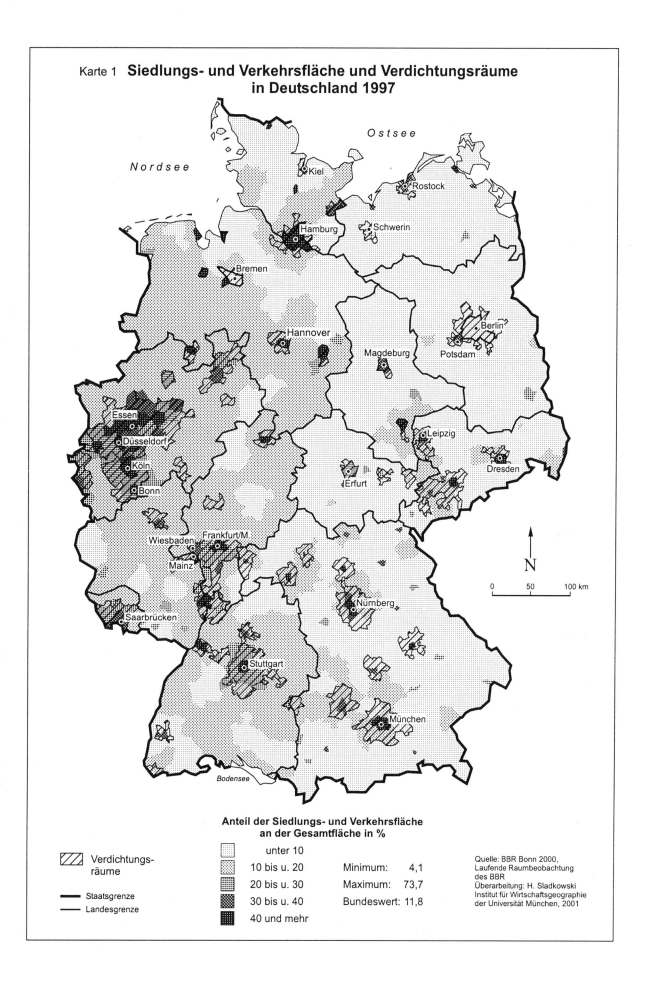

Karte 1 **Siedlungs- und Verkehrsfläche und Verdichtungsräume
in Deutschland 1997**

Ostsee

Nordsee

Kiel

Rostock

Hamburg   Schwerin

Bremen

Hannover   Magdeburg   Potsdam   Berlin

Essen   Leipzig

Düsseldorf

Köln   Dresden

Bonn   Erfurt

Frankfurt/M.

Wiesbaden

Mainz   Nürnberg

N

Saarbrücken   0   50   100 km

Stuttgart

München

Bodensee

**Anteil der Siedlungs- und Verkehrsfläche
an der Gesamtfläche in %**

	unter 10	
Verdichtungs-räume	10 bis u. 20	Minimum: 4,1
	20 bis u. 30	Maximum: 73,7
Staatsgrenze	30 bis u. 40	Bundeswert: 11,8
Landesgrenze	40 und mehr	

Quelle: BBR Bonn 2000,
Laufende Raumbeobachtung
des BBR
Überarbeitung: H. Sladkowski
Institut für Wirtschaftsgeographie
der Universität München, 2001

2.2 Siedlungs- und Verkehrsflächenwachstum vs. Freiflächenrückgang

Die Zunahme der Flächen für Siedlungs- und Verkehrszwecke ist seit Beginn der Industrialisierung, von einigen kurzfristigen Schwankungen abgesehen, bemerkenswert konstant verlaufen. Die Dynamik in der Veränderung der Bodennutzungen ist aufgrund der Datenlage nur für die alten Bundesländer über einen längeren Zeitraum zu verfolgen. Seit 1960 ist ein kontinuierliches Wachstum der Siedlungs- und Verkehrsflächen zu verzeichnen. Während in den letzten 40 Jahren die Siedlungsfläche um fast drei Viertel zugenommen hat, ist die Bevölkerung im gleichen Zeitraum nur um 30% und die Zahl der Erwerbstätigen sogar nur um 10% gestiegen (vgl. Abb. 1). Nahmen die Verkehrsflächen 1981 noch 45,5% der Siedlungs- und Verkehrsfläche ein, beträgt ihr Anteil 1997 nur mehr 39,9%. Ihr Zuwachs verläuft im Vergleich zu Gebäude- und Freiflächen unterproportional.

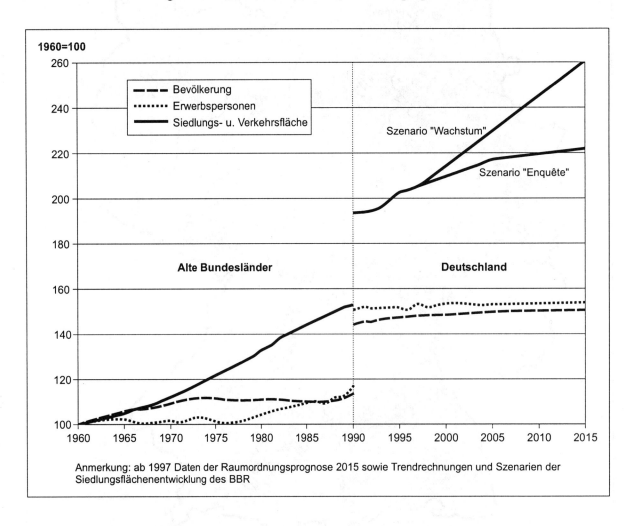

Abb. 1: Siedlungs- und Verkehrsfläche, Bevölkerung und Erwerbspersonen 1960-2015

Quelle: LRB BBR 2000; STATISTISCHES BUNDESAMT

In den alten Ländern hat sich der durchschnittliche tägliche Zuwachs der Siedlungs- und Verkehrsflächen in den 80er Jahren gegenüber den 70er Jahren deutlich reduziert und relativ konstant entwickelt. Anfang der 80er Jahre betrug der durchschnittliche tägliche Siedlungs- und Verkehrsflächenzuwachs noch 112,9 ha (1981-1984). In den Folgejahren ist der Wert gesunken auf 86,7 ha (1985-1988) und 80,3 ha (1989-1992). Von 1993-1996 ist der durchschnittliche tägliche Zuwachs an Siedlungs- und Verkehrsflächen wieder leicht gestiegen auf 84,1 ha. Das Siedlungs- und Verkehrsflächenwachstum in den 80er und 90er Jahren ging einher mit einem hohen Inanspruchnahme von Freiflächen, insbesondere einem Rückgang der Landwirtschaftsflächen. Nichtwohnbauflächen, d.h. Flächen für Handel, Dienstleistungen, Industrie, Gewerbe und zugehörige Betriebsflächen, sind dabei stärker gewachsen als Wohnbauflächen. Die individuelle Siedlungsflächeninanspruchnahme hat im alten Bundesgebiet von 350 m² (1950) auf 500 m² (1997) Siedlungsfläche pro Kopf zugenommen, und das angesichts im gleichen Zeitraum ebenfalls deutlich gestiegener Bevölkerungszahlen.

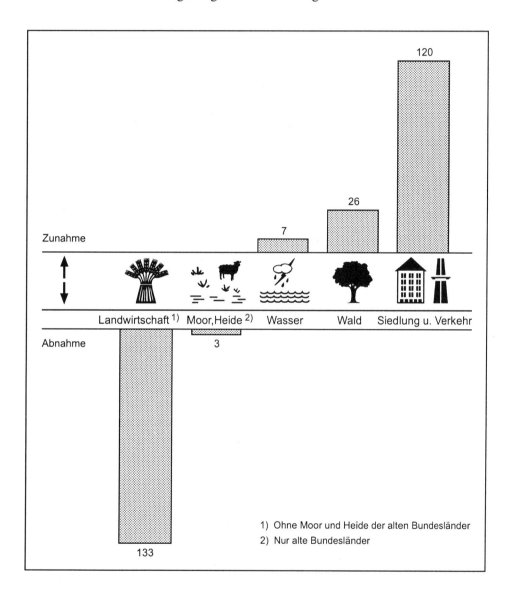

Abb. 2: Tägliche Veränderung der Bodennutzung in Deutschland 1993 - 1997 in ha

Quelle: LOSCH 1999, S. 29

In den Jahren 1993 bis 1997 wurden im gesamten Bundesgebiet täglich 120 ha Freifläche in Anspruch genommen, wovon 84 ha auf die alten Länder und 36 ha auf die neuen Länder entfallen (vgl. Abb. 2); das entspricht einer Fläche von 163 Fußballfeldern (ohne Nebenflächen eines Fußballfeldes). Auf ein ganzes Jahr gerechnet werden 43 881 ha Freifläche in Anspruch genommen, das entspricht annähernd der Größe des Bundeslandes Bremen. Die Siedlungs- und Verkehrsflächen haben durchschnittlich täglich um 120 ha, die Waldflächen um 26 ha und die Gewässerflächen um 7 ha zugenommen. Die Zunahme der Gewässerflächen ist in erster Linie auf Abgrabungen (Kiesgruben) und Tagebauflutungen im Rahmen von Rekultivierungsmaßnahmen zurückzuführen. Der Nutzungswandel ging hauptsächlich zu Lasten der Landwirtschaftsflächen (-133 ha täglich). Aber auch die Moor- und Heideflächen entwickelten sich rückläufig. Diese Tendenz ist insofern bedenklich, als die für diese naturnahen Flächen spezifische Fauna und Flora verloren ist (vgl. LOSCH 1999, S. 27f.).

Nach den neuesten Zahlen des Bundesamtes für Bauwesen und Raumordnung hat sich die Freiflächeninanspruchnahme in Deutschland wieder intensiviert. Die Siedlungs- und Verkehrsfläche hat im Bundesgebiet 1998 um 124 ha pro Tag und 1999 täglich um 129 ha zugenommen (vgl. BBR 2000a). Von 1997 bis 1999 ist die Siedlungs- und Verkehrsfläche je Einwohner im Bundesmittel von 513 m² auf 524 m² angestiegen. In den neuen Bundesländern ist mit 37 ha der tägliche Siedlungsflächenzuwachs unverändert hoch und steigt je Einwohner mit einer durchschnittlichen Siedlungsfläche von 535 m³ 1997 auf 556 m² 1999 weiter an. Trotz Bevölkerungsverlusten liegt die Neuinanspruchnahme je Einwohner in den neuen Bundesländern um 50% höher als im Westen. In den alten Bundesländern (ohne Berlin) ist die Siedlungsfläche 1999 täglich um 92 ha gewachsen (1993-1997: 84 ha), das entspricht einer Flächeninanspruchnahme von 515 m² je Einwohner 1999 (1997: 507 m²).

3. Ursachen der Freiflächeninanspruchnahme in Deutschland

Die Freiflächeninanspruchnahme und damit die Siedlungsflächenzunahme in Deutschland ist eindeutig eine Folge des gewachsenen materiellen Wohlstands mit stark gestiegenen individuellen Raumnutzungsansprüchen (vgl. DOSCH u. BECKMANN 1999a, S. 496). Die Zunahme der individuellen Siedlungsflächeninanspruchnahme hat dazu geführt, daß sich die Bevölkerung auf viel größere Siedlungsflächen verteilt. Die Inanspruchnahme von Freiflächen wird negativ beeinflußt vom veränderten Freizeit-, Konsum- und Mobilitätsverhalten bei weiterer Ausdehnung von Erreichbarkeitsschwellen. Außerdem wird die Freiflächeninanspruchnahme von einer neuen Beurteilung der Verträglichkeit von Nutzungsmischungen negativ beeinflußt (vgl. BORCHARD 1999, S. 1).

Die individuelle Wohnflächeninanspruchnahme ist von ungefähr 15 m² Pro-Kopf-Wohnfläche 1950 auf heute 42 m² gestiegen und wird weiter auf 48 m² (2015) sowie 52 m² (2030) zunehmen (vgl. SIMONS 1999, S. 749). Der Wohnungsbedarf und damit der Flächenbedarf auf dem Wohnungsmarkt wird trotz sinkender Bevölkerungszahlen weiter steigen, weil alte Menschen in kleineren Haushalten leben, alte Menschen mehr Wohnfläche pro Kopf beanspruchen als jüngere Menschen und aufgrund der Alterung der Gesellschaft der Wohnflächenvorsprung alter Haushalte gegenüber jungen Haushalten zunehmen wird (vgl. SIMONS 1999, S. 746ff.). Seit ungefähr zwanzig Jahren dominieren die Nichtwohnbauflächen (Flächen für Handel, Dienstleistungen, Industrie, Gewerbe und zugehörige Betriebsflächen) das Siedlungsflächenwachstum stärker als die Wohnbauflächen, so daß die Arbeitsplatzdichte stark zurückgegangen ist. Während Ende der 60er Jahre noch etwa 200 Arbeitnehmer je ha Fläche im produzierenden Gewerbe beschäftigt waren, ist die Beschäftigtendichte Ende der 90er Jahre auf weniger als 70 Beschäftigte je ha zurückgegangen (vgl. DOSCH u. BECKMANN 1999b, S. 829). Die Pkw-Dichte hat sich in den letzten 40 Jahren verzehnfacht und seit 1970 mehr als verdoppelt (vgl. DOSCH u. BECKMANN 1999b, S. 829). Deshalb waren bis Mitte der 80er Jahre die Verkehrsflächen überproportional am Siedlungswachstum beteiligt.

Die Siedlungsflächenzunahme in den Verdichtungsräumen Mitte der 90er Jahre ist zum einen verursacht durch die wachsende Mobilität und zum anderen auf den Mangel an baureifem Bauland zurückzuführen, verbunden mit hohen Baulandpreisen in den Agglomerationen und geringeren Baulandpreisen, hoher Baulandverfügbarkeit und verbesserter Erreichbarkeit im Umland der Agglomerationen. Die Suburbanisierungszone entfernt sich auf diese Weise immer weiter von den Zentren weg. Aufgrund der Baulandpolitik der Gemeinden (Ausweisung neuer Gewerbeflächen und Einzelhandelsstandorte in nicht integrierten Lagen) und dem nach wie vor bestehenden Trend zur Wohneigentumsbildung ist zur Zeit kein Ende der dispersen Siedlungsexpansion in die Stadtumlandflächen abzusehen (vgl. DOSCH u. BECKMANN 1999a, S. 498f.).

4. Geplante Flächennutzung und Trends der weiteren Siedlungsflächenentwicklung

Die Statistik der geplanten Flächennutzung (Plannutzung) basiert auf der Auswertung der kommunalen Bauleitplanung, d.h. sie berücksichtigt den aktuellen Stand in den jeweils rechtsgültigen Flächennutzungsplänen. Sie ist die einzige prospektive Statistik zur Flächennutzung und gibt Auskunft über die zukünftig vorgesehene Bodennutzung (Sollnutzung). Aufgrund der eingeschränkten Vergleichbarkeit der Erhebungen und der Tatsache, daß die in Flächennutzungsplänen beabsichtigten Planungen nicht zwingend realisiert werden müssen, ist jedoch im Hinblick auf die Interpretation dieser Daten zu betonen, daß sie lediglich Aufschluß über das Planungsverhalten der Kommunen geben können. Nichtsdestotrotz geben die Plannutzungen zahlreiche wertvolle Hinweise zur zukünftigen Siedlungsflächenentwicklung.

Die Flächenerhebung der geplanten Nutzung 1997 kommt zu folgenden Ergebnissen (vgl. Statistisches Bundesamt 1999):

- 16% oder 5,8 Mio. ha der Bodenfläche Deutschlands werden nicht land- oder forstwirtschaftlich genutzt.

- 12,1% oder 4,3 Mio. ha des Bundesgebietes sind bebaute Flächen (davon: 61,2% Bauflächen, 17,9% Verkehrsflächen, 17% Grünflächen). Die Hälfte der bebauten Flächen entfällt auf Wohnbauflächen, die andere Hälfte auf gemischte, gewerbliche und Sonderbauflächen.

- Zwischen dem alten Bundesgebiet und den neuen Ländern gibt es Unterschiede. Im alten Bundesgebiet liegt der Anteil der bebauten Flächen mit 12,4% etwas höher als in den neuen Ländern mit 11,3%. Im Vergleich mit der tatsächlichen Siedlungs- und Verkehrsfläche (West: 13,3%, Ost: 8,4%) wird offenkundig, daß die Siedlungs- und Verkehrsfläche in den neuen Ländern stark zunehmen wird. Außerdem werden in den neuen Ländern deutlich weniger Wohnbauflächen ausgewiesen als im alten Bundesgebiet. Gleichzeitig werden mehr gemischte Bauflächen und mit 10,5% bedeutend mehr Sonderbauflächen ausgewiesen (vgl. DOSCH u. BECKMANN 1999a, S. 504).

Ein Vergleich der geplanten Nutzung 1993 und 1997 in den alten Ländern gibt einen Überblick über die aktuellen Tendenzen der Siedlungsflächenentwicklung (DOSCH u. BECKMANN 1999a, S. 504f.):

- Die planerisch ausgewiesenen bebauten Flächen insgesamt wachsen von 12,2% (1993) auf 12,4% (1997), d.h. um 0,6% pro Jahr (inkl. Verkehrs-, Gemeinbedarfs- und Grünflächen).

- Die Bauflächen i.e.S. wachsen um 0,8% pro Jahr (Gewerbeflächen: +1,3%, Wohnbauflächen: +0,8%, gemischte Bauflächen und Gemeinbedarfsflächen: jeweils –0,2%).

- Die Planflächen für den überörtlichen Verkehr und örtliche Hauptverkehrsstraßen gehen um 0,1% pro Jahr leicht zurück.

- Die in den Flächennutzungsplänen vorgesehenen Grün- und Erholungsflächen wachsen um 0,8% pro Jahr (meistens Ausbau von Sportplätzen).

- Die Landwirtschaftsflächen gehen um 0,2% pro Jahr zurück, die Waldflächen steigen leicht an.

Im Zeitraum 1989 bis 1997 sind die planerisch ausgewiesenen bebauten Flächen in den alten Ländern insgesamt um 5% gewachsen (inkl. Gemeinbedarfsflächen). Die gewerblichen Bauflächen verzeichnen neben den Flächen für Aufschüttungen und Abgrabungen die stärksten Zuwächse, die Flächen für den überörtlichen Verkehr sind leicht rückläufig.

Bei einer Betrachtung der Hauptnutzungsarten im Verhältnis zueinander zeigt sich, daß die Kommunen mit einer anhaltenden Zunahme der Siedlungsfläche planen. Die folgenden Trends können somit identifiziert werden (vgl. DOSCH u. BECKMANN 1999a, S. 505):

- Die Bau-/Gemeinbedarfsflächen nehmen gegenüber den Verkehrsflächen zu, im Verhältnis zu den Grünflächen jedoch deutlich ab.

- Die Wohnbauflächen nehmen im Verhältnis zu den Verkehrsflächen deutlich zu, gegenüber den gewerblichen Bauflächen jedoch ab.

- Innerhalb der Verkehrsflächen werden fünfmal soviel Straßenflächen wie Flächen für Bauanlagen ausgewiesen.

- Die Landwirtschaftsfläche nimmt im Verhältnis zur forstwirtschaftlichen Fläche ab, gegenüber der Bau- und Gemeinbedarfsfläche sogar stark ab.

Das Bundesamt für Bauwesen und Raumordnung hat mit Daten der Flächennutzungsstatistik (tatsächliche Nutzung) eine Trendextrapolation der Siedlungs- und Verkehrsflächenentwicklung bis 2010 durchgeführt (vgl. Karte 2; DOSCH u. BECKMANN 1999a, S. 506). Die Status quo-Trendrechnung kommt zu dem Ergebnis, daß der Anteil der Siedlungs- und Verkehrsfläche bundesweit von 11,8% (1997) auf 13,4% (2010), d.h. um ca. 564 000 ha auf 4 769 000 ha steigen wird. Im alten Bundesgebiet steigt der Anteil von 13,3% auf 15,5%, das sind drei Viertel des gesamten Siedlungs- und Verkehrsflächenwachstums (410 000 ha). Mengenmäßig ist der Zuwachs in den verstädterten Räumen, prozentual in den ländlichen Regionen am stärksten. Im Umland ist der Siedlungs- und Verkehrsflächenanstieg sowohl absolut als auch prozentual größer als in den Kerngebieten. In den neuen Ländern steigt die Siedlungs- und Verkehrsfläche um 180 000 ha auf einen Anteil von 9,8% an der Gesamtfläche. Die Zunahmen sind in den Agglomerationsräumen und hier insbesondere im Umland sowohl absolut als auch prozentual am stärksten. Die größte Zunahme wird mit ungefähr 19% in Brandenburg und hier insbesondere im Umland Berlins errechnet.

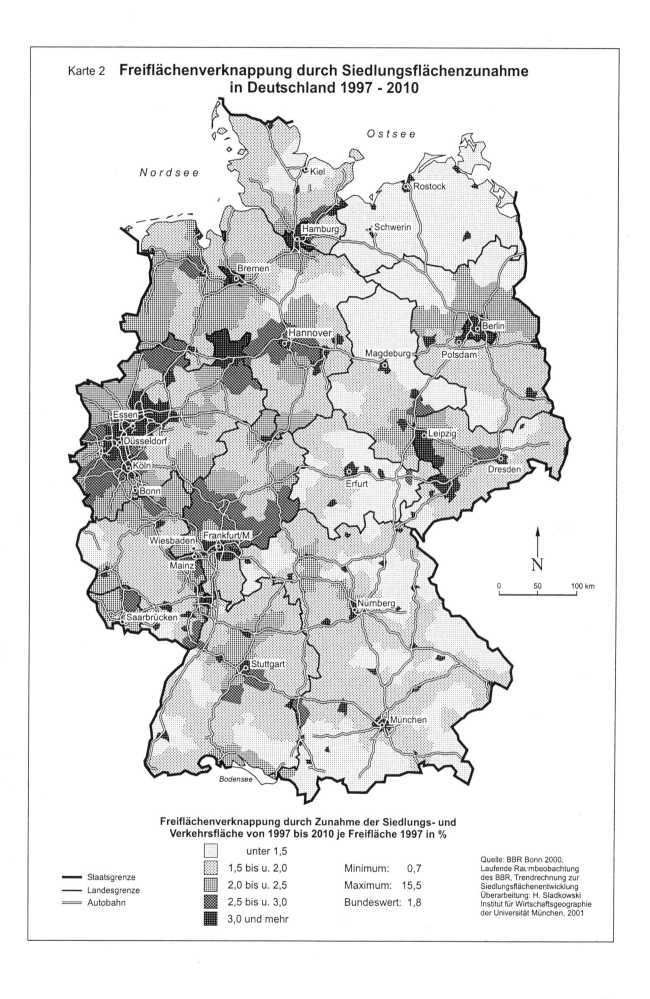

Karte 2 **Freiflächenverknappung durch Siedlungsflächenzunahme
in Deutschland 1997 - 2010**

Ostsee

Nordsee

Kiel

Rostock

Hamburg

Schwerin

Bremen

Hannover

Berlin

Magdeburg

Potsdam

Essen

Leipzig

Düsseldorf

Köln

Dresden

Bonn

Erfurt

Frankfurt/M.

Wiesbaden

Mainz

N

0   50   100 km

Nürnberg

Saarbrücken

Stuttgart

München

Bodensee

**Freiflächenverknappung durch Zunahme der Siedlungs- und
Verkehrsfläche von 1997 bis 2010 je Freifläche 1997 in %**

unter 1,5

Staatsgrenze

1,5 bis u. 2,0   Minimum: 0,7

Landesgrenze

2,0 bis u. 2,5   Maximum: 15,5

Autobahn

2,5 bis u. 3,0   Bundeswert: 1,8

3,0 und mehr

Quelle: BBR Bonn 2000,
Laufende Ra⸝mbeobachtung
des BBR, Trendrechnung zur
Siedlungsflächenentwicklung
Überarbeitung: H. Sladkowski
Institut für Wirtschaftsgeographie
der Universität München, 2001

11

Insgesamt ist festzustellen, daß die Siedlungs- und Verkehrsflächen weiter kontinuierlich zunehmen werden, jedoch auf etwas geringerem Niveau als bislang. Eine Differenzierung dieses Trends nach Nutzungsarten ist schwierig. Tendenziell ist davon auszugehen, wie bereits im Zeitraum 1993-1997 beobachtet, daß die Anteile der Nichtwohnbauflächen stärker als die Anteile der Wohnbauflächen steigen werden. In Verbindung mit dem Siedlungsflächenwachstum werden sich auch die „Zwischenstädte" weiter ausbreiten.

Die zukünftige Raum- und Siedlungsentwicklung wird neben dem Wohlstandseffekt von gesamtwirtschaftlichen Trends beeinflußt: den Auswirkungen der Globalisierung (z.B. Standortverlagerungen, Telearbeit, sinkende Raum- und Zeitwiderstände), außenpolitischen Faktoren, wie der Europäischen Integration, und gesellschaftspolitischen Entwicklungen (z.B. Alterungsprozeß, Singlehaushalte, Eigenheimbildung, Flexibilisierung der Arbeitswelt). Die Art und Weise der Siedlungsflächennutzung wird zudem von wohnungsbaupolitischen (z.B. Eigenheimzulage), ordnungsrechtlichen (z.B. Baugebote) und fiskalpolitischen Instrumenten (z.B. Bodenwertsteuer) berührt (vgl. DOSCH u. BECKMANN 1999, S. 829).

Wie sich der ökonomische Strukturwandel auf Flächenbedarf und Flächeninanspruchnahme auswirken wird, ist gegenwärtig noch unklar. Insgesamt kann davon ausgegangen werden, daß im Zuge der Tertiärisierung die Flächenproduktivität gesteigert wird. Diese Flächenproduktivitätssteigerungen sind sowohl unabhängig vom Siedlungs- und Verkehrsflächenwachstum als auch von der Bodenversiegelung. Städte mit einem vergleichsweise hohen Anteil von Erwerbstätigen im tertiären Sektor weisen tendenziell hohe Bruttowertschöpfungen je m² Stadtfläche bei relativ geringen Versiegelungsgraden auf (z.B. Frankfurt/Main 322 DM je m² bei einem Versiegelungsgrad von 25%) (vgl. ARLT et al. 1999, S. 2f.). Allerdings steht zu erwarten, daß die mittels Tertiärisierung erreichte höhere Flächenproduktivität durch eine extensivere Nutzung der Privathaushalte und geringere Flächenproduktivitäten von neuen, integrierten Konsum- und Freizeiteinrichtungen (Urban Entertainment- und Factory Outlet Center, inszenierte Ferienwelten etc.) wieder ausgeglichen werden.

Literaturverzeichnis

ARLT, G., B. HEBER UND I. LEHMANN (1999): Strukturelle Determinanten der Bodenversiegelung. In: IÖR-Info, 13, S. 2-3.

BUNDESAMT FÜR BAUWESEN UND RAUMORDNUNG (BBR) (Hrsg.) (2000): Raumordnungsbericht 2000 (= Berichte, 7). Bonn.

BUNDESAMT FÜR BAUWESEN UND RAUMORDNUNG (BBR) (2000a): Jahresergebnisse Siedlungsflächenentwicklung. Der Flächenverbrauch in Deutschland hat sich intensiviert. www.bbr.bund. de/abt1/i5/zunahme.htm, 27. September 2000.

BERGMANN, A. UND S. SIEDENTOP (1998): Ressourcenschonende Siedlungsentwicklung in Stadtregionen – Konzeptbaustein für eine nachhaltige Raumentwicklung. In: Berichte zur deutschen Landeskunde, 72 (3), S. 195-209.

BIZER, K. (1995): Flächenbesteuerung mit ökologischen Lenkungswirkungen. Zum Mythos der Grundsteuer und den Anforderungen an eine ökologische Flächensteuer. In: Natur und Recht, 8, S. 385-391.

BORCHARD, K. (1999): Einführung. In: ARL (Hrsg.): Flächenhaushaltspolitik. Feststellungen und Empfehlungen für eine zukunftsfähige Raum- und Siedlungsentwicklung (= Forschungs- und Sitzungsberichte, 208). Hannover, S. 1-3.

BUNDESAMT FÜR NATURSCHUTZ (2000): Unzerschnittene verkehrsarme Räume in der Bundesrepublik Deutschland 1999. Unveröffentlicht. Leipzig.

DOSCH, F. (1996): Ausmaß der Bodenversiegelung und Potentiale zur Entsiegelung (Arbeitspapier BfLR 1/1996). Bonn.

DOSCH, F. UND G. BECKMANN (1999a): Siedlungsflächenentwicklung in Deutschland – auf Zuwachs programmiert. In: Informationen zur Raumentwicklung, 8, S. 493-509.

DOSCH, F. UND G. BECKMANN (1999b): Trends und Szenarien der Siedlungsflächenentwicklung bis 2010. In: Informationen zur Raumentwicklung, 11/12, S. 827-842.

EITEL, J. (1999): Einsparpotentiale im Freiflächenverbrauch durch Brachflächenrecycling. Unveröffentlichte Magisterarbeit, Universität Trier. Trier.

ENQUÊTE-KOMMISSION „SCHUTZ DES MENSCH UND DER UMWELT" DES DEUTSCHEN BUNDESTAGES (1998): Konzept Nachhaltigkeit. Vom Leitbild zur Umsetzung. Abschlußbericht (Bundestags-Drucksache 13/11200). Bonn.

GRAU, S. (1998): Überblick über Arbeiten zur Landschaftszerschneidung sowie zu unzerschnittenen Räumen in der Bundes-, Landes- und Regionalplanung Deutschlands.In: Natur und Landschaft, 73 (10), S. 427-434.

HÜBLER, K.-H. UND G. SCHABLITZKI (1991): Volkswirtschaftliche Verluste durch Bodenbelastung in der Bundesrepublik Deutschland (= UBA-Berichte, 10). Berlin.

IWU – INSTITUT WOHNEN UND UMWELT (Hrsg.) (2000): Planungslexikon. Ein Leitfaden durch das Labyrinth der Planersprache. 4., vollständig überarbeitete und aktualisierte Auflage. Opladen, Wiesbaden.

JOB, H. (2000): Unzerschnittene verkehrsarme Räume (UVR) als neue Kategorie des Freiraumschutzes. In: Wissenschaftliches Jahrbuch des grenzüberschreitenden Biosphärenreservates Pfälzerwald – Vosges du Nord, Bd. 8. La Petite-Pierre, S. 109-119.

LOSCH, S. (1999): Landschaftsverbrauch als Problem der Freiraumnutzung. In: ARL (Hrsg.): Flächenhaushaltspolitik. Feststellungen und Empfehlungen für eine zukunftsfähige Raum- und Siedlungsentwicklung (= Forschungs- und Sitzungsberichte, 208). Hannover, S. 24-30.

SIEDENTOP, S. (1999): Kumulative Landschaftsbelastungen durch Verstädterung. Methodik und Ergebnisse einer vergleichenden Bestandsaufnahme in sechs deutschen Großstadtregionen. In: Natur und Landschaft, 74 (4), S. 146-155.

SIEVERTS, T. (1999): Zwischenstadt: Zwischen Ort und Welt, Raum und Zeit, Stadt und Land (= Bauwelt-Fundamente, 118). 3. Aufl. Braunschweig.

SIMONS, H. (1999): Perspektiven des westdeutschen Wohnungs- und Büromarktes bis 2030. In: Informationen zur Raumentwicklung, 11/12, S. 745-754.

STATISTISCHES BUNDESAMT (1999): Bodenfläche nach Art der geplanten Nutzung (Fachserie 3, Reihe 5.2). Wiesbaden.

TESDORPF, J. C. (1984): Landschaftsverbrauch. Begriffsbestimmung, Ursachenanalyse und Vorschläge zur Eindämmung. Dargestellt am Beispiel Baden-Württembergs. Berlin u. Vilseck.

WITTENBECHER, C. (1999): Ziele und Entwicklungsstand der Flächenhaushaltspolitik. In: ARL (Hrsg.): Flächenhaushaltspolitik. Feststellungen und Empfehlungen für eine zukunftsfähige Raum- und Siedlungsentwicklung (= Forschungs- und Sitzungsberichte, 208). Hannover, S. 13-23.

ERFOLGSBEDINGUNGEN UND HEMMNISSE BEI DER WIEDER-NUTZUNG VON GEWERBEBRACHEN – ERFAHRUNGEN AUS DEM EXPERIMENTELLEN WOHNUNGS- UND STÄDTEBAU

Carl-Christian Wiegandt

Kurzfassung

Der Beitrag gibt einen Überblick über Aktivitäten der Brachflächenreaktivierung in Deutschland. Seit Mitte der 80er Jahre werden innerstädtische, ehemals gewerblich-industriell genutzte Flächen, aber zunehmend auch frei werdende militärische Liegenschaften und ehemalige Verkehrsflächen (Häfen) wiedergenutzt. Der Beitrag richtet sein Hauptaugenmerk auf die Ebene einzelner städtebaulicher Projekte, die sich auf Gebiete in einer Größenordnung bis zu 500 Hektar beziehen. An Beispielen aus Berlin (Adlershof), Essen (Weststadt), Hannover (Pelikanviertel), Nordhorn (Povel), Offenbach (ehemaliger Schlachthof) und Tübingen (Südstadt) wird gezeigt, wie heute Hemmnisse und Schwierigkeiten bei der Reaktivierung von Brachflächen überwunden werden können. Dazu gehört u.a. die geschickte Einbindung alter Bausubstanz, um den jeweiligen Standort zu profilieren. Erforderlich sind außerdem überzeugende städtebauliche Konzepte, die sich in das bestehende städtische Gefüge integrieren lassen und nach außen verkauft werden müssen. Bei der Sanierung von Altlasten haben sich inzwischen Routinen eingestellt. Von ganz besonderer Bedeutung ist ein funktionierendes Projektmanagement, das in der Lage sein muß, die unterschiedlichen politischen und wirtschaftlichen Interessen aufeinander abzustimmen. Werden diese Aspekte bei der Umsetzung einzelner Projekte berücksichtigt, kann die Reaktivierung von Brachflächen einen entscheidenden Beitrag zur städtebaulichen Innenentwicklung und damit zu einer nachhaltigen Stadtentwicklung leisten.

1. Innerstädtische Brachflächen zunehmend in der öffentlichen Diskussion

Die Wiedernutzung von innerstädtischen Gewerbe- und Industriebrachen steht seit einigen Jahren auf der Tagesordnung der Stadtplanung und Stadtentwicklung (vgl. bereits DIETERICH 1985). In fast allen Städten und Gemeinden in Deutschland gibt es inzwischen Beispiele für eine gelungene Reaktivierung von Gewerbe- und Industriebrachen (vgl. auch www.werkstatt-stadt.de). Heute wird das Thema der Brachenreaktivierung nicht nur in Fachkreisen diskutiert, sondern erscheint auch immer häufiger in der Tagespresse, im Funk oder im Fernsehen. In den USA wurde die „Brownfield-Policy" im Oktober 2000 gar in der Wahlkampfdebatte zwischen George Bush und Al Gore vor einem Millionenpublikum am Fernsehschirm behandelt. Sollte sich bei uns in Deutschland die Flächeninanspruchnahme an den Rändern unserer Städte mit den damit verbundenen Verkehrs- und Gestaltungsproblemen in den „Zwischenstädten" fortsetzen, sollten sich außerdem die wirtschaftlichen und die sozialen Probleme in Ostdeutschland weiter verschärfen, könnten hierzulande die Fragen der Brachenreaktivierung zukünftig einen noch größeren Stellenwert in der öffentlichen Diskussion erhalten als bisher.

Bei den Gewerbe- und Industriebrachen handelt es sich heute nur um einen Teil der innerstädtischen Brachflächen. Eine ebenso große Bedeutung haben seit Anfang der 90er Jahre frühere Militärflächen, die vor allem in Ost-, aber auch in Westdeutschland nicht mehr gebraucht werden. In der jüngeren Zeit stellen auch ehemalige Bahn- oder Hafengelände ein weiteres großes Potential für innenstadtnahe Flächen, die jetzt nicht mehr für ihren ursprünglichen Zweck genutzt werden. Außerdem sind es zunehmend ehemalige Bürogebäude oder öffentliche Infrastruktureinrichtungen, beispielsweise der Post, für die eine neue Nutzung gesucht wird. Da diese Formen der Brachflächen heute aus stadtentwicklungspolitischer Sicht die gleiche Bedeutung wie Gewerbe- und Industriebrachen haben (vgl. WIEGANDT 1997), werden sie in diesem Beitrag ebenso berücksichtigt.

2. Strategien zur Reaktivierung: projektbezogen, gesamtstädtisch, regional

Brachflächen – seien sie früher gewerblich-industriell, militärisch oder für Verkehrszwecke genutzt worden – sind „gebrauchte", oft „verwahrloste" Flächen mit aufgelassenen Gebäuden, für deren Wiedernutzung bzw. Umnutzung besondere Aktivitäten erforderlich sind. Die Beispiele für eine erfolgreiche Wiedernutzung der zahlreichen Brachflächen unterscheiden sich in ihrer Größe sowie in der Art ihrer Wiedernutzung. So gibt es große und spektakuläre Beispiele wie das CentrO in Oberhausen auf dem Gelände eines ehemaligen Stahlwerks (vgl. BASTEN 1998), aber auch viele kleine und angepaßte Lösungen, die in der Fachliteratur kaum aufgearbeitet sind und in der breiten Öffentlichkeit weniger wahrgenommen werden.

Strategien einer Brachflächenreaktivierung können auf verschiedenen räumlichen Ebenen diskutiert werden.

- Zum einen gibt es die „Projektebene". Hier handelt es sich in der Regel um Brachflächen, die oft im Eigentum eines einzelnen Grundstückseigentümers sind und die in zeitlich und räumlich begrenzter Weise entwickelt werden. Bei dem Grundstückseigentümer kann es sich um die Stadt, eine Entwicklungsgesellschaft oder einen privaten Bauträger handeln. Absicht ist es, eine Fläche in der Größenordnung von nur wenigen Hektar bis selten mehr als 500 Hektar zu reaktivieren. Abhängig von der Größe und Nachfrage bedarf es in der Regel eines Zeitraums von mindestens fünf bis zehn Jahren, um die Fläche zu reaktivieren, wobei große Projekte durchaus auch schnell eine längere Laufzeit haben können.
- Zum zweiten gibt es die „städtische Ebene". In vielen Fällen hat es eine Stadt oder Gemeinde mit einer Vielzahl von Brachflächen zu tun. Für eine zügige Wiedernutzung kann es auf dieser Ebene hilfreich sein, Informationen über Brachflächen in einem eigenen Kataster bereitzustellen. Ein solches Kataster weist beispielsweise in Hannover für 1997 58 Areale mit einer Gesamtfläche von rund 250 Hektar, die ungenutzt sind bzw. deren Nutzung in absehbarer Zeit aufgegeben wird (LANDESHAUPTSTADT HANNOVER 1997). Gesamtstädtische Strategien zum Umgang mit Brachflächen sind erforderlich. Auch die Frage von Prioritätensetzungen bei der Reaktivierung von Brachflächen ist auf dieser räumlichen Ebene zu bedenken.
- Zum dritten gibt es durchaus auch die „regionale Ebene". Im Ruhrgebiet hat in den letzten 10 Jahren die Internationale Bauausstellung Emscher-Park ganz wesentlich zu einer Reaktivierung von Brachflächen in dem am stärksten benachteiligten Teil des Ruhrgebiets beigetragen (vgl. IBA 1999 und BBR 1999). Darüber hinaus verfolgt der nordrhein-westfälische Grundstücksfonds eine über die Gemeindegrenzen hinausreichende Strategie der Brachenreaktivierung (vgl. MSKS 1998), die seit sechs Jahren in vergleichbarer Form auch in Brandenburg praktiziert wird.

Ziel dieses Beitrages ist es, einige Erfahrungen im Umgang mit innerstädtischen Brachflächen auf der ersten Ebene, der Projektebene, vorzustellen, aufzuarbeiten und zu systematisieren. Dabei kann auf einige Beispiele aus dem Experimentellen Wohnungs- und Städtebau zurückgegriffen werden, einem Ressortforschungsprogramm des Bundesministeriums für Verkehr, Bau- und Wohnungswesens, das vom Bundesamt für Bauwesen und Raumordnung wissenschaftlich begleitet wird (vgl. BMVBW 2000). Die Erfolgsbedingungen für eine gelungene Brachenreaktivierung sollen aufgezeigt werden. Dabei wird deutlich, wie mit den heute noch bestehenden Restriktionen und Hemmnissen bei der Reaktivierung von Brachen umgegangen werden kann.

3. Typen von innerstädtischen Brachflächen

Die Ursachen für das Brachfallen von Flächen liegen einerseits in privatwirtschaftlichen Standortentscheidungen (Gewerbe oder Industrie), andererseits in Standortentscheidungen öffentlicher Institutionen (beispielsweise Militär oder Verkehr).

Gewerbe- und Industriebrachen entstehen in der Folge des ökonomischen Strukturwandels. Dieser führt entweder zur endgültigen Aufgabe bestimmter Produktionsbetriebe, besonders in der Textil-, Kohle-, Eisen- oder Stahlerzeugung, oder aber zu einer Verlagerung von Betrieben aus den Innenstädten an den Stadtrand und zunehmend in das Umland. In Westdeutschland vollzieht sich dieser Strukturwandel seit den 70er und 80er Jahren, in Ostdeutschland seit der Vereinigung Anfang der 90er Jahre in besonders radikaler Form. In altindustriellen Regionen bzw. strukturschwachen Städten fehlt es meist an Nachfrage für die aufgegebenen Flächen. Hier kommt es deshalb häufiger zum Brachfallen der Flächen als in den wirtschaftsstarken Räumen, in denen sich eine schnellere Nachnutzung durch die höhere Flächennachfrage einstellt.

Die Standortentscheidungen öffentlicher Institutionen betrafen in den letzten Jahren vor allem das Militär. Seit Anfang der 90er Jahre sind in der Folge der Abrüstung und Reduzierung der militärischen Streitkräfte in Ost- und Westdeutschland zahlreiche Flächen frei geworden. Anfang 2000 handelt es sich insgesamt um über 400 000 ha (mehr als das Saarland mit 257 000 ha), wovon allerdings rund 80 % der Flächen im Außenbereich der Städte liegen und damit für die städtebauliche Entwicklung weniger relevant sind. Dennoch haben die innerstädtischen Kasernengelände für die Stadtentwicklung eine große Bedeutung. Sie bieten gute Voraussetzungen für die Schaffung von vielfältigen und lebendigen Stadtquartieren.

In den letzten Jahren haben auch die Entscheidungen in der Folge der Umstrukturierung der Deutschen Bahn zum Entstehen von Brachflächen beigetragen. In der jüngsten Zeit werden umfangreiche Bahnflächen für die Stadtentwicklung frei. In einem Zeitraum von 15 Jahren will sich die Bahn von Immobilien im Wert von 13 Mrd. DM trennen. Außerdem hat die Bahn eine eigene Immobiliengesellschaft gegründet, um ihre eigenen Flächen möglichst optimal zu nutzen.

Neben den Bahnflächen sind es seit einigen Jahren umfangreiche Hafengelände, die nicht nur an der Küste, sondern auch im Binnenland in prädestinierten Lagen am Wasser für eine städtebauliche Entwicklung zur Verfügung stehen, weil sich neue Hafentechnologien nicht an den alten innerstadtnahen Häfen realisieren lassen. Die geplante HafenCity in Hamburg ist wohl das größte derzeit in Deutschland geplante Projekt zur Reaktivierung eines alten Hafenbereichs.

Schließlich gibt es weiterhin besondere Dienstleistungen, wie beispielsweise Messen (Leipzig, München), die an den Stadtrand verlegt werden und in den Innenstädten wertvolle Flächen zurücklassen.

4. Brachflächenreaktivierung als Teil der städtebaulichen Innenentwicklung

Bei den inzwischen reaktivierten Brachflächen sind anstelle der ursprünglichen Nutzung heute entweder das Wohnen, andere gewerbliche Nutzungen, oft Büros, gemischte Nutzungen oder Grünflächen getreten (vgl. SCHEIDLER 1997). Nur in wenigen Städten mit hohen Bauland- und Immobilienpreisen erfolgt eine schnelle Um- bzw. Wiedernutzung dieser Brachflächen ohne größere kommunale Unterstützung. In fast allen Städten und Gemeinden erfordert sie planerische, finanzielle und organisatorische Hilfe durch die kommunalen, staatlichen und halbstaatlichen Entscheidungsträger. Dazu ist es wichtig, daß die Städte Vorstellungen über geeignete Nachnutzungen und angemessene Planungsstrategien entwickeln (vgl. KOLL-SCHRETZENMAYR 2000).

Aufgrund der hohen Siedlungsdichte, aber auch aufgrund der andauernden Herausforderung, den Außenbereich möglichst von einer Bebauung freizuhalten, ist die Brachflächenreaktivierung in Deutschland eine der wesentlichen Ansätze einer städtebaulichen Innenentwicklung. Hier werden große Hoffnungen in die Reaktivierung von innerstädtischen Brachflächen gesetzt, um darüber die Flächeninanspruchnahme an den Rändern und im Umland der Städte zu reduzieren. Wird die Reaktivierung der Brachflächen in Westdeutschland bereits seit den 70er, verstärkt dann auch in den 80er Jahren betrieben, so ist sie in Ostdeutschland erst seit der Wiedervereinigung eine der wichtigen städtebaulichen Aufgaben. Während sich in nahezu allen westdeutschen Städten heute Brachenprojekte finden lassen und erste Erfolge zu verzeichnen sind, bereitet die Wiedernutzung von Brachflächen in Ostdeutschland noch immer besondere Probleme. Zum einen fehlt es häufig an entsprechender Nachfrage, zum anderen waren in den 90er Jahren in einigen Fällen die Eigentumsfragen ungeklärt, so daß es einfacher war, am Stadtrand zu investieren.

5. Nutzung alter Bausubstanz

Mit der Reaktivierung der Brachflächen sind häufig nicht nur neue Nutzungen für die ehemals gewerblich-industriell genutzten Flächen, sondern meist auch neue Nutzungen für die alten Gewerbe- und Industriegebäude verbunden, die auf den Flächen erhalten werden können. Ein Teil der alten, manchmal auch denkmalgeschützten Gebäude wird modernisiert und renoviert, die alten Gebäude verlieren ihre ursprüngliche Funktion und erhalten eine neue Nutzung. Gerade dieses Zusammenspiel von neuer Nutzung in alter Bausubstanz wird allgemein sehr geschätzt.

Die neuen Nutzungen passen aber nicht immer zu der alten Bausubstanz. So lassen sich oft nur mit Schwierigkeiten geeignete Nutzungen für große alte Werkshallen finden. Gelegentlich sind phantasievolle Zwischennutzungen erforderlich, wie beispielsweise eine dreimonatige Verkaufspräsentation für die Einführung eines neuen Autos in den alten AEG-Hallen in Berlin-Oberschöneweide. Ein solcher „Event" erhöht zumindest den Bekanntheitsgrad des Standorts.

Läßt sich aber eine dauerhafte Wiedernutzung der alten Bausubstanz realisieren, kann sie ganz erheblich zum weiteren Gelingen einer Brachflächenreaktivierung beitragen. Musicaltheater wie das Colosseum in Essen oder die ehemaligen Straßenbahnhallen in Düsseldorf, Einkaufszentren wie das Manufactum in Waltrop oder das Stilwerk in Hamburg, Hotels wie das Sorat-Hotel in Berlin-Moabit oder das Pelikan-Hotel in Hannover-List, Museen wie das Design-Museum in der Essener Zeche Zollverein oder das Industriemuseum in Oberhausen, aber auch Wohnungen wie in der ehemaligen Brotfabrik im Kieler Stadtteil Wik sind nur einige Beispiele für die hohe Akzeptanz neuer Nutzungen in einer alter Umgebung.

Die alte Bausubstanz trägt erheblich zu einer neuen positiv besetzten Identitätsbildung von Brachflächen bei. Die Altbauten lassen sich für eine offensive Vermarktung des jeweiligen Standorts gut nutzen. So trägt beispielsweise die Auszeichnung der Sanierung des Altbaubereichs im Hannoveraner Pelikanviertel mit dem niedersächsischem Denkmalschutzpreis zu einem Imagegewinn des Quartiers bei (siehe Photo 1), so gewinnt die Essener Weststadt mit dem Musical-Theater Colosseum an Profil (siehe Photo 2), so wird der Povelturm in Nordhorn nicht nur als Stadtmuseum und Cafe genutzt, sondern gilt auch als Symbol für die Reaktivierung des gesamten Quartiers (siehe Photo 3).

Gewürdigt werden diese Umgestaltungen bestehender Gebäude auf Brachflächen inzwischen auch in bundesweiten städtebaulichen Wettbewerben. Der Gestaltungspreis der Wüstenrot-Stiftung „Umnutzungen im Bestand, Neue Zwecke für alte Gebäude" ist hierfür ein gutes Beispiel. Aus 561 Objekten konnten 1999 die Preisträger ermittelt werden (WÜSTENROT STIFTUNG 1999).

Photo 1: Hannover Pelikanviertel

Photo 2: Essen Musicaltheater Colosseum

Photo 3: Nordhorn Povelturm

6. Überwindung von Problemen des Denkmalschutzes

Bei der Reaktivierung von Brachflächen können sich Projekte auch durch den Denkmalschutz verzögern oder auch verteuern. Investoren beklagen oft die höheren Aufwendungen, die durch Auflagen des Denkmalschutzes entstehen. So sind hier bei der Umsetzung von Nutzungskonzepten für Brachflächen immer wieder Kompromisse zwischen Investoren und Denkmalschutzbehörden erforderlich.

Ein Beispiel für einen solchen Kompromiß ist die Wiedernutzung einer fünf Hektar großen Brachfläche eines ehemaligen Schlachthofs in Offenbach. Grundsätzlich hatte der private Investor ein hohes Interesse an dem Erhalt der alten Bausubstanz, weil dies in seinem Vermarktungskonzept zu einer Profilbildung des Standorts beiträgt. So wird ein Teil der alten Gebäude des Schlachthofs saniert, während ein anderer Teil der Gebäude abgerissen worden ist, um an dieser Stelle Wohnungen und Bürogebäude zu errichten. Zwischen dem privaten Investor und der Stadt Offenbach als Verkäuferin des Grundstücks war vertraglich vereinbart, daß die denkmalgeschützten Gebäude zunächst saniert werden und erst anschließend die Neubauten auf dem Gelände errichtet werden sollten. Der Investor hat aber diese vertragliche Vorgabe in Absprache mit der Stadt Offenbach und dem Amt für Denkmalpflege nicht einhalten können. Dies hatte zwei Gründe: Zum einen wäre mit der frühen Fertigstellung dieser alten Bausubstanz die Baustellenorganisation für die Neubauten auf dem Gelände erschwert worden. Zum anderen hätte der Investor ohne Fertigstellung der Neubauten für die alten denkmalgeschützten Gebäude keine Nutzung gefunden.

7. Berücksichtigung von Nachbarschaften

Brachflächen befinden sich zumeist im städtebaulichen Bestand. Es gibt bereits eine Nachbarschaft. Dies hat einige Vorteile, kann aber bei der Einbindung neuer Nutzungen auch Nachteile mit sich bringen.

Ein besonderer Vorteil für die Reaktivierung innerstädtischer Brachflächen ist die bereits vorhandene Infrastruktur, so daß im Gegensatz zu den neuen Stadtteilen auf der grünen Wiese nicht zwingend neue Einrichtungen im Quartier geschaffen werden müssen. Die Anbindung an die städtische Ver- und Entsorgung ist leicht zu realisieren, bereits bestehende Straßen können genutzt werden. Vielfach gibt es sogar schon einen öffentlichen Personennahverkehr, der durch neue Nutzungen auf den Brachflächen besser ausgelastet werden kann. Auch private und öffentliche Versorgungseinrichtungen können von der Neunutzung profitieren. Trotz einer auch möglichen mittel- und langfristigen Überformung der vorhandenen Nachbarschaften bestehen durch die Reaktivierung von Brachflächen zunächst einmal gute Aussichten auf eine Stabilisierung der vorhandenen Nachbarschaft.

Allerdings kann die Einbindung neuer Nutzungen in ein bestehendes Quartier auch Probleme mit bereits vorhandenen Betrieben oder Wohnungen bereiten. Ein Beispiel hierfür ist die Entwicklung des früheren Werksgeländes der Schreibwarenfabrik Pelikan in Hannover. Seit 1991 entsteht hier in Form einer Public-Private-Partnership ein 10 Hektar großes Quartier. Auf einem Drittel der Fläche werden unter Denkmalschutz stehende Fabrikgebäude überwiegend für gewerbliche Nutzungen modernisiert, auf den anderen zwei Dritteln werden in Neubauten Flächen für Wohnen und Arbeiten geschaffen.

In Nachbarschaft des Neubaubereichs existierte ein Büromöbelhersteller mit einer eigenen Lackiererei. Dieser Betrieb befürchtete Nachbarschaftsklagen der zukünftigen Bewohner, die seine Produktion hätten beeinträchtigen können, und erhob deshalb Einspruch gegen die Aufstellung des

Bebauungsplans und gegen die vorgezogenen Baugenehmigungen nach § 34 BAUGB. Lösungsvorschläge der Stadt Hannover und des Investors wurden unterbreitet. Sie sahen beispielsweise den Einbau einer Filteranlage, die Umstellung auf wasserlösliche Lacke oder die Erhöhung des Schornsteins auf Kosten des Investors vor. Diese Vorschläge wurden von dem Betrieb aber abgelehnt. Der Rechtsstreit zwischen dem bereits vorhandenen Betrieb in der Nachbarschaft und dem neuen Investor führte zu einer zeitweiligen Einstellung der Bauarbeiten und einer Änderung des Bebauungsplans durch die Stadt. Auch wenn inzwischen auf Grund einer weiteren gerichtlichen Entscheidung wieder gebaut wird, hat die vorübergehende Einstellung der Bauarbeiten doch zu einer erheblichen Erhöhung der Finanzierungskosten geführt. Diese Belastungen sind möglicherweise Grund dafür, daß sich der Investor inzwischen aus dem Projekt zurückgezogen und das Objekt an zwei Banken verkauft hat.

Photo 4: Hannover Pelikanviertel

8. Überwindung von Altlasten

Immer wieder werden Altlasten als Hemmnis einer erfolgreichen Reaktivierung von Brachflächen genannt. Die frühere gewerblich-industrielle Nutzung hat vielfach ihre Spuren hinterlassen und zu Bodenbelastungen geführt, die heute die uneingeschränkte Wiedernutzung oder Umnutzung der Brachflächen verhindert.

Rein technisch ist die Sanierung von Altlasten heute ganz überwiegend kein Problem mehr. In den letzten Jahren hat sich auch Routine im Umgang mit Altlasten eingestellt. Schwierigkeiten bereitet aber oft die Bewertung der Altlasten. Mögliche Käufer und Grundstückseigentümer schätzen die

22

Sanierung von Altlasten oder auch die Nutzungsmöglichkeiten der alten Gebäudesubstanz oft unterschiedlich ein. Dies kann eine schnelle Wiedernutzung beeinträchtigen.

Generell sind zwei Möglichkeiten für den Umgang mit Altlasten denkbar (KAHNERT 1988):

- Zum einen werden die Bodenbelastungen als Bestimmungsgröße für die zukünftige Nutzung hingenommen. Soweit erforderlich, werden technische Maßnahmen ergriffen, die ein weiteres Ausbreiten der Schadstoffe verhindern, um dadurch die Umweltmedien Wasser und Luft zu schützen. Darüber hinaus wird die zukünftige Nutzung der Brachflächen auf die jeweils vorgefundene Schadstoffbelastung ausgerichtet (belastungsabhängige Nutzung).
- Zum anderen werden die Bodenbelastungen saniert, um eine neue Nutzung auf der Brachfläche zu ermöglichen. Dies ist zum Teil mit erheblichen Kosten verbunden, die in Abhängigkeit von der Art und Konzentration der Belastung bzw. den sich daraus ergebenden Sanierungsmethoden stark variieren können. Die Möglichkeit, diese Sanierungskosten über den Grundstückspreis zu finanzieren, bestimmt häufig die Vorgehensweise. In Hochpreisregionen lassen sich altlastenbehaftete Brachflächen deshalb leichter reaktivieren als in nachfrageschwachen Regionen. Es gibt also schon die Möglichkeit, Brachflächen entsprechend den Anforderungen durch die zukünftige Nutzung zu sanieren (nutzungsabhängige Sanierung).

Für beide Vorgehensweisen finden sich Beispiele. Im Rahmen der Internationalen Bauausstellung Emscher-Park wurde beispielsweise in den letzten zehn Jahren im Ruhrgebiet überwiegend die Nutzung an der vorhandenen Bodenbelastung ausgerichtet. Es fehlt hier an Finanzierungsmöglickeiten, anspruchsvolle Sanierungen durchzuführen, die eine uneingeschränkte Wiedernutzung der Brachfläche ermöglichen.

Ein national und auch international beachtetes Beispiel für eine nutzungsabhängige Sanierung findet sich in Nordhorn (vgl. u.a. WIEGANDT u. REISSING 2000). Hier entstand in der Folge des tief greifenden Strukturwandels in der Textilindustrie Anfang der 80er Jahre eine rund 14 Hektar große Brachfläche, die unmittelbar an die Innenstadt angrenzt. Im Laufe der Bemühungen, die Fläche zu reaktivieren, stellte sich Mitte der 80er Jahre heraus, daß durch den Abriß eines Teils der alten Industriegebäude Schadstoffe aus dem Produktionsprozeß flächenhaft auf dem Gelände verteilt wurden. In enger Abstimmung zwischen den Zielvorstellungen des Städtebaus und den Anforderungen aus der Altlastensanierung konnte die Brachfläche über einen Zeitraum von mehr als 15 Jahren erfolgreich reaktiviert werden.

War ursprünglich die gesamte Brachfläche für den Wohnungsbau vorgesehen, so ergaben sich im Laufe der Sanierungsarbeiten Restriktionen, die dazu führten, daß ein Teilbereich der Fläche nicht bebaut werden konnte. In diesem Bereich wurden Altlasten eingekapselt und dadurch gesichert. In Abhängigkeit der Planungsvorstellungen, aber auch in Abhängigkeit vom Fortschritt der Sanierungsarbeiten und der Nachfragesituation wurde die Nutzung der Fläche in städtebaulichen Rahmenplänen immer wieder neu angepaßt. Ein solches schrittweises Vorgehen mit einer flexiblen Anpassung an die Bodenbelastungen und die Nachfragesituation war ein Schlüssel für den Erfolg dieser Maßnahme. Inzwischen wird in einem vierten und letzten Bauabschnitt die Reaktivierung dieser Brachfläche abgeschlossen.

9. Aufbau eines positiven Images

Brachflächen liegen häufig in den Stadtbereichen, die ein eher schlechtes Image haben: hinter dem Bahnhof, in Arbeiterstadtteilen oder anderen diffusen Bereichen, die oft wenig geschätzt werden. Dies kann für die Wiedernutzung der Brachflächen einen Standortnachteil bedeuten. Hier sind Strategien zu entwickeln, die Brachflächen von ihrem „Schmuddelimage" zu befreien. Gerade in Zeiten eines scharfen Wettbewerbs auf dem Immobilienmarkt müssen Investoren und Projektentwickler ihre Produkte auf den Brachflächen besonders qualifizieren.

Ein Beispiel für solche Aktivitäten findet sich im Südosten Berlins. Hier liegt am Rande des Stadtteils Adlershof eine 420 Hektar große Fläche, die vor der Wende völlig abgeschlossen und durch Großnutzungen geprägt war: Die Akademie der Wissenschaften, das DDR-Fernsehen und das Militär hatten die Fläche genutzt. Das Gelände war durch eine Vielzahl von Zäunen und Mauern geprägt. Es war ganz bewußt abgeschlossen, für den Bürger kaum zugänglich und wenig attraktiv. Das Image dieser Fläche konnte zu Beginn der Entwicklung von Adlershof kaum schlechter sein.

Seit der Wiedervereinigung bemüht sich eine eigens gegründete Entwicklungsgesellschaft, auf der 420 Hektar großen Brache eine neue „Stadt für Wissenschaft und Wirtschaft" zu schaffen. Der neue Stadtteil bildet einen Schwerpunkt der Berliner Technologieförderung und wird durch überregional wichtige außeruniversitäre Forschungseinrichtungen ergänzt. Außerdem werden die naturwissenschaftlichen Teile der Humboldt-Universität hierher verlegt.

Mit einem erheblichen Werbeaufwand wird ein städtebauliches Konzept begleitet, mit dem das Gebiet ein neues Image erhalten soll, das wiederum einen lebendigen und vielfältig genutzten Stadtteil ermöglichen soll. Konzepte der Nutzungsmischung sollen dazu beitragen, das schlechte Image des Standorts aufzubessern. Die spezifische Ausgestaltung der konstitutiven Merkmale von Stadt sollen „ein innovatives technisch-wissenschaftliches Stadtmilieu" (KUNST 1998, S. 212) schaffen. Allerdings verdeutlicht gerade das Projekt in Berlin-Adlershof auch die Grenzen, anspruchsvolle städtebauliche Konzepte beliebig ohne Berücksichtigung der vorhandenen Strukturen auf Brachflächen zu übertragen. Inzwischen gibt es in Adlershof erhebliche Zweifel, ob die Fläche im Südosten Berlins für ein Quartier mit einer kleinteiligen Mischung überhaupt geeignet ist und so die gewünschte Standortprofilierung erreicht werden kann.

An anderen Standorten entwickeln Werbebüros in diesem Zusammenhang neue Namen für Städtebauprojekte auf Brachflächen. Statt „AEG-Kanis" (ehemaliges Industrieunternehmen auf der Fläche) heißt es jetzt „Essener Weststadt", statt „Schlachthofgelände" heißt es in Offenbach „Wohnpark Buchhügelallee", statt „Hindenburg-Areal" ist es in Tübingen jetzt das „Französische Viertel". Für das „PelikanViertel Hannover" (Schreibweise von einem Werbebüro eigens konzipiert) wurde ein eigenes Logo mit einem Pelikan entwickelt, das sich im Quartier an verschiedenen Stellen wiederfindet. Werbung mit dem Ziel, ein neues Image für den Standort aufzubauen, wird bei den Brachenprojekten aber nicht nur nach außen betrieben. Es gibt auch Aktivitäten, eine Identität mit dem neu entstehenden Quartier zu fördern. Hierzu gehören beispielsweise Stadtteilzeitungen oder Stadtteilfeste, die der Bildung eines Gemeinschaftsgefühls für die neuen Quartiere auf den ehemaligen Brachflächen dienen sollen.

Photo 5: Berlin-Adlershof

10. Umsetzung von Konzepten der Nutzungsmischung

Innerstädtische Brachflächen bieten häufig gute Voraussetzungen und Entwicklungspotentiale für Nutzungsmischung. Sie bilden funktionale, städtebauliche und architektonische Anknüpfungspunkte, aus denen sich vielfältige Nutzungsoptionen ergeben. Oft zeichnen sich Brachflächen durch eine Vielzahl und ein Nebeneinander ganz unterschiedlicher Gebäude aus. Auf Militärflächen finden sich beispielsweise Kasernen, Hallen und verschiedene andere Gebäudetypen. Außerdem existieren auch in der Nachbarschaft der innerstädtischen Brachflächen bereits unterschiedliche Nutzungen. Deshalb gibt es vielfach den Ansatz, die neuen Quartiere auf Brachflächen durch Mischnutzungen zu qualifizieren.

Bekanntestes Beispiel in Deutschland ist zur Zeit die Wiedernutzung einer ehemaligen französischen Kaserne in Tübingen (vgl. u.a. RAUTERBERG 2000; FELDTKELLER 1997). Seit Anfang der 90er Jahre entsteht hier auf insgesamt 50 Hektar ein kleinteilig und feinkörnig gemischter Stadtteil. Zwischen den vorhandenen ehemaligen Mannschaftsgebäuden und Panzerhallen werden auf den früheren Exerzierplätzen drei- bis fünfgeschossige Gebäude in hoher Verdichtung errichtet. Die alten und neuen Gebäude werden für Wohnungen, verarbeitendes Gewerbe, Büros und Werkstätten, Dienstleistungen unterschiedlichster Art, Läden, Verwaltungseinrichtungen, kulturelle und soziale Einrichtungen genutzt. Kleine Bauherren suchen zumeist als Eigennutzer ein enges Nebeneinander der Funktionen Arbeiten und Wohnen.

Städtebauliche Konzepte einer Mischnutzung für Brachflächen sind aber nicht nur für kleinere Bauträger, sondern auch für große private Investoren attraktiv. In der Regel sind die Mischnutzungskonzepte dieser privaten Investoren grobkörniger als der in der Tübinger Südstadt praktizierte Ansatz. Die größeren privaten Investoren setzen aber vielfach ebenfalls auf Misch-nutzungskonzepte, weil sie sich hierdurch eine Wertsteigerung ihrer Immobilien versprechen, die die höheren Bau- und Bewirtschaftungskosten ausgleichen können. Außerdem erwarten die privaten Investoren von Mischnutzungen eine bessere Risikostreuung gegenüber Nachfrageschwankungen (vgl. BREUER u.a. 2000).

Photo 6: Tübingen Südstadt

11. Notwendigkeit des Projektmanagements

Bei der Reaktivierung von Brachflächen gibt es eine Vielzahl von Interessen. Grundstückseigentümer, die unterschiedlichen kommunalpolitischen Akteure, städtische oder staatliche Verwaltungen, zukünftige Investoren oder Nutzer, Anwohner, Entwicklungsgesellschaften sind nur einige der Akteure, die gegenüber einer Brachfläche nicht immer die gleichen Interessen haben. Hier gilt es, zwischen den unterschiedlichen Interessen zu vermitteln und immer wieder auf das gemeinsame Ziel der Brachflächenreaktivierung einzuschwören.

Seit einigen Jahren werden in einem solchen Zusammenspiel von öffentlicher Verwaltung und privaten Investoren neue Kooperationsformen und Partnerschaften unter dem Stichwort Public-Private-Partnership praktiziert. Die Entwicklung von gewerblich-industriellen Brachflächen oder auch anderen Brachflächen sind für diese neuen Formen der Zusammenarbeit ein besonderer Schwerpunkt. Die Reaktivierung von Brachen ist ein wesentlicher Einsatzbereich von Public-Private-Partnership (vgl. BECKMANN 2000, S. 9).

Seit inzwischen fünf Jahren wird in unmittelbarer Nachbarschaft der Essener Innenstadt ein ehemaliges Stahlwerk der Firma Krupp reaktiviert (ODENTHAL u. TAPPE 1998). Ein wesentlicher

Erfolgsfaktor für die Wiedernutzung dieser 10 Hektar großen Brachfläche ist das effektive Projektmanagement vor Ort. Die Steuerung des Projekts erfolgt durch ein kleines Projektteam mit weitgehender Entscheidungsbefugnis aus der nordrhein-westfälischen Landesentwicklungsgesellschaft (LEG) und der Essener Wirtschaftsförderungsgesellschaft (EWG).

Die LEG verpflichtete sich als Eigentümerin des Geländes dazu, die Flächen im Sinne des Entwicklungskonzepts herzurichten, zu erschließen und die Grundstücke zu vermarkten. Die EWG übt eine Mittlerrolle zur Stadt Essen aus und unterstützte die LEG bei der Vermarktung der Flächen. In Verbindung mit regelmäßigen Besprechungen (jour fixe) ergeben sich so sehr kurze Entscheidungswege. In anderen, weniger erfolgreichen Fällen der Reaktivierung von Brachflächen mangelt es häufig an klar personifizierten Verantwortlichkeiten. Für private Investoren kann dies in größeren Stadtverwaltungen eine erhebliche Schwierigkeit bedeuten.

In Essen war es für die erfolgreiche Umsetzung der Mischungskonzeption auf der Brachfläche von Vorteil, daß die verantwortlichen Akteure gemeinsam in die „Philosophie" des Projekts setzten, eine Erlebnisstadt mit einer hohen Nutzungsvielfalt zu schaffen. Planungskonzeption und Imagebildung passen zueinander. In der Weststadt soll keine „ruhige Nutzungsmischung" geschaffen werden, sondern ein urbaner und vielfältiger Freizeitstandort. Die Weststadt wird mit dem Image eines attraktiven Freizeitstandortes vermarktet.

12. Ohne Fleiß kein Preis – Brachflächenreaktivierung ist kein Selbstläufer

Brachflächen bieten ein erhebliches Potenzial an innerstädischen Flächen. Ihre sinnvolle Wiedernutzung kann zu einer flächensparenden Stadt- und Siedlungsentwicklung beitragen. Ihre Reaktivierung ist dadurch ein originärer Beitrag zu einer nachhaltigen Stadtentwicklung im Sinne der Ressourcenschonung und Umweltverträglichkeit (BFLR 1996). Brachflächenreaktivierung ist eine wesentliche Strategie einer bestandsorientierten Städtebaupolitik.

In boomenden Wirtschaftsregionen kann die Wiedernutzung von Brachflächen zum Selbstläufer werden. In den meisten Städten und Regionen in Deutschland sind aber für die Reaktivierung von Brachflächen erhebliche Anstrengungen auch von staatlicher und kommunaler Seite erforderlich.

Wesentliche Erfolgsbedingungen für die Wiedernutzung von Brachflächen sind überzeugende städtebauliche Konzepte, die einerseits an die vorhandenen baulichen Potenziale der Brachflächen anknüpfen und andererseits sinnvoll in das bestehende städtische Gefüge integriert werden. Von ganz besonderer Bedeutung ist ein funktionierendes Projektmanagement, das in der Lage sein muß, die unterschiedlichen politischen und wirtschaftlichen Interessen aufeinander abzustimmen. Unter solchen Bedingungen können auch Schwierigkeiten wie die Altlasten- und Eigentumsproblematik, Nachbarschaftskonflikte oder die Einbeziehung alter Bausubstanz überwunden werden.

Äußere Einflüsse, wie eine generell mangelnde Nachfrage, sind allerdings auch durch ein passendes Projektmanagement kaum zu beeinflussen. Hier spielen gesamtstädtische bzw. regionale Entwicklungsstrategien eine wichtige Rolle. Werden beispielsweise übermäßig preisgünstige Flächen am Stadtrand oder in den Umlandgemeinden ausgewiesen, kann dies die Bemühungen zur Reaktivierung von Brachflächen erschweren. Besondere Probleme gibt es zudem in strukturschwachen Regionen. In einigen Teilen Ostdeutschlands wird die Reaktivierung von innerstädtischen Brachen auch zukünftig ein schwieriges Handlungsfeld bleiben. Hier sind angepaßte Strategien für schrumpfende Regionen notwendig, wie sie im Rahmen der IBA Emscher-Park in den 90er Jahren für die Umgestaltung der Emscherzone bereits praktiziert wurden.

Literaturverzeichnis

BASTEN, L. (1998): Die Neue Mitte Oberhausen. Ein Großprojekt der Stadtentwicklung im Spannungsfeld von Politik und Planung. Berlin (= Stadtforschung aktuell, Band 67).

BBR, BUNDESAMT FÜR BAUWESEN UND RAUMORDNUNG (Hrsg.) (1999): Projektorientierte Planung – das Beispiel der IBA Emscher-Park. In: Informationen zur Raumentwicklung, Heft 3/4.

BECKMANN, K. (2000): Stadtplanung im Rahmen von Public Private Partnership – Erfahrung, Chancen, Risiken. In: Ministerium für Städtebau und Wohnen, Kultur und Sport des Landes Nordrhein-Westfalen (Hrsg.): Stadtentwicklung. Neue Kooperationsformen und Partnerschaft. Düsseldorf, S. 7 – 28.

BFLR, BUNDESFORSCHUNGSANSTALT FÜR LANDESKUNDE UND RAUMORDNUNG (Hrsg.) (1996): Städtebaulicher Bericht Nachhaltige Stadtentwicklung. Herausforderungen an einen ressourcen-schonenden und umweltverträglichen Städtebau. Bonn.

BMVBW, BUNDESMINISTERIUM FÜR VERKEHR, BAU- UND WOHNUNGSWESEN (Hrsg.) (2000): www.werkstatt-Stadt.de. Innovative Beispiele aus dem Experimentellen Wohnungs- und Städtebau. Bonn.

BREUER, B.; MÜLLER, W. UND C.-C. WIEGANDT (2000): Nutzungsmischung im Städtebau. Bonn (= Werkstatt: Praxis, Nr. 2).

DIETERICH, H. (1985): Umwidmung brachliegender Gewerbe- und Verkehrsflächen. Bonn (= Schriftenreihe des Bundesministeriums für Raumordnung, Bauwesen und Städtebau, 03.112).

FELDTKELLER, A. (1997): Tübingen. Neue Wege der Planung und der Bürgeraktivität beim Städtebau. In: Aus Politik und Zeitgeschichte. Beilage zur Wochenzeitung Das Parlament 1/97. Bonn.

IBA, INTERNATIONALE BAUAUSTELLUNG EMSCHER-PARK (Hrsg.) (1999): Katalog der Projekte 1999. Gelsenkirchen.

KAHNERT, R. (1988): Altlasten und Stadtentwicklung. Auswirkungen auf Freiraumschutz und Brachflächenrecycling. In: Raumforschung und Raumordnung 46, S. 107 – 113.

KOLL-SCHRETZENMAYR, M. (2000): Strategien zur Umnutzung von Industrie- und Gewerbebrachen. Zürich (= ORL-Bericht, 105).

KUNST, F. (1998): Leitbilder für Berliner Staträume – der „innovative Nordosten" und die „Wissenschaftsstadt Adlershof". In: Becker, H., Jessen, J. und R. Sander (Hrsg.): Ohne Leitbild? Städtebau in Deutschland und Europa. Stuttgart, S. 206 – 214.

LANDESHAUPTSTADT HANNOVER, STADTPLANUNGSAMT (Hrsg.) (1997): Gewerbe- und Militär-brachen. Grundlagen zum Flächennutzungsplan 1/1997.

MSKS, MINISTERIUM FÜR STADTENTWICKLUNG, KULTUR UND SPORT DES LANDES NORDRHEIN-WESTFALEN (Hrsg.) (1998): Grundstücksfonds Nordrhein-Westfalen 1998. Düsseldorf.

ODENTHAL, J. UND U. TAPPE (1998): Die neue Weststadt mit dem Musical-Theater Colosseum. In: BrachflächenRecycling, Heft 1, S. 14 – 21.

RAUTERBERG, H. (2000): Bauen – auf die Bürger. In: Die Zeit v. 8.6. 2000.

SCHEIDLER, T. (1997): Wohnquartiere auf innerstädtischen Brachflächen. Dortmund (= Schriften des Instituts für Landes- und Stadtentwicklungsforschung des Landes Nordrhein-Westfalen, Heft 105).

WIEGANDT, C.-C. (1997): Stadtumbau auf Brachflächen – damit es zukünftig nicht mehr als 100 Fußballfelder am Tag sind. In: Informationen zur Raumentwicklung Heft 8/9, S. 621 – 642.

WIEGANDT, C.-C. UND A. REISSING (2000): Nachhaltige Brachflächenreaktivierung. Das Beispiel Nordhorn-Povel. In: Praxis Geographie, 30. Jg., Heft 11, S. 14 – 19.

WÜSTENROT STIFTUNG (1999): Gestaltungspreis der Wüstenrot Stiftung. Umnutzungen im Bestand. Neue Zwecke für alte Gebäude. Stuttgart.

www.werkstatt-stadt.de (BMVBW und BBR: Beispiele aus dem Experimentellen Wohnungs- und Städtebau).

GEWERBEBRACHFLÄCHENRECYCLING IN DER PRAXIS: DAS FALLBEISPIEL DER "SAARTERRASSEN"

Martin Koch und Heinz-Peter Klein

Kurzfassung

Am Beispiel der "Saarterrassen" wird veranschaulicht, wie Gewerbebrachflächenrecycling in der Praxis funktioniert. Das Gelände der 1983 stillgelegten Burbacher Hütte in Saarbrücken wird seit Mitte der 90er Jahre zu einem modernen, gewerblich geprägten Stadtquartier umgebaut. Auf dem ehemaligen Standort der Montanindustrie konnten insbesondere zukunftsorientierte Unternehmen aus dem Bereich Informationstechnologie und verwandte Dienstleistungen angesiedelt werden. Voraussetzung für den Erfolg der „Saarterrassen" waren insbesondere das privatwirtschaftlich organisierte Projektmanagement unter Beteiligung der Stadt, ein nachfrageorientiertes Nutzungskonzept, ein flexibles und schrittweise umzusetzendes städtebauliches Konzept, ein Altlastensanierungs- und -sicherungskonzept mit Modellcharakter und entsprechender Unterstützung durch Fördermittel sowie ein innovatives Marketingkonzept. Das Beispiel der "Saarterrassen" zeigt, welche Chancen für die Stadtentwicklung durch die Reaktivierung innerstädtischer Brachflächen bestehen.

1. Einleitung

Brachliegende ehemalige Industriequartiere werden aufgrund ihrer besonderen historischen Lasten auch heute noch eher als Last denn als Chance begriffen. Die fehlende Erfahrung im Umgang mit Altlasten, die erheblichen Verkehrssicherungsprobleme und nicht zuletzt die angespannten öffentlichen Haushalte führen dazu, daß diese Flächen mit einem großen Problempotential behaftet sind, für das kaum ein Entscheidungsträger im politischen Raum oder in der Kommunalverwaltung gerne die Verantwortung übernimmt. Ebenso scheuen oftmals auch die privaten Immobilienunternehmen davor zurück, die besonderen wirtschaftlichen Risiken in Kauf zu nehmen, wenn nicht außergewöhnliche Gewinnchancen dem gegenüberstehen. Ohne eine maßgebliche Beteiligung der öffentlichen Hand sind solche Areale daher kaum einer dauerhaften Neunutzung zuzuführen. Anhand des Revitalisierungsbeispiels "Burbacher Hüttengelände" in Saarbrücken wird im folgenden aufgezeigt, daß durch innovative Entwicklungs- und Problemlösungsstrategien attraktive Stadtquartiere in kurzer Zeit und unter vertretbarem Kostenaufwand auf gewerblich-industriellen Brachflächen entstehen können.

2. Projektorganisation

In der ersten Phase nach Stillegung der Burbacher Hütte im Jahr 1983 richtete die Stadtverwaltung Saarbrücken eine Projektgruppe als Abteilung des Baudezernats ein, die ausschließlich mit der Aufgabe betraut war, die Revitalisierung des Burbacher Hüttengeländes voranzubringen. Regelmäßige jour-fixe-Runden sollten den Informationsaustausch mit beteiligten Ämtern (Liegenschaften, Wirtschaftsförderung, Baudezernat, Umwelt, Finanzen etc.) ermöglichen. Nach einer über fünfjährigen Tätigkeit war festzustellen, daß eine solche verwaltungsinterne Projektorganisation die

Entwicklung des Projektes eher problem- als chancenorientiert voranbringt. Einerseits hatte insbesondere die mangelnde Managementerfahrung dazu geführt, daß zentrale Problemfelder, wie z.B. die Altlastenproblematik, als Rechtfertigungsargument für schleppenden Projektfortschritt angeführt wurden. Andererseits wurde eine Vision zur Neunutzung der Fläche in erster Linie auf Basis rein stadtplanerischer Konzepte entwickelt. Da die Beteiligten nicht davon ausgingen, daß eine kurzfristige Neunutzung in Betracht gezogen werden kann, waren die entwickelten Planunterlagen entsprechend "utopisch". Die entworfenen Idealbilder einer angenehmen Arbeitswelt hatten wenig mit den aktuellen Nachfragerealitäten gemein. So verschwanden PKWs in Tiefgaragen, breite Grünzüge durchzogen die Flächen. Auf der Unterterrasse träumen die Planer von einem weitläufigen Yachthafen.

Die Unzufriedenheit mit dem Planungsprozeß führte unweigerlich dazu, daß das Projekt zu einem ungeliebten Vorhaben in der Verwaltung wurde und die politisch Verantwortlichen sich der entsprechenden Zuständigkeit zu entledigen versuchten. Vom Baudezernat wechselte die Zuständigkeit zunächst zur Wirtschaftsförderung und später ins Finanzdezernat.

Als alternative Projektorganisation wurde 1994 schließlich die formelle Privatisierung in Betracht gezogen, wobei verschiedene Modelle zur Diskussion standen. Die Eigenbetriebslösung wurde aufgrund der zu starken Nähe zum Verwaltungsapparat verworfen und zunächst die Gründung einer GmbH erwogen. Hier traten sehr schnell zwei Problemkreise in den Vordergrund. Zum einen war dies die notwendige Ausstattung der neuen Gesellschaft mit ausreichendem Stammkapital, um die zu erwartenden Anlaufverluste ausgleichen zu können. Zum anderen waren dies insbesondere Steuerprobleme, wie z.B. das Anfallen der Grunderwerbssteuer bei der Übertragung des 54 ha großen Flächenareals. Die organisationsrechtliche Lösung bestand letztendlich in der Gründung einer GmbH & Co. KG. Die Stadt brachte die Brache als Kommanditistin zu einem Wert von 50,- DM/m² Bruttofläche ein. Damit wurde ein Beleihungswert geschaffen, der die Aufnahme von Krediten am privaten Kapitalmarkt ermöglichte. Da die Stadt wirtschaftlicher Eigentümer der Flächen blieb, fiel im Rahmen der Übertragung keine Grunderwerbssteuer an. Die GIU, bis zu diesem Zeitpunkt eine reine Betriebsgesellschaft des Saarbrücker Innovations- und Technologiezentrums, übernahm als Komplementärin in Form einer GmbH das Management der Gesellschaft und damit auch des Projektes "Revitalisierung des Burbacher Hüttengeländes".

3. Nutzungskonzept

Unabhängig von stadtplanerischen Vorstellungen mußte zunächst eine am Markt orientierte Umnutzungs- und Entwicklungsstrategie entwickelt werden, um die Frage zu beantworten: Welche gewerblichen Nachfrager kommen für eine Ansiedlung auf dieser ehemaligen Brachfläche in Betracht? Diese Frage ist von zentraler Bedeutung, weil das Brachfallen ehemals gewerblich-industriell genutzter Flächen meist Folge eines wirtschaftlichen Strukturwandels ist und mit einem Nachfragerückgang nach Flächen einhergehen kann, falls die Freisetzung dieser Flächen nicht durch eine parallel hierzu stattfindende dynamische Entwicklung anderer Branchen aufgefangen werden kann. Beispielsweise hatte der Rückgang der Schwerindustrie in den altindustrialisierten Teilen des Ruhrgebietes, Großbritanniens oder der USA ein derartiges Überangebot an Flächen zur Folge (vgl. KOLL-SCHRETZENMAYR 2000, S. 29).

Im Falle der Revitalisierung der Burbacher Hütte traten bei der Beantwortung der eingangs gestellten Frage die mangelhafte Datengrundlage und die fehlenden Erfahrungswerte der regionalen Akteure hervor. Insbesondere die privatwirtschaftlichen Immobilienfachleute, wie beispielsweise die im Ring Deutscher Makler organisierten Flächenvermittler, verfügten über keinerlei verwertbare Daten zum gewerblichen Nachfragepotential. So war weder das jährliche Volumen der Büroflächennachfrage Saarbrückens bekannt, noch konnte der jährliche Gewerbeflächenbedarf geschätzt werden. Aufgrund der engen Zusammenarbeit mit dem städtischen Amt für Wirtschaftsförderung konnten erste grobe Anhaltspunkte gewonnen werden. Schnell wurde jedoch deutlich, daß insbesondere jene Branchen in der Nachfrageerfassung überrepräsentiert sind, die aufgrund ihrer Emissionen Probleme haben, Flächen zu finden (z.B. Bauunternehmen, Recyclingbetriebe oder Speditionen). Büroflächennachfrager kontaktieren demgegenüber kaum die zentrale Anlaufstelle der Stadt, sondern suchen über die lokalen Printmedien nach entsprechenden Angeboten. Die Anfrageerfassung der Wirtschaftsförderung spiegelt daher ein verzerrtes Bild des tatsächlichen Nachfragepotentials wider.

Anhaltspunkte über generelle Entwicklungen können aus den Daten der sektoralen Statistik abgeleitet werden. So war 1995 der Trend der Tertiärisierung nach wie vor abzulesen, wobei aber vor allem Ballungszentren entlang der Rheinschiene sowie Hamburg und München profitieren sollten. Das Saarland als eine Region im harten wirtschaftsstrukturellen Wandel mit nach wie vor hoher Dominanz der Montanindustrie und das Bergbaus war bezüglich der deutschen Trenderwartungen insofern eindeutig einzuordnen, als ein weiterer Arbeitsplatzabbau durch Betriebsschließungen in den betroffenen Wirtschaftszweigen einhergehend mit Flächenstillegungen vorherzusehen war. Welche Chancen in der Tertiärisierung der deutschen Wirtschaft für das Saarland liegen könnten, ließ sich nur schwer beurteilen, weil eine weitere Konzentration wichtiger Dienstleistungsbereiche, wie beispielsweise der Banken und Versicherungen, auf die Metropolen unter Aufgabe dezentraler Standorte prognostiziert wurde. Auch die Softwareproduktion, die Anfang der 90er Jahre einen deutlichen Aufschwung erlebte, wurde kaum als Chance für Standorte außerhalb dieser prosperierenden Ballungsräume begriffen, da ein Sterben von gerade neu gegründeten kleinen und mittleren Unternehmen zu Gunsten großer Dienstleistungskonzerne befürchtet wurde. Die Banken ließen für diese Unternehmensklientel bereits die "rote Lampe" angehen, was letztendlich eine restriktive Kreditvergabe und damit einhergehend nur geringe Wachstumschancen für diese Betriebe bedeutete.

Ein Vergleich mit anderen Regionen, die eine ähnliche Problematik zu bewältigen hatten und haben, zeigte sehr schnell, daß marktorientierte Handlungsweisen kaum verbreitet waren und die spezifische Angebotspolitik eher mit wirtschaftspolitischem Wunschdenken als mit einer fundierten Marktanalyse zu begründen war. Anzuführen ist hier beispielsweise die im Hinblick auf die Revitalisierungsbemühungen in Problemregionen als herausragend zu bezeichnende Internationale Bauausstellung Emscher-Park, die von Seiten der nordrhein-westfälischen Landesregierung mit einem Finanzvolumen von über 5 Mrd. DM ausgestattet wurde, um im Zeitraum 1989-1999 rund 120 Einzelprojekte in sechs Arbeitsbereichen zu realisieren (vgl. KURTH et al. 1999). In einem eigenen Arbeitsbereich unter dem Label "Arbeiten im Park" wurden u.a. Flächen für die gewerbliche Wirtschaft entwickelt.

Als überwiegend angebotsorientierte Infrastrukturmaßnahme wurden Industriebrachen aufwendig erschlossen und mit prägenden Grünzonen durchzogen. Außerdem wurde die Vermarktung durch hochbauliche Leitinvestitionen unterstützt, meist in Form von Technologie- und Gründerzentren. Attraktiver Städtebau und hochwertige Architektur als sogenannte weiche Standortfaktoren sollten Privatinvestoren und Nutzer zu einer positiven Standortentscheidung für diese Areale bewegen. Bis Mitte der 90er Jahre war jedoch lediglich ein sehr schleppender Ansiedlungsprozeß festzustellen. In Bezug auf die Technologie- und Gründerzentren war bereits die Rede von einer zumindest zweifelhaften Wirtschaftsförderungsstrategie. Eine undifferenzierte Angebotspolitik mußte daher sehr kritisch beurteilt werden.

Anhand von Expertengesprächen wurde zur Revitalisierung des Burbacher Hüttengeländes der Versuch unternommen, ein genaueres Bild der regionalen Nachfragesituation zu erlangen. IHK und

Handwerkskammer, Arbeitgeberverbände und die Arbeitskammer sowie sonstige wirtschaftsbezogene Interessenverbände wurde hierzu gezielt interviewt. Diese konnten zum Teil auf eigene Untersuchungen verweisen. Beispielsweise hatte die Handwerkskammer mittels einer Mitglieder-befragung eine Flächennachfrage von über 50 ha durch Handwerksunternehmen allein für das Stadtgebiet Saarbrückens ermittelt. Andere Gesprächspartner plädierten aufgrund vorhandener Flächenengpässe für reine Industriegebiete mit der Zielsetzung, emittierende Unternehmen hier anzusiedeln. Eine dritte Gruppe bewertete die Ausgründungspotentiale der Universität des Saarlandes besonders hoch, wobei die Bereiche Informatik, Neue Materialien und Mikrosystemtechnik im Vordergrund standen.

In Diskussionen mit externen Beratern fiel letztendlich die Entscheidung, für das 54 ha große Gelände einen Nutzungsmix vorzusehen, wobei Gebäude- und Nutzungstypen nicht diffus gemischt, sondern segregiert wurden. Die besonders attraktiven Adressen sollten Dienstleistern vorbehalten bleiben, die übrigen gewerblichen Nutzungen mußten in die zweite Reihe treten. Ein kleines an eine Arbeiter-siedlung grenzendes Teilareal (zwei Hektar) wurde als Wohngebiet vorgesehen. Die aufgrund der noch vorhandenen angrenzenden devastierten Hallenkomplexe des noch in Betrieb befindlichen Stahlwerkes und der Insellage als besonderes Problemgebiet eingestufte Unterterrasse sollte Konsum- und Freizeitfunktion aufnehmen und nach über 150 Jahren Industrietätigkeit wieder die Wohnbevölkerung auf das Areal ziehen. Von Beginn an war klar, daß eine hohe Flexibilität bezüglich einer Anpassung des Nutzungskonzeptes an veränderte Nachfragebedürfnisse gegeben sein mußte, ohne jedoch die Wertigkeit des Gesamtkonzeptes in Frage zu stellen. Die Karte "Die "Saarterrassen im Juli 2000" (vgl. Kartenanhang) gibt einen Überblick über das Nutzungskonzept für die Revitalisierung des Burbacher Hüttengeländes und zeigt die im Juli 2000 realisierten Projekte und Maßnahmen.

Das Nutzungskonzept hatte jedoch nicht nur auf Nachfragebedürfnisse zu reagieren und diesen gerecht zu werden, sondern sollte insbesondere dazu beitragen, eine Revitalisierung auch unter wirtschaft-lichen Gesichtspunkten zu ermöglichen. Das bedeutete insbesondere, auf die spezifischen Altlasten- und Baugrundprobleme zu reagieren. Die Sanierungsstandards eines Areals stehen in einem engen Zusammenhang zur späteren Nutzung. Sollte der Schadstoffgehalt im Boden bei späterer Wohnnutzung so gering wie möglich sein, können bei einer gewerblichen Nutzung höhere Schadstoffgehalte akzeptiert werden. Standorte mit den gravierendsten Altlastenproblemen, wie z.B. der Bereich der ehemaligen Benzolfabrik, hätten außerordentlich hohe Investitionskosten für eine hochwertige Folgenutzung verursacht. Es war daher opportun, das Nutzungskonzept der Altlasten-situation anzupassen. Auf dem Standort der ehemaligen Benzolfabrik befindet sich daher heute ein Großparkplatz, so daß die Schadstoffe in gesicherter Form im Boden verbleiben konnten. Auch der Teil der Unterterrasse, der von einer Benzolfahne beeinträchtigt wird, wurde gesichert soll in Zukunft als Grünzäsur und Parkplatz für die Eventhalle dienen.

4. Städtebauliche Konzepte und Bauleitplanung

Während die Fläche des Burbacher Hüttengeländes im Landesentwicklungsplan Saarland, Abschnitt Siedlung (1979) auf Grund ihrer Historie als Schwerpunktraum für die Montanindustrie festgelegt wurde, fand dies im Flächennutzungsplan des Stadtverbandes Saarbrücken vom 16.10. 1993 bereits keinen Niederschlag mehr. Die Industriefläche wurde als „weißer Fleck" gekennzeichnet. Die Festlegung sollte erst bei der endgültigen Definition der voraussichtlichen Nutzung konkretisiert werden. Der Flächennutzungsplan wird nunmehr im Parallelverfahren im Rahmen der Aufstellung der Bebauungspläne geändert. Das aus planerischer Sicht bedeutsamste Element der Definition städtebaulicher Belange bestand in der Durchführung einer Rahmenplanung, die einerseits die bauliche Vision der Fläche widerspiegelt, aber andererseits auch noch genügend Freiheitsgrade beinhaltet, um Planungsanpassungen ohne langwierige Verfahrens- und Genehmigungsschritte vornehmen zu müssen.

Zum Zeitpunkt der Flächenübernahme im Jahr 1995 bestanden bereits rahmenplanerische Entwürfe, die in den städtischen Gremien vorgestellt worden waren. Im Jahr 1989 wurde beispielsweise ein städtebaulicher Workshop unter der Beteiligung verschiedener Universitätsinstitute (Fachrichtung Städtebau/Architektur) durchgeführt, der zum Teil innovative und utopische Entwürfe hervorbrachte. In den Planskizzen wurde deutlich, daß Vorgaben in Bezug auf Baugrund- und Altlastensituation, vorhandene Bebauung oder auch regionalökonomische Verhältnisse keine Beachtung finden mußten. Ist dies vor dem Hintergrund des eher experimentellen Charakters des Workshop noch verständlich, so mußte doch der nachfolgende, im Auftrag der Stadt erstellte Rahmenplan aus dem Jahr 1993 in mehreren Punkten als bedenklich eingestuft werden.

Der weitaus größte Teil der Parkplätze sollte in Tiefgaragen untergebracht werden. Allerdings wäre das aufgrund der enormen Fundamentreste und Bauwerke im Boden eine sehr kostenintensive Maßnahme gewesen. Zudem ist anzuführen, daß die ökonomischen Rahmenbedingungen in Saarbrücken bei Flächenpreisen von unter 100,00 DM je m² erschlossenen Baulandes in Gewerbegebieten einen Parkplatz in der Fläche wirtschaftlich sinnvoll erscheinen lassen. Erst bei einem Flächenpreis von über 800,00 DM je m² sind Tiefgaragenparkplätze eine ökonomisch vertretbare Alternative. Auch die im Planentwurf des o.g. Rahmenplanes dargestellte Dichte der Bebauung mußte als unrealistisch eingestuft werden. Hinzu kam eine Erschließungsanlage, die auf Grund nur einer einzigen Anbindung an die nördlich die Fläche begrenzende Bundesstraße 51 zukünftige Verkehrsprobleme vor allem vor dem Hintergrund der Größe des Gesamtareals bereits erahnen ließ. In der späteren Vermarktung wurde deutlich, daß verkehrlich abseits gelegene Grundstücke sehr viel schwieriger zu vermarkten waren. Eine Überarbeitung des Rahmenplanentwurfs war daher dringend geboten.

Ausgehend von dem auf der Basis der Nachfrageeinschätzung und der Altlastensituation erstellten Nutzungskonzept wurde ein planerischer Ansatz entwickelt, der es ermöglichte, in verschiedenen Teilarealen baulich zu beginnen, ohne das komplette Erschließungssystem als erste Maßnahme erstellen zu müssen. Die Hauptmagistrale als herausragende Adresse wurde in der Südrichtung mit einem breiten Grünzug angelegt, in dem die Parkplätze zu integrieren waren. Diese Erschließungsmaßnahme hatte die Funktion, flankiert von viergeschossigen Bürogebäuden, das Rückgrat des neuen Geländes zu bilden und vor allem Dienstleistern einen attraktiven Standort zu bieten. Die östliche Anbindung an die Bundesstraße sollte die Schwerlastverkehre der Produktions- und Handelsunternehmen aufnehmen und somit Störpotentiale in der Dienstleistungsachse vermeiden helfen. Hier war eine niedrigere Bebauung mit einer Hallenhöhe von max. 10 m vorgesehen. Die separate Ost-Erschließung der Bundesstraße erschien notwendig, um die abseits liegende Unterterrasse aufzuwerten. Für dieses Areal gab es zunächst nur Platzhalter, weil Fachmarkt- und Freizeitnutzung noch nicht genauer festgelegt waren und von vielen Planern und privaten Flächenentwicklern als besonders unrealistisch eingestuft wurden. Der Handwerkerpark im Bereich des ehemaligen Erz- und Kohleplatzes der Hütte sollte handwerklichen Nutzungen vorbehalten bleiben und mußte von daher kleinteilig parzelliert (Grundstücke von 1 000 bis max. 5 000 m²) und aufwendiger als von der Stadt ursprünglich geplant erschlossen werden.

In der Umsetzung der Rahmenplanung wurde in Abstimmung mit dem Baudezernat zunächst auf die Aufstellung von rechtskräftigen Bebauungsplänen verzichtet. Der neue Rahmenplan und das

Nutzungskonzept wurden mit den Gremien der Stadt abgestimmt. Jeweils vor Einreichen der Bauanträge wurden Abstimmungsgespräche mit dem Baudezernat geführt, um vorzeitig einen Konsens mit Stadtplanungsamt und Unterer Bauaufsicht herbeiführen zu können. Als rechtliche Basis diente in der Anfangsphase §34 des BauGB ("... in Anlehnung an die vorhandene Bebauung ..."), wobei allen Beteiligten bewuß war, daß es sich hierbei um eine sehr großzügige Auslegung des Baurechts handelte. Normalerweise findet §34 BauGB nur Anwendung im Rahmen der Erschließung von Baulücken oder wenn eine vorhandene Bebauung lediglich eine geringfügige Ergänzung erfahren soll. In diesem Fall ging es jedoch darum, die ersten Leitinvestitionen auf der Fläche ohne die verbliebenen nachbarschaftlichen Gebäudekörper zu genehmigen.

Erst nachdem feststand, in welcher Weise die konkrete bauliche Realisierung vonstatten gehen wird, wurde der Bebauungsplan im Verfahren vorangetrieben. Das Gesamtareal wurde in vier unterschiedliche Bebauungspläne unterteilt. Vor dem Hintergrund der anfangs nur schwer einschätzbaren Nachfragesituation war dieses Vorgehen gerechtfertigt. Außerdem konnte auf unvorhersehbare Erschwernisse im Bauablauf, die aufgrund der langjährigen industriellen Nutzung nie vollends auszuschließen waren, flexibler reagiert werden, um z.B. Kostenreduzierungen bei der Erstellung von Erschließungsanlagen zu ermöglichen. Als Beispiel sei hier nur der überraschende Fund einer 30 000 m³ großen überschütteten Sinteranlage erwähnt. Die Kanalbaumaßnahme, die in großer Tiefe das massive Betonbauwerk durchqueren sollte, hätte sich um einen Millionenbetrag verteuert, wenn es nicht möglich gewesen wäre, die gesamte Erschließungsanlage um wenige Meter zu verschieben. Diese Flexibilität im Planungsrecht ist eine außerordentlich wichtige Voraussetzung, um Industriebrachen kostengünstig erschließen und entwickeln zu können und Teil einer Planungsstrategie, die auch als "perspektivischer Inkrementalismus" bezeichnet werden kann (vgl. GANSER et al.1993; MAYER u. SIEBEL 1998).

Die Photos 1-3 zeigen den Stand der Planung und Entwicklung des Burbacher Hüttengeländes in den Jahren 1993, 1998 und 2001.

Photo 1: "Luftbild des Burbacher Hüttengeländes 1993"

Photo 2: "Luftbild des Burbacher Hüttengeländes 1998"

Photo 3: "Luftbild des Burbacher Hüttengeländes 2001"

5. Altlastensanierungs- und -sicherungsstrategie

Mit dem Schließen der Tore der Burbacher Hütte ging eine Phase des Schocks und der Ratlosigkeit einher. Mitte der 80er Jahre begannen die ersten Erfassungen und Erstbewertungen der Bausubstanz auf der brach gefallenen Fläche der Burbacher Hütte. Da eine städtebauliche Planung bzw. Folgenutzung als Vision zu dieser Zeit noch nicht vorhanden war, wurde auf Basis der erfaßten Daten eine Abbruch- und Sanierungsstrategie erarbeitet, die die Fläche für alle potentiellen Folgenutzungen vorbereiten sollte. Es wurde eine Dekontaminationsstrategie entwickelt, die hohe Sanierungswerte für die Gesamtfläche festlegte, um jegliche Folgenutzung zu ermöglichen.

Kern der Sanierungsstrategie und Grundlage für die Teilnahme am „Bundesprogramm modellhafte Sanierung von Altlasten" des Bundesministeriums für Forschung und Technologie (BMFT, heute bmb+f) war ein auf drei Säulen beruhendes Konzept:

1. mikrobiologische Sanierung in Zelten;
2. semimobile thermische Bodenreinigungsanlage;
3. Grundwasserreinigung mittels Grundwasserbrunnen.

Diese drei Sanierungsansätze sollten einen bundesweiten modellhaften Lösungsansatz zur Bodensanierung sowie den Einstieg in den erwarteten Sanierungsmarkt eröffnen. Der Ansatz sollte im Zuge des Forschungsprogramms modellhaften Charakter haben und Erkenntnisse für ähnliche Altlastprobleme liefern. Da zu diesem Zeitpunkt das Hauptaugenmerk auf der Sanierungsstrategie und weniger auf der zukünftigen Nutzung lag, sollten die gesamten Sanierungsmaßnahmen auf dem Gelände der ehemaligen Burbacher Hütte stattfinden.

Nach ausführlichen Untersuchungen und Analysen wurden Ende der 80er und Anfang der 90er Jahre Pilotversuche durchgeführt. Mit der 1993 und 1994 erarbeiteten Nutzungskonzeption durch die GIU wurde das Altlastsanierungskonzept modifiziert. Parallel zu der Entwicklung dieses Konzeptes sind äußere veränderte Rahmenbedingungen zu nennen, die die ursprüngliche Strategie als nicht realisierbar erwiesen. Nach der Vereinigung der beiden deutschen Staaten hat der Mitte der 80er Jahre in der Bundesrepublik sich herausbildende Altlastsanierungsmarkt eine Verschiebung Richtung neue Bundesländer erfahren. Gleichzeitig hat sich die Realisierbarkeit geplanter großflächiger kommunaler Sanierungsstrategien durch eine Verschlechterung der Haushaltslagen als nicht finanzierbar erwiesen. Das modellhafte Altlastsanierungskonzept der ehemaligen Burbacher Hütte war von Anfang an auf die Fördermittel der Europäischen Union, des Bundes und des Saarlandes angewiesen. Die erwähnte angespannte Haushaltslage des Bundes, des Landes und der Kommune zielten auf eine kostengünstigere Sanierungsstrategie, die trotzdem noch einen modellhaften Charakter im Rahmen des Forschungsprogramms haben sollte.

Das entwickelte Nutzungskonzept beruhte auf der Erfassung und Erstbewertung der Ist-Situation der zu entwickelnden Fläche. Die daraus resultierenden Altlastsanierungsmaßnahmen wurden soweit an diese geplante Nutzung angepaßt, daß eine Kostenreduktion von ca. 70 % der ursprünglich kalkulierten Gesamtsanierungskosten erzielt werden konnte. Konkret wurde der größte Kontaminationsbereich, die ehemalige Benzolfabrik und die durch diese Nutzung entstandenen Kontaminationen auf der Unterterrasse Richtung Saar, in der neuen Sanierungskonzeption von 1995 bis 1997 saniert und gesichert.

Die neue Sanierungsstrategie sah eine langfristige Sanierung des kontaminierten Bereiches bei gleichzeitiger Sicherung vor. Diese Doppelstrategie ermöglichte die frühzeitige Nutzung und Vermarktung der angrenzenden Flächen. Zur Sanierung wurde eine Bodenluftabsaugungsanlage installiert, um die kontaminierte Bodenluft absaugen und über ein System von Aktivkohlefilter reinigen zu können. Zur Durchführung dieser aktiven Sanierungsmaßnahme wurde die Fläche mittels einer PHDE-Folie abgedeckt, so daß keine verunreinigte Luft entweichen und kein Oberflächenwasser die Kontaminanten im Boden ausspülen und somit das Grundwasser weiter belasten konnte. Dieselbe Doppelstrategie wurde für den Bereich der Unterterrasse angewandt. Der Bereich des kontaminierten Grundwassers wurde mit einer Spundwand eingekapselt und das darin gefaßte verunreinigte Grundwasser über einen Sammelschacht bei Unterschreiten der Einleitwerte in den Schmutz-wasserkanal eingeleitet. Bei Überschreiten ist ebenfalls eine Reinigung mittels Aktivkohle vorgesehen.

Die Modifikation der ursprünglichen Sanierungsstrategie hat sich als sinnvoll und erfolgreich erwiesen, da folgende Aspekte erreicht wurden:

- langfristige Sanierung der Altlasten;
- kurzfristige Sicherung und damit Unterbinden der Verunreinigungs- und Gefährdungspfade (Mensch, Wasser, Boden und Luft);
- erhebliche Kostenreduktion durch Anpassung und Abstimmung an die spätere Nutzung der Fläche;
- potentielle Vermarktung der nicht betroffenen Flächen.

Diese sich hier als erfolgreich erwiesene Altlastsanierungs- und -sicherungsstrategie war nur möglich durch das Einbeziehen der zuständigen und fachlich die Maßnahme betreuenden Landes- und Bundesbehörden (Untere Wasserschutzbehörde, Landesamt für Umweltschutz, Umweltministerium des Saarlandes, Umweltbundesamt, bmb+f) sowie der EU und die nach Verabschiedung der Sanierungs- und Sicherungsstrategie zügig umgesetzten Maßnahmen.

6. Marketingkonzept

Das Image der Fläche war durch die jahrelange Öffentlichkeitsarbeit und Diskussion um Dekontaminierungsstrategien ausgesprochen negativ besetzt. Die Lage im Stadtteil Burbach, die insbesondere nach dem Niedergang der Burbacher Hütte die negativen Auswirkungen der sozialen Segregation besonders zu spüren bekam (vgl. Beitrag von RENSCHLER in diesem Band, S. 49ff.), erschwerte das Bemühen um eine Positionierung im gewerblichen Immobilienmarkt zusätzlich. Außerdem hatte die Stadt Saarbrücken 1993 ein anderes Gewerbegebiet in direkter Autobahnnähe auf ehemals landwirtschaftlich genutzter Fläche entwickelt, ohne Rücksicht auf das Stigma Kontamination nehmen zu müssen, und begann mit der Vermarktung zu einem günstigeren Flächenpreis. Eine ausschließlich flächenorientierte Positionierung des Burbacher Hüttengeländes erschien somit aussichtslos. Wie das dargestellte Nutzungskonzept und der städtebauliche Rahmenplan erkennen lassen, war aber auch nicht an eine herkömmliche Gewerbegebietsentwicklung gedacht. Die Idee, hochwertige Immobilienadressen und nicht lediglich beliebig verwendbare Gewerbeflächen herzustellen, mußte somit in eine glaubwürdige Kommunikationsstrategie umgesetzt werden. Die Erfahrung zeigt, daß die Standortentwicklung ehemaliger Gewerbe- und Industrieflächen nur durch eine professionelle Projektentwicklung und –vermarktung realisiert werden kann, die alle Beteiligten einbezieht und "Kapitalverwertungskoalitionen" entstehen läßt (vgl. SCHELTE 1999, S. 152ff.).

Als erster Schritt bei der Entwicklung des Marketingkonzeptes für die Gewerbebrachfläche Burbacher Hütte war die Namensgebung des neu zu schaffenden Standortes von entscheidender Bedeutung. Mit dem beabsichtigten Branding sollte die Einmaligkeit und die Besonderheit des Gebietes herausgestellt werden. Das gewählte Label „Saarterrassen" löst positive Assoziationen aus, die nicht nur mit dem

Thema Arbeit in Zusammenhang stehen, sondern insbesondere auch mit Freizeitaspekten verbunden werden. Mit dieser Namensgebung war es möglich, die Vision eines gewerblich geprägten Stadtquartiers zu kommunizieren, das durch die Funktionen Freizeit, Konsum und Wohnen ergänzt wird. Dadurch entstand das Bild eines Areals, das auf sympathische Art und Weise das Thema Arbeiten umsetzt. Im nachhinein betrachtet hat der Name „Saarterrassen" erheblich zum positiven Image beigetragen.

In der Folgezeit kam es darauf an, den Namen „Saarterrassen" in der Bevölkerung und insbesondere bei der Zielgruppe der Unternehmer bekannt zu machen, die ihren Betrieb verlagern möchten. Die üblichen Kommunikationsstrategien im Rahmen des Immobilienmarketings schienen hierzu jedoch ungeeignet (vgl. SCHULTE 1996). Üblicherweise beschränken sich die Akteure in diesem Markt mit der Anzeigenwerbung und dem Einschalten von regionalen bzw. überregionalen Makleragenturen. Die erprobten Werbestrategien der Konsumgüterindustrie, die insbesondere auf die Fernseh- und Radiowerbung sowie farbige Großanzeigen in Printmedien zurückgreifen, waren jedoch aus thematischen Gründen und v.a. aufgrund der außerordentlich hohen Kosten nicht übertragbar.

Nach eingehenden Medienanalysen zeigte sich, daß Großplakataktionen im Vergleich zu sonstigen Werbemaßnahmen, wie z.B. der üblichen Anzeigenwerbung, relativ hohe Aufmerksamkeitswerte erreichen. Die Art der Werbebotschaft muß hier jedoch sehr kurz und leicht verständlich sein. Für eine differenzierte Produktwerbung ist dieses Medium nicht geeignet, da vorbeifahrende Passanten die Werbebotschaft innerhalb weniger Sekunden wahrnehmen, lesen und aufnehmen müssen. Ein Immobilienprojekt im Umfeld der sehr prägnanten und effekthascherischen Konsumgüterwerbung so zu plazieren, daß es Aufmerksamkeit erzeugt, war ausgesprochen schwierig. Von der klassischen Produktwerbung („Gewerbeflächen in Größen von x bis x m² mit guter Verkehrsanbindung" etc.) wurde bewußt Abstand genommen zu Gunsten einer reinen Imagewerbemaßnahme, die den neuen Namen des Areals als Inhalt haben sollte.

Die Vorschläge der Werbeagenturen waren jedoch trotz der inhaltlich reduzierten Aussage zunächst wenig überzeugend. So wurde beispielsweise das Logo in den Vordergrund gestellt oder es wurden die in Zukunft auf der Fläche arbeitenden Menschen gezeigt. Aufgrund des fehlenden Überraschungseffektes hätten diese Plakate im „aggressiven" Werbeumfeld nicht bestehen können. Erst die Kombination mit der beabsichtigten besonderen Entwicklungsdynamik, die sich auf der Fläche vollziehen sollte, brachte Bewegung in die Entwurfsskizzen der Agenturen. Die Entscheidung fiel schließlich für die Werbebotschaft „Boomtown Saarterrassen" (vgl. Photo 4). Die Präsenz an über 150 Großplakatstandorten im Stadtgebiet verfehlte ihre Wirkung nicht. In der lokalen Presse wurde der Begriff Boomtown aufgegriffen und damit der Name und das Projekt in einer Vielzahl von Artikeln und Beiträgen erwähnt und kontrovers diskutiert. Die anvisierte Zielgruppe der jungen, noch relativ kleinen Unternehmen mit Wachstumspotential fühlte sich von der Aktion besonders angesprochen. Zwölf Unternehmenskontakte waren die Folge. Spätere Großplakataktionen, die eher auf konkreter Produktpräsentation als auf Imagegewinn ausgerichtet waren, erzielten bei weitem nicht mehr diese Aufmerksamkeit (vgl. Photo 5).

Photo 4: Großplakat "Boomtown Saarterrassen"

Photo 5: Großplakat "Come to Boomtown"

Anlaß für Großplakatwerbemaßnahmen waren besondere Events auf der Fläche, wie z.B. der Beginn oder die Fertigstellung einer Baumaßnahme. Die normalerweise sehr nüchtern ablaufenden Pressetermine (z.B. der „übliche" Spatenstich) wurden zu Baustellen-Events weiterentwickelt, um Journalisten und sonstige Multiplikatoren von der Besonderheit des Gesamtprojektes zu überzeugen. Auch die Baustelle bzw. der Bauzaun hatten Überraschendes zu bieten, wie beispielsweise die Gucklöcher und Türen im Bauzaun des Expomedia-Gebäudes, die nicht nur ein Entdecken der Baustelle ermöglichten, sondern auch ungewöhnliche Inszenierungen boten (z.B. die Tierwelt der Baustelle, die Quartiere der Arbeiter).

Von besonderer Bedeutung im Rahmen des Aufbaus eines neuen Images war die sensible Kommunikationsstrategie. Abbruchmaßnahmen, Dekontaminierungen und Unfälle, wie z.B. Großbrände durch fehlerhaften Abbruch, fanden auf dem „Burbacher Hüttengelände" statt. Der Begriff „Saarterrassen" hingegen tauchte in Pressemitteilungen nur im Zusammenhang mit neuen Baumaßnahmen, Unternehmensansiedlungen und kulturellen Highlights auf der Fläche auf. Bei einigen Journalisten ist so im Laufe der Zeit der Eindruck entstanden, daß es sich um zwei völlig verschiedene Flächen handelte. Da sich das Areal über mehrere Terrassen erstreckt, wurde die Unterterrasse, auf der die Montanindustrie noch aktiv war, als Burbacher Hüttengelände identifiziert, während die Oberterrasse, wo sich auch die Neubaumaßnahmen konzentrieren, als eigentliche „Saarterrassen" angesehen wurden. Erst seit dem Jahr 2000 wird der Wandel der Fläche vom Hüttengelände zu den „Saarterrassen" deutlicher herausgestellt. Eine Möglichkeit bestand in der Beteiligung an der EXPO 2000. Die „Saarterrassen" erhielten die Anerkennung als sogenanntes „weltweites Projekt der EXPO". Die Ausstellung im zentral gelegenen Expomedia-Gebäude bestätigte den Wandel der Fläche multimedial u.a. anhand des Wandels in der Arbeitswelt (vom Arbeitsplatz im Stahlwerk zu den Computerarbeitsplätzen der modernen Büros). Kritisch betrachtet werden muß im Rückblick die geringe Einbeziehung der im Stadtteil ansässigen Bevölkerung in die Kommunikationspolitik. So kennen zwar viele Einwohner des Stadtteils Burbach Unternehmen, die sich auf den „Saarterrassen" angesiedelt haben. Eine intensive Informationsvermittlung, einhergehend mit Stadtteilfesten auf den „Saarterrassen" oder der Einbindung ausgewählter Gruppen und Vereine, hätten jedoch mit Sicherheit den Stolz auf den bisher auf der Fläche erreichten Entwicklungsstand erhöht und damit das Selbstbewußtsein in dem ökonomisch benachteiligten Stadtteil deutlich gestärkt.

7. Angebotspolitik

Der Mix von ausschließlich funktionalen Gesichtspunkten entsprechenden Bürogebäuden und oftmals unansehnlichen Hallenbauten führt in vielen kommunalen Gewerbegebieten zur Profillosigkeit und damit einer Abwertung des Standortes. Dagegen sind Nutzungsmischung und anspruchsvolle Architektur geeignete Strategien zur Aufwertung des Raumes. Die Segregation der unterschiedlichen gewerblichen Nutzungsarten erforderte im Falle der "Saarterrassen" die Ausweisung eines eigenständigen Gewerbegebietes für die produktionsorientierten Unternehmen, die Hallenflächen benötigen. Das durch einen Bahndamm von der Hauptfläche der "Saarterrassen" getrennte ehemalige Erz- und Kohlelager wurde zum kleinparzellierten Handwerkerpark entwickelt, der Raum für Eigeninvestitionen läßt. So wurde auch hier der Versuch unternommen, mit Gestaltungsrichtlinien und architektonischen Beratungen Einfluß auf die ansprechende Außenwirkung der Bauten zu nehmen. Leider war dies nicht bei allen Investitionsmaßnahmen Privater von Erfolg gekrönt.

Einhergehend mit den kommunikativen Maßnahmen mußte selbstverständlich auch den interessierten Unternehmen ein Angebot unterbreitet werden, das den vermittelten Anspruch auf ein außergewöhnliches und dynamisch wachsendes Areal gerecht wurde. Aufgrund der Fokussierung auf die relativ kleinen Unternehmen der Dienstleistungsbranche war davon auszugehen, daß nur ein geringer Anteil der potenziell zu gewinnenden Nutzer in der Lage war, eigene Investitionen zu tätigen. Ein großer Teil der Unternehmen hat die Gründerphase bereits hinter sich gelassen und will nicht mehr in anonymen Gebäuden untergebracht sein, sondern sich selbstbewußer präsentieren. Von der GIU wurden für diese Zielgruppe Gebäude konzipiert, die Mieteinheiten ab einer Größe von ca. 100 m² ermöglichten, wobei aber nicht das Bereitstellen von Flächen im Vordergrund stand, sondern das Schaffen von anspruchsvollen Adressen. Verglaste Fronten lassen die Mieträumlichkeiten bereits von außen sichtbar werden. Die Verwendung von ungewöhnlichen Fassaden und lichttechnischen Elementen schaffen unverwechselbare und daher sehr werbewirksame Bauwerke. Zur Ausbildung einer Adresse gehört neben der unverwechselbaren Fassade und Gebäudekonzeption auch die Namensgebung des Bauwerks. Bezeichnungen wie "ServiceInn", "Vitrina" oder "Expomedia" sollten die Besonderheit und damit die Hochwertigkeit der Immobilie betonen und die Identifikation der Mieter mit dem Gebäude steigern. Ein zusätzlicher Added Value ergibt sich durch das Zusammenstellen einer Unternehmensklientel, die sich auf Grund ihrer ähnlichen bzw. sich ergänzenden Tätigkeitsbereiche gegenseitig befruchten kann. Ein Beispiel hierfür ist das "MedienZentrum" auf den „Saarterrassen", in dem über 15 Unternehmen der Multimediabranche angesiedelt werden konnten.

Serviceeinrichtungen wie Restaurants, individuell anmietbare Seminarräume oder ungewöhnliche Präsentationsflächen verleihen dem Standort zusätzliche Attraktivität. Die Kombination des Gewerbestandortes mit Freizeiteinrichtungen, wie z.B. Fitness-Studio, Konzerthalle, Erlebnisbrauerei, Bowlingcenter oder Diskothek stellen einen Zusatznutzen dar, den regionale Konkurrenzstandorte auch in Innenstadtlagen so nicht bieten können. Historische Hinterlassenschaften der Industriebrache erweisen sich bei diesen Nutzungen als besonders vorteilhaft (vgl. SCHELTE 1999, S. 132ff.). Die ehemalige Elektrozentrale entpuppte sich als ideale Kunst- und Eventhalle mit besonderem Ambiente und weist daher im regionalen Veranstaltungsmarkt deutliche Alleinstellungsmerkmale auf (vgl. Photos 6 und 7). Die geplante Diskothek auf einem ehemaligen Kalksilo ist schon von weitem zu sehen und präsentiert sich ebenfalls in einem ungewöhnlichen Gewand. Auch Bürogebäude, die alte Bausubstanz mit neuen Anbauten kontrastieren, gewinnen ein eigenständigeres Profil. Fassaden alter Industriehallen wirken mit ihren verfallenen Fensterscheiben, angeschwärzten Backsteinwänden und verrosteten Rohrteilen in einem durch moderne Bürobauten geprägten Areal plötzlich nicht mehr störend, sondern sie werden als willkommenes Zeichen der industriellen Vergangenheit angesehen. Um kein steriles Gewerbeghetto entstehen zu lassen, ist die Verzahnung mit den angrenzenden Wohnquartieren durch attraktive Wegebeziehung wichtig. Ein Abenteuerspielplatz, der von den Kindern des Stadtteils mit entworfen und gebaut wurde, begleitet einen solchen Fußweg entlang der Terrassenstufe zum Stadtteil Burbach.

Photo 6: "Elektrische Zentrale (EZ II) vor der Renovierung"

Photo 7: "Multifunktionaler Veranstaltungsort EZ II"

Zu den Serviceleistungen, die das Ansiedeln von Unternehmen auf den „Saarterrassen" erleichterte, gehört auch die Übernahme aller koordinierenden Tätigkeiten zum Planen, Finanzieren und Realisieren eines baulichen Investitionsvorhabens. Da diese Tätigkeiten in der Regel sehr zeitintensiv sind, kann ein Unternehmer sich kaum angemessen um sein Bauprojekt kümmern. Die Übernahme der Bauherrenfunktion durch die GIU mit Garantieverpflichtung in Bezug auf Kosten, Qualität und Bauzeit stellte daher für etliche Investoren eine große Erleichterung dar und beschleunigte den Entscheidungsprozeß bezüglich einer Ansiedlung auf den "Saarterrassen".

Die Abb. 1 gibt eine zeitliche Übersicht über die einzelnen Maßnahmen und Projekte zur Revitalisierung des Burbacher Hüttengeländes zu den "Saarterrassen".

Zeit	Maßnahme / Projekt
1982	Schließung der Burbacher Hütte
ab 1983	Erste Abbrucharbeiten auf dem Gelände beginnen
ab 1986	Breite Diskussion über Nutzung des Geländes als Verbrauchermarkt, Hafen, GVZ, Recycling Zentrum
1987	Land kauft die Fläche der ehemaligen Hütte
1987	Aufstellungsbeschluß für einen Bebauungsplan mit großem Einkaufszentrum, der wegen großflächiger Einzelhandelsnutzung vielfach kritisiert wird. Das Bebauungsplanverfahren wird nicht weitergeführt
1987-1988	Erste sondierte Altlastenuntersuchung ergibt, daß weite Bereiche des Geländes kontaminiert sind
April 1989	Studentischer Workshop mit Arbeitsziel: „Projektentwicklung Burbacher Hütte"
Juni 1989	Stadt schließt mit der „Gesellschaft für Innovation und Unternehmensförderung" (GIU) Vertrag zur Entwicklung eines Nutzungskonzeptes für das Hüttengelände und mit den „KommunalSystemen" (KS) den Vertrag zur Konzeption der Altlastensanierung ab
1990-1998	Forschungsvorhaben: „Modellhafte Altlastensanierung Burbacher Hüttengelände (MOSAL)" mit Unterstützung des „Bundesministeriums für Forschung und Technologie" (Bonn) und des Umweltbundesamtes (Berlin). Dem Projekt liegt die Vorstellung zugrunde, die Kontaminationen vollständig zu entfernen
1991	Mit Planfeststellungsbeschluß zum Saarausbau wird für den Ausbauabschnitt zwischen Luisenthal und der Westspange Baurecht geschaffen
1992	Land verkauft die Fläche an die Stadt
April 1992	Städtebaulicher Rahmenplan wird von ARGE StadtBauPlan im Auftrag der Stadt erstellt
August 1993	Vorstudie zur „Neunutzung des Burbacher Hüttengeländes in Saarbrücken" wird von der AGIPLAN AG im Auftrag der GIU erstellt
1992-1994	Renovierung des Casinos
1993	WPW GmbH zieht als erste Neuansiedlung auf das Burbacher Hüttengelände ins Casino
April 1993-Juli 1994	Abriss der Kokereien Ost & West, Steinlagerhalle, April - Juli 1993 Betriebstankstelle, (teilw.) Torhausgebäude
1994	Die Idee, eine vollständige Sanierung des Geländes durchzuführen erweist sich als nicht finanzierbar, so daß die Nutzungsvorstellungen präzisiert werden und ab jetzt eine an die Nachnutzung angepaßte Sanierungs-/ Sicherungsstrategie erfolgt
März 1994 –November 1994	Abriß der Kläranlage
März 1994-November 1994	Abriß der Rangierbrücke und des DLRG Gebäudes
01. Juni 1995	Gründung der „GIU Flächenmanagement KG"
Februar 1995	„Bebauungsplan Vorentwurf und Vorplanung der Verkehrsanlagen für die Neunutzung des Burbacher Hüttengeländes" wird von der AGIPLAN AG im Auftrag der GIU erstellt
März 1995-März 1996	Neubau WPW + Freese
August 1995-März 1996	Abriß des Labors, Kühlers (teilw.), Wasseraufbereitungsanlage
August 1995-April 1996	Erschließung Nell-Bräuning-Allee
August 1995-Oktober 1996	Neubau ORBIS
August 1995-Januar 1996	Abbruch des Wasserkühlturms, Laborgelände
September 1995-Juli 1996	Neue Zufahrt für Saarstahl: „Hüttenstraße"
September 1995-September 1996	Abriß und Verlegung der Koksgasleitung; Abriß Kühler und Maschinenhaus
März 1996-Juli 1997	Abriß Kohlenlager und Mahlanlage

Zeit	Maßnahme / Projekt
August 1996-Oktober 1996	Abriß Direktionsgebäude
Dezember 1996-November 1997	Erschließung Saarterrassen West
Januar 1997-Mai 1997	Neubau Auto Sound
Januar 1997-Januar 2000	Gewerbezentrum
Februar 1997-Juni 1997	Abriß des Kraftwerks östlich E-Halle
März 1997-Oktober 1997	Neubau Service Inn
April 1997-März 1998	Abriß des Modellschuppens, Kohlenturms, Stellwerk und Trafo
März 1997-August 1998	Wohnbebauung Krenzelsberg
September 1997-Oktober 1998	Erschließung Saarterrassen Ost, neue Zufahrt
Mai 1998-Oktober 1998	Abriß Zimmerei, KFZ-Werkstatt und Kohlenbunker
September 1998-Juni 1999	Abriß Sinterkamin, Kläranlage und Erzbunker (Ost)
Februar 1999-Dezember 1999	Abriß Edelstahllager
Februar 1999-November 1999	Neubau IPL
Frühjahr 1999	Abriß Anbauten E-Halle
Mai 1999-Juni 1999	Festplatz
September 1999	Abriß des Regionalgeschichtlichen Museums
Juni 1998-Januar 1999	Haus Urban
Mai 1999-November 1999	Neubau Reha-GmbH
November 1998-September 1999	Neubau Maler-/Lackiererinnung
September 1997-März 2000	Gewerbezentrum 2
Januar 1998-Juni 1999	Neubau IKS
Mai 1999-Januar 2000	Neubau ORBIS 2
Mai 1999-Januar 2000	Neubau Vitrina
Juni 1999- Mai 2000	Umbau E-Halle (Sicherung)
November 1998-Juli 1999	Neubau Funk & Eisenbarth
Mai 1999-Januar 2000	Expo Media
Januar 2000-Juni 2000	Parkdeck
März 1999-Dezember 1999	Verfüllung Erzbunker und Parkplatz
September 1999-Juli 2000	Service Inn 2
Oktober 1999-Dezember 2000	Medienzentrum
Juni 2000- November 2000	Haus+Gross
ab August 2000	AZB Neubau (ca. 9 Monate Bauzeit)
	GIT Hoffmann, noch keine Bauaktivität
	Umweltberatungszentrum HWK, noch keine Bauaktivität
ab Juni 2000	Umnutzung von EZ II als Versammlungsstätte und für Gastronomiezwecke
Mai 2000-Dezember 2000	Vitrina 2

Abb. 1: "Vom Burbacher Hüttengelände zu den "Saarterrassen" – Zeitliche Übersicht der Maßnahmen und Projekte".

Quelle: RENSCHLER 2000

Literaturverzeichnis

GANSER, K., W. SIEBEL UND T. SIEVERTS (1993): Die Planungsstrategie der IBA Emscher Park. Eine Annäherung. In: RaumPlanung, H. 61, S. 112-118.

KOCH, M. (1997): Vom ehemaligen Burbacher Hüttengelände zu den Saarbrücker „Saarterrassen" – Der Weg von der Industriebrache zu dem dynamischsten Stadtquartier Saarbrückens. In: BrachFlächenRecycling, H. 3, S. 44-49.

KOLL-SCHRETZENMAYR, M. (2000): Strategien zur Umnutzung von Industrie- und Gewerbebrachen (= Berichte zur Orts-, Regional- und Landesplanung, 105). Zürich.

KURTH, D., R. SCHEUVENS UND P. ZLONICKY (Hrsg.) (1999): Laboratorium Emscher Park. Städtebauliches Kolloquium zur Zukunft des Ruhrgebietes (= Dortmunder Beiträge zur Raumplanung, 99). Dortmund.

MAYER, H.-N. UND W. SIEBEL (1998): Neue Formen politischer Planung: IBA Emscher-Park und Expo 2000 Hannover. In: Dokumente und Informationen zur Schweizer Orts-, Regional- und Landesplanung (DISP), H. 134, S. 4-11.

RENSCHLER, C. (2000): Neue Chancen für die Stadtentwicklung auf Brachflächen? Diskutiert am Beispiel des Burbacher Hüttengeländes/"Saarterrassen" in Saarbrücken. Unveröffentlichte Diplomarbeit. Universität Trier.

SCHELTE, J. (1999): Räumlich-struktureller Wandel in Innenstädten. Moderne Entwicklungsansätze für ehemalige Gewerbe- und Verkehrsflächen (= Dortmunder Beiträge zur Raumplanung, 97). Dortmund.

SCHULTE, K.-W. (Hrsg.) (1996): Handbuch Immobilien-Projektentwicklung. Köln.

WAHRNEHMUNG UND AKZEPTANZ DER „SAARTERRASSEN" ALS ‚WELTWEITES PROJEKT' DER EXPO 2000 DURCH DIE EINHEIMISCHEN

Christoph Renschler

Kurzfassung

Mehr als hundert Jahre lang bestimmte die Burbacher Hütte in Saarbrücken die Entwicklung der angrenzenden Stadtteile Burbach und Malstatt. Von der Schließung der Hütte zu Beginn der 1980er Jahre und der damit verbundenen sozioökonomischen Erosion breiter Bevölkerungsschichten haben sich die beiden Stadtteile bis heute nicht erholt. In den 1990er Jahren setzte eine zweite polarisierende Entwicklung ein. Das brachgefallene Gelände der Burbacher Hütte wurde zu einem modernen, gewerblich geprägten Standort für zukunftsorientierte Unternehmen aus dem Dienstleistungs- und High-Tech-Bereich reaktiviert – den "Saarterrassen". Während der EXPO 2000 hat sich das Gelände als 'weltweites Projekt' und symbolisch für den wirtschaftlichen Strukturwandel präsentiert. Vor diesem Hintergrund untersucht der Beitrag die Wahrnehmung und Beurteilung der Entwicklungen auf dem ehemaligen Hüttengelände sowie deren Auswirkungen auf die Stadtteile und die Situation in den Stadtteilen aus Sicht der einheimischen Bevölkerung. Mit Hilfe einer Haushaltsbefragung konnte ermittelt werden, daß die Reaktivierung des Hüttengeländes von der einheimischen Bevölkerung zwar insgesamt positiv bewertet wird, die hieraus resultierenden Chancen für die Befragten selbst jedoch als eher gering eingeschätzt werden. Die Denkweise der Bevölkerung ist stark vergangenheitsorientiert, auch bei der jüngeren Generation. Um die Bewältigung des Strukturwandels über das bisher Erreichte auf dem ehemaligen Hüttengelände hinaus weiter voranzutreiben, ist eine stärkere Vernetzung der Fläche mit den angrenzenden Stadtteilen zu erreichen. Konkrete Ansatzpunkte hierfür können vor allem eine verstärkte Bürgerbeteiligung, eine zielgruppenspezifischere Öffentlichkeitsarbeit und die Ergänzung von Funktionen auf den „Saarterrassen", die in den Stadtteilen Burbach und Malstatt nicht vorhanden sind, darstellen.

1. Einleitung

„Wohin mit dem Schrott?" und „Last Exit Burbach" lauten zwei zu Beginn der 1990er Jahre erschienene Aufsätze, die sich mit dem brachgefallenen Gelände der Burbacher Hütte in Saarbrücken und der Situation in den direkt angrenzenden Stadtteilen Burbach und Malstatt beschäftigen (vgl. EHRLINGER et al. 1990, S. 116; SCHMITT 1990, S.14).

Zehn Jahre später: Ein Projektentwickler wirbt für das inzwischen in Reaktivierung befindliche und in „Saarterrassen" umbenannte Gelände um die Gunst potentieller Investoren mit dem Slogan „Boomtown – Business Standort Saarterrassen". Das Gelände der ehemaligen Burbacher Hütte wird zu einem modernen, gewerblich geprägten Standort für zukunftsorientierte Unternehmen aus dem Dienstleistungs- und High-Tech-Bereich reaktiviert und präsentiert sich auf der EXPO 2000 symbolisch für den wirtschaftsstrukturellen Wandel als ‚Weltweites Projekt'. (Zur Reaktivierung des Burbacher Hüttengeländes zu den „Saarterrassen" siehe den Beitrag von KOCH und KLEIN in diesem Band ab S. 31).

Die Burbacher Hütte war mehr als hundert Jahre lang Hauptarbeitgeber der Bevölkerung in Burbach und Malstatt und bestimmte wesentlich die Entwicklung beider Stadtteile. Von der Schließung der Hütte zu Beginn der 1980er Jahre haben sich beide Stadtteile bis heute nicht erholt: Eine überdurchschnittlich hohe Arbeitslosenquote, Kaufkraftverluste und ein renovierungsbedürftiger Gebäudebestand kennzeichnen beide Stadtteile. Die zurückgelassene rund 60 Hektar große Industriebrache stellte ein wesentliches Entwicklungshemmnis für die weitere Stadtentwicklung dar.

In den beiden Stadtteilen Saarbrückens zeigen sich derzeit somit zwei stark polarisierende Entwicklungen. Einerseits ist die durch den Niedergang der Montanindustrie ausgelöste sozioökonomische Erosion breiter Bevölkerungsschichten in den Stadtteilen Burbach und Malstatt und die damit verbundenen Negativeffekte für die Stadtentwicklung festzustellen. Andererseits wird aber genau jenes Gelände, das über ein Jahrhundert den Hauptarbeitsplatz eines Großteils der heute arbeitslosen Bevölkerung darstellte, zu einem Standort für Unternehmen umgebaut, die der einheimischen Bevölkerung aufgrund ihrer Qualifikationsstruktur keine geeignete Beschäftigung mehr bieten können. Das Ziel dieses Beitrags ist es, die Wahrnehmung und Beurteilung der Entwicklungen auf dem ehemaligen Hüttengelände sowie deren Auswirkungen auf die Stadtteile und die Situation in den Stadtteilen aus Sicht der einheimischen Bevölkerung zu untersuchen. Dies erfolgt in erster Linie anhand einer in Saarbrücken durchgeführten Haushaltsbefragung. Zunächst sollen allerdings die historische Entwicklung der Burbacher Hütte und der Stadtteile Burbach und Malstatt, die heutige sozioökonomische Situation in den Stadtteilen sowie deren funktionale Ausstattung näher beleuchtet werden.

2. Historische Entwicklung und Bedeutung der Burbacher Hütte und der Stadtteile Burbach und Malstatt

1982 ging eine industrielle Epoche zu Ende, die die Stadt Saarbrücken und vor allem deren westliche Stadtteile entscheidend prägte: Die Burbacher Hütte schloß nach rund 125-jähriger Produktionszeit ihre Tore.

Die historische Entwicklung der Burbacher Hütte von ihrer Gründung Mitte des 19. Jahrhunderts bis zur Schließung Anfang der 1980er Jahre ist Gegenstand von Kapitel 2.1. Die Darstellung der historischen Entwicklung kann hier nur sehr stark komprimiert, schematisch und teilweise mit großen Zeitsprüngen erfolgen. Zur Entwicklung und Bedeutung der Montanindustrie im Saarland, vor allem aber auch zur Entwicklung der politischen Landschaft sei auf BRÜCHER 1989, DÖRRENBÄCHER 1989, GIERSCH 1989, JOST 1989, MARZEN 1994, SCHLEIDEN et al. 1989 sowie auf WITTENBROCK 1999 verwiesen. Die unmittelbar mit der Burbacher Hütte verknüpfte Entwicklung der Stadtteile Burbach und Malstatt wird in Kapitel 2.2 skizziert. Hierbei wird allerdings die Situation in den Stadtteilen von Beginn der Industrialisierung bis in die Gegenwart betrachtet.

2.1 Historische Entwicklung und Bedeutung der Burbacher Hütte bis 1982

Die historische Entwicklung der Burbacher Hütte läßt sich grob in eine relativ langanhaltende Hochphase von der Gründung (1856) bis zur Stahlkrise Anfang der 1970er Jahre und in eine kurze Phase des Niedergangs in den sich anschließenden zehn Jahren gliedern.

2.1.1 Die Burbacher Hütte von der Gründung bis zur Stahlkrise (1856 – 1970)

Die Burbacher Hütte wurde von Emmanuel Tesch – einem belgischen Industriellen – im Jahr 1856 gegründet (vgl. SCHLEIDEN et al. 1989, S. 50). Die Standortwahl erfolgte aufgrund der möglichen Nutzung von Saarkohle und lothringischem Erz und wurde durch die in Aussicht gestellte Saarkanalisierung sowie den geplanten Anschluß des Standortes an die Eisenbahnstrecke Luxemburg-Trier begünstigt (vgl. MARZEN 1994, S. 135).

Bereits ein Jahr nach der Gründung wurde der erste Hochofen angefahren, ein weiteres Jahr später nahm die Burbacher Hütte als erste an der Saar eine Koksbatterie mit 52 Öfen in Betrieb, ab 1858 wurde mit der Produktion von Eisenbahnschienen begonnen. Erst mit der Einführung des Thomas-Verfahrens (1891) und dem Bau eines Thomas-Stahlwerkes wurde es möglich, aus den relativ minderwertigen saarländischen und lothringischen Erzen Stahl von höherer Qualität zu produzieren, was zu deutlichen Produktionssteigerungen im Bereich der Profileisenherstellung (Schienen, Schwellen und Träger) führte. Zur Deckung des ständig steigenden Koksbedarfes wurde 1896 eine neue Koksbatterie errichtet, der Bau eines neuen Hochofens und die Inbetriebnahme einer neuen Walzstraße ermöglichten weitere Produktionssteigerungen (vgl. SCHLEIDEN et al. 1989, S. 50).

Die Burbacher Hütte entwickelte sich rasch zu einem der größten Hüttenwerke im damaligen Deutschen Reich und nahm schon Mitte der 1880er Jahre eine führende Stellung unter den deutschen Stahlproduzenten ein. Dies zeigt sich sowohl in der Erhöhung der Roheisenproduktion von rund 15 000 Tonnen im Jahr 1861 über 47 000 Tonnen (1871) auf knapp 290 000 Tonnen (1905) als auch in der Entwicklung der Beschäftigtenzahlen. Im Jahr nach der Gründung fanden rund 580 Arbeiter Beschäftigung, 1906 waren es bereits 4 400. Vor dem ersten Weltkrieg zählte die Belegschaft der Burbacher Hütte rund 5 200 Lohnarbeiter (vgl. SCHLEIDEN et al. 1989, S. 50).

Mit der Entwicklung der Stahlindustrie siedelten sich in Burbach und Malstatt eine Reihe weiterer Betriebe an, vor allem aus dem Bereich der eisen- und metallverarbeitenden Industrie. Diese gehörten bis zum Niedergang der Hütte zu den wichtigsten Wirtschaftszweigen und verarbeiteten das in Burbach erzeugte Eisen zu Gußteilen und Maschinen, die in der benachbarten Montanindustrie benötigt wurden. Als Beispiel sei hier auf die Errichtung der „Waggonfabrik Lüttgens" südwestlich der Burbacher Hütte im Jahr 1866 und auf die „Hanfseilspinnerei Heckel" verwiesen (vgl. BURGARD u. LINSMAYER 1999, S. 191; SCHLEIDEN et al. 1989, S. 51).

Die rasche Ausdehnung und Größe der Produktionsanlagen zeigen die Abbildungen 1 und 2.

Abb. 1: Die Burbacher Hütte um 1875

Quelle: MARZEN 1994, S. 133

Abb. 2: Die Burbacher Hütte 1906

Quelle: WITTENBROCK 1999, S. 57

Die Karten 1-4 vermitteln sowohl einen Eindruck über die Ausweitung der Produktionsanlagen in historischer Abfolge als auch über die eng an die Hütte geknüpfte Siedlungsentwicklung, die vor allem durch den Standort der Hütte und das für die Produktion benötigte Eisenbahnnetz maßgeblich beeinflußt wurde (s. Kapitel 2.2).

Während der beiden Weltkriege kam es auf der Burbacher Hütte zu erheblichen Produktionsstockungen, teilweise zu völligen Stillegungen. Vor allem durch die Luftangriffe im Jahr 1944 wurden die Produktionsanlagen massiv beschädigt. Trotzdem konnte bereits 1946 die Produktion wieder aufgenommen werden. In den Nachkriegsjahren zeichneten sich erste Absatzschwierigkeiten für Stahl ab, die vor allem durch die Konkurrenz in allernächster Nähe begründet war. Der Moselausbau zur Großschiffahrtsstraße verschaffte den benachbarten lothringischen Hütten erhebliche Kostenvorteile (vgl. MARZEN 1994, S. 137).

Trotz dieser Schwierigkeiten berichtete die luxemburgische Hüttengesellschaft ARBED (ACIERIES REUNIES DES BURBACH-ESCH-DUDELANGE; seit 1911 zeichnete ARBED für die Burbacher Hütte verantwortlich) in ihrem Geschäftsbericht 1955, daß die Auslastung der Burbacher Hütte von 75 % im Vorjahr auf 97 % gesteigert werden konnte (vgl. SAARBRÜCKER ZEITUNG (SBZ) 26.4. 55; SBZ 30.07. 82).

1968 verzeichnete die Burbacher Hütte den bis dato höchsten Produktionsstand in ihrer Geschichte. Gleichzeitig vermehrten sich aber Bedenken, daß die Erlöse nicht mehr den Erwartungen entsprechen könnten (vgl. SBZ, 11.12. 68).

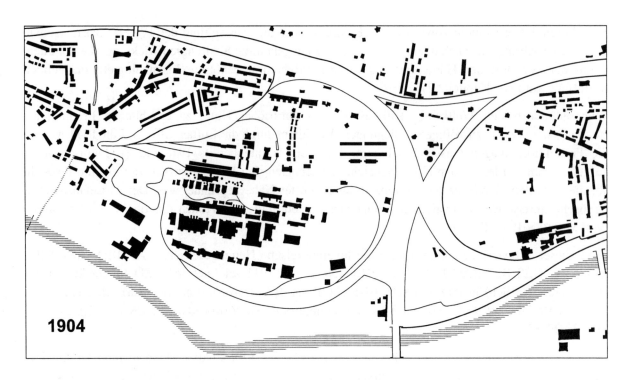

Karte 1: Räumliche Ausdehnung der Produktionsanlagen und Entwicklungsstand der angrenzenden Siedlungsbereiche im Jahr 1904

Karte 2: Räumliche Ausdehnung der Produktionsanlagen und Entwicklungsstand der angrenzenden Siedlungsbereiche im Jahr 1928/29

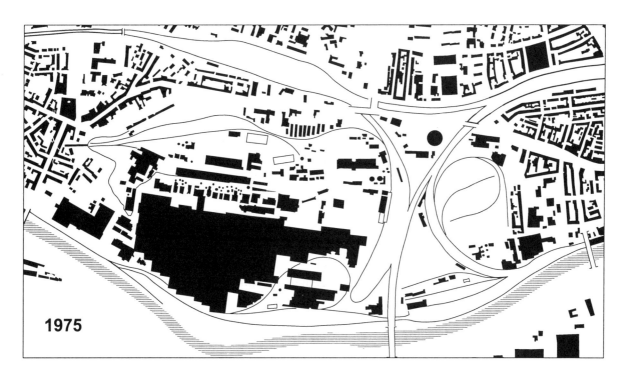

Karte 3: Räumliche Ausdehnung der Produktionsanlagen und Entwicklungsstand der angrenzenden Siedlungsbereiche im Jahr 1975

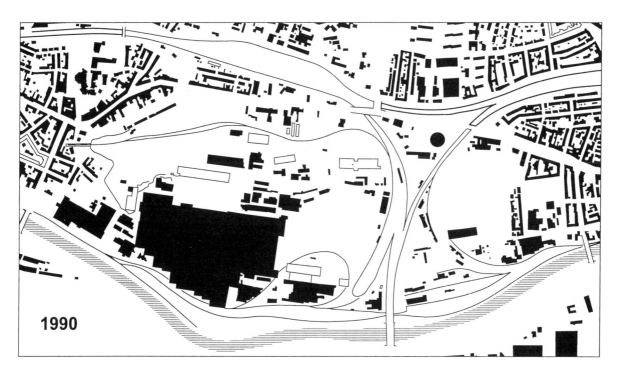

Karte 4: Räumliche Ausdehnung der Produktionsanlagen und Entwicklungsstand der angrenzenden Siedlungsbereiche im Jahr 1990

2.1.2 Der Niedergang der Burbacher Hütte (1970 – 1982)

Zur Erhöhung der Wettbewerbsfähigkeit und Sicherung bestehender Arbeitsplätze fusionierte die Burbacher Hütte 1971 mit der Völklinger Hütte, wodurch die „Stahlwerke Röchling-Burbach GmbH" mit knapp 23 500 Arbeitnehmern, davon rund 18 300 Arbeitern, entstanden. (Die Anteile an der Unternehmensgruppe teilten sich ARBED und die Familie Röchling (Völklingen) jeweils zur Hälfte.) Das neu gegründete Unternehmen wurde damit zum größten Profilstahlhersteller Deutschlands. In Burbach waren zu diesem Zeitpunkt rund 7 000 Arbeiter beschäftigt, rund 80 % von ihnen stammten aus den Stadtteilen Burbach und Malstatt (vgl. GLASER u. KRÄUTER 1989, S. 13; SBZ, 20.11. 70; SBZ, 22.06. 71).

Der Zusammenschluß beider Werke fand jedoch genau in der Zeit des Übergangs von einer Hochkonjunktur der Stahlindustrie in eine krisenhafte Phase statt. Weltweit sinkende Stahlpreise zwangen zu drastischen Preiskorrekturen, der Gesamtumsatz des Unternehmens verringerte sich im Jahr 1971 um 15 % im Vergleich zum Vorjahr, die Roheisenerzeugung nahm um 18 % ab (SBZ, 21.07. 72). Trotz der anhaltenden Krise der Stahlindustrie zeigten sich die Verantwortlichen der Hütte und die Vertreter der Stadt gegenüber der Öffentlichkeit zuversichtlich und kündigten weitere Verbesserungen im Produktions- und Umweltschutzbereich an. Anfang der siebziger Jahre erfolgte der Bau der damals weltweit modernsten Drahtstraße im südlichen Teil des Hüttengeländes. Der damalige Geschäftsführer der Stahlwerke Röchling-Burbach GmbH kündigte allerdings gleichzeitig an, daß diese Ausweitung der Produktion nicht mit der Schaffung neuer Arbeitsplätze verbunden sei, sondern der Rentabilitätssteigerung diene (vgl. SBZ, 13.09. 73).

Die mit der Fusion beider Werke verbundene Hoffnung auf Kostensenkungen und die wirksamere Durchführung von Rationalisierungsmaßnahmen durch die höhere Betriebsgrößendimension erfüllten sich allerdings aufgrund der weiter sinkenden Stahlpreise bei gleichzeitig steigenden Lohnkosten nicht (vgl. MARZEN 1994, S. 138). So begann 1977 eine erste Phase der Stillegung der Burbacher Hütte mit der Entlassung von 1 300 Beschäftigten. Die Kapazität der Produktionsanlagen wurde heruntergefahren, Überstunden abgebaut und die Kurzarbeit eingeführt. In einer zweiten Stufe der Stillegung Ende 1977 wurden die Hochöfen der Hütte erstickt und die Flüssigphase des Werkes eingestellt. Dies bedeutete das Ende der Burbacher Hütte als Produktionsstandort für Rohstahl, der ab diesem Zeitpunkt am Standort nur noch verarbeitet wurde. Doch auch diese Maßnahmen brachten nicht das gewünschte Ergebnis, da schlechtere Verkaufserlöse bei gleichzeitig steigenden Löhnen die Situation zunehmend verschärften (vgl. SBZ, 30.12. 77).

Die Familie Röchling zog sich 1978 endgültig aus dem Stahlgeschäft zurück und ARBED übernahm deren Anteile am gemeinsamen Stahlwerk – die „Röchling-Burbach Stahlwerke" wurden zur „ARBED Saarstahl GmbH" (vgl. SBZ, 27.02. 80), die Ende der achtziger Jahre in die „Saarstahl AG" umfirmiert wurde. Der Stillegung der Flüssigphase folgte ein weiterer sukzessiver Abbau von Produktionsanlagen. 1982 schloß die Burbacher Hütte endgültig ihre Tore. Zwar konnten die sozialen Auswirkungen der Schließung und der damit verbundene massive Arbeitsplatzabbau mit Hilfe eines umfassenden Sozialplans durch Vorruhestandsregelungen und Versetzungen nach Völklingen teilweise kompensiert werden, das langjährig stabilisierende Element für Einkommen und Beschäftigung vor Ort ging allerdings verloren. Eine rund 60 Hektar große innerstädtische Industriebrache blieb zurück. Obwohl die heute in Konkurs befindliche Saarstahl AG noch immer am Standort Burbach produziert und es sich bei der Schließung 1982 nur um eine Teilschließung handelte, wird im folgenden der Begriff „Niedergang" verwendet, da sich die Zahl der Arbeiter und Angestellten heute nur noch auf rund 600 beläuft (vgl. LENHOF und WARSCHEID 1999, S. 532). Des weiteren kann davon ausgegangen werden, daß der Standort Burbach auch in Zukunft nur aufgrund erheblicher Subventionen aufrecht erhalten werden kann und daß es langfristig zur vollständigen Schließung kommen wird.

2.2 Die Entwicklung der Stadtteile Burbach und Malstatt bis in die Gegenwart

Die historische Entwicklung Burbachs und Malstatts ist in unmittelbarem Zusammenhang mit der Entstehung und Entwicklung der Burbacher Hütte zu sehen. Im folgenden werden sowohl die Siedlungs- und Bevölkerungsentwicklung als auch die sozioökonomische Entwicklung bis in die Gegenwart sowie die heutige funktionale Ausstattung beider Stadtteile dargestellt. Grundlagen für diese Entwicklungsgeschichte sind die einschlägige Fachliteratur und die amtliche Statistik, wobei festgestellt werden muß, daß sich erstgenannte überwiegend mit der Burbacher Hütte und der vorindustriellen Entwicklung Burbachs und Malstatts beschäftigt und in der Regel nur partiell auf die heutige Situation in den Stadtteilen eingeht.

Eine weitere und wesentliche Grundlage ist die diesem Band beiliegende Funktionalkartierung Saarbrücken: Erdgeschoßnutzung in den Stadtteilen Burbach und Malstatt und Lage der „Saarterrassen" im Juni 1999 (im folgenden nur noch „Funktionalkartierung" genannt) (vgl. Kartenanhang). Mit Hilfe dieser Kartierung kann einerseits die heutige Siedlungsstruktur beider Stadtteile beschrieben und in der historischen Entwicklung nachvollzogen werden. Andererseits können detaillierte Aussagen über die funktionale Ausstattung des untersuchten Gebietes getroffen werden.

Die dargestellten Bereiche umfassen die besiedelten Flächen der Stadtteile Burbach und Malstatt, die direkt an die ehemalige Burbacher Hütte angrenzen. Auf eine Darstellung der heutigen Nutzung des ehemaligen Hüttengeländes wurde bei dieser Kartierung bewußt verzichtet, da im Mittelpunkt des Interesses die funktionale Ausstattung der angrenzenden Quartiere stand.

2.2.1 Siedlungs- und Bevölkerungsentwicklung in Burbach und Malstatt

Die Dörfer Burbach und Malstatt wurden im Jahr 1313 bzw. 960 erstmals urkundlich erwähnt. Die Lage der beiden Orte auf den trockenen und hochwasserfreien Teilen der Saar-Niederterrasse ermöglichte eine landwirtschaftliche Nutzung. Der Bau der Burbacher Hütte und die Ausweitung des Bergbaus im benachbarten Klarenthal löste eine radikale Veränderung der Siedlungs- und Bevölkerungsstruktur beider Dörfer aus. Lebten zu Beginn des 19. Jahrhunderts in Burbach und Malstatt lediglich rund 800 Menschen, waren es 50 Jahre später bereits knapp 5 000 (vgl. RIED 1958, S. 27ff.; SCHLEIDEN et al. 1989, S. 136).

Die ursprünglichen Ortskerne Burbachs und Malstatts liegen jeweils zwischen der Saar und der nördlich verlaufenden Eisenbahnlinie. Die Funktionalkartierung läßt unschwer erkennen, daß die Stadtentwicklung Burbachs und Malstatts von der Burbacher Hütte, den Eisenbahnlinien und von der natürlichen Barriere der Saar mit bestimmt wurde und bis heute beeinflußt wird. In Burbach dehnte sich die Bebauung zunächst vom Dorfkern in Richtung Burbacher Hütte aus und entwickelte sich später – wie auch in Malstatt – nördlich der Bahnlinie weiter (vgl. Kartenanhang; WITTENBROCK 1999, S. 83).

Aufgrund des rapiden Bevölkerungsanstiegs und der damit verbundenen Siedlungsflächenentwicklung wuchsen die bis Mitte des 19. Jahrhunderts voneinander isoliert gelegenen Dörfer rasch zusammen, so daß sie 1875 zur Stadt „Malstatt-Burbach" ernannt wurden. 1909 wurden die bis dahin selbständigen und unmittelbar aneinandergrenzenden Saarstädte Malstatt-Burbach, Saarbrücken und St. Johann zur Großstadt Saarbrücken zusammengeschlossen. In Saarbrücken lebten zu diesem Zeitpunkt etwa

100 000 Menschen, davon knapp 50 000 in Burbach und Malstatt (SCHLEIDEN et al. 1989, S. 136; HABICHT 1989, S. 105ff.).

Die Arbeitsplätze der Montanindustrie boten zu Beginn der schwerindustriellen Entwicklung Saarbrückens für die aus dem Hunsrück, dem Hochwald und der Pfalz stammenden Landwirte attraktive Arbeits- und Einkommensquellen (vgl. SCHLEIDEN et al. 1989, S. 51; WEBER-DICKS 1989, S. 83). Die Bevölkerungszunahme resultierte somit primär aus Nahwanderungen und nicht, wie z.B. im Ruhrgebiet, aus Fernwanderungen (vgl. LAUFER 1995, S. 23; SCHLEIDEN ET AL. 1989, S. 56). Zur festeren Bindung der Arbeiter an die Unternehmen wurden von der Verwaltung der Burbacher Hütte erste Schlafhäuser und Werkswohnungen errichtet und der Eigenheimbau gefördert. So ließ die Hüttendirektion z.B. zu Beginn des 20. Jahrhunderts auf einer 25 Hektar großen Fläche eine Arbeiterkolonie bauen (vgl. GLASER u. KRÄUTER 1989, S. 20ff.; WITTENBROCK 1999, S. 89). Diese Arbeiterkolonie lag im nördlichen Teil Burbachs zwischen dem heutigen Friedhof und der Bahntrasse. Die in der Funktionalkartierung erkennbare Parzellierung der Grundstücke läßt Rückschlüsse auf den zu Beginn der Industrialisierung noch sehr hohen Anteil subsistenzwirtschaftlicher Produktion von Lebensmitteln, v.a. Obst und Gemüse, durch die Ehefrauen der Hüttenarbeiter zur Eigenversorgung zu (vgl. WITTENBROCK 1999, S. 116).

Charakteristisch für Burbach und Malstatt ist, daß hier bereits Anfang des 20. Jahrhunderts wesentlich weniger ortsfremde Menschen ("Zugereiste") lebten als in anderen Stadtteilen Saarbrückens, denn seit Beginn der Industrialisierung hatte sich hier aufgrund der relativ zufriedenstellenden Arbeits- und Lebensbedingungen schnell eine Arbeiterschaft angesiedelt, die den wichtigsten Kern der ortsfesten Bevölkerung darstellte. Diese Ortsverbundenheit förderte die Integration und die soziale Verankerung, die auch für die nachfolgenden Generationen der Stadtteile charakteristisch war (vgl. WITTENBROCK 1999, S. 44).

Während des ersten, vor allem aber während des zweiten Weltkrieges kam es zu einem erheblichen Rückgang der Burbacher und Malstatter Bevölkerung. Die Einwohnerzahl in den Stadtteilen reduzierte sich von 1939 bis 1945 um knapp 50 %. Aufgrund der Luftangriffe auf die Burbacher Hütte und auf die Bahnlinien wurden im zweiten Weltkrieg in Burbach gut 40 %, in Malstatt sogar fast die Hälfte des Wohnungsbestandes zerstört. Der Wiederaufbau der Stadtteile erfolgte, bedingt durch die wirtschaftliche Bedeutung des Hüttenstandortes, recht schnell. Zu Beginn der 50er Jahre setzte in Burbach und Malstatt erneut ein sehr starkes Bevölkerungswachstum ein, so daß sich die Bevölkerung Anfang der 60er Jahre auf rund 58 000 Einwohner belief und damit sogar über dem Vorkriegsniveau lag (vgl. HERRMANN 1999b, S. 368).

Mit der einsetzenden Massenmotorisierung, den steigenden Einkommen und der staatlichen Eigenheimförderung wurden Mitte der 60er und Anfang der 70er Jahre erste Abwanderungen in den Stadtteilen Burbach und Malstatt ausgelöst, die durch den Niedergang der Burbacher Hütte zusätzlich verstärkt wurden (ders.). Ende 1999 zählten Burbach und Malstatt rund 43 000 Einwohner (vgl. LANDESHAUPTSTADT SAARBRÜCKEN – AMT FÜR STATISTIK UND WAHLEN 2000, o.S.).

2.2.2 Sozioökonomische Entwicklung

Der Lebensalltag in Burbach und Malstatt war in der Hochphase der Burbacher Hütte vollkommen auf die Hütte ausgerichtet. Während ein großer Teil der männlichen Bevölkerung auf der Hütte arbeitete, oblag dem weiblichen Teil der Bevölkerung die Hausarbeit. Das Leben außerhalb des Betriebes fand primär in den entsprechenden Wohnvierteln und hier innerhalb funktionierender sozialer Netze der Verwandtschaft und Nachbarschaft statt (vgl. DÜLMEN 1990, S. 20; WITTENBROCK 1999, S. 116).

Das patriarchalisch-autoritäre System der Direktionen der Stahl- und Bergwerkindustrie zwang die Arbeiter zwar zur bedingungslosen Unterordnung, bot ihnen aber andererseits auch ein relativ hohes Maß an sozialer Sicherheit. Gefördert wurde von der Arbeitgeberseite vor allem das Knappschaftswesen mit Kranken-, Pensions- und Sterbekassen. Der Bau eines Krankenhauses in Burbach sowie die Siedlungspolitik der Unternehmer waren weitere Zeichen einer „eigennützigen Fürsorge" gegenüber der Arbeiterschicht, nicht zuletzt um die Niedriglohnpolitik in der Stahlindustrie zu rechtfertigen (vgl. SCHLEIDEN et al. 1989, S. 67). Die Beschäftigten der Burbacher Hütte zeichneten sich vor allem durch ihre stark obrigkeitsorientierte, katholische und sozialkonservative Einstellung aus. Erst am Ende des ersten Weltkrieges organisierten sich die Arbeiter gewerkschaftlich, wurden dann aber rasch zu einem entscheidenden politischen und sozialen Machtfaktor (vgl. DÜLMEN 1990, S. 21). Verwiesen werden muß auch auf das mit der schwerindustriellen Entwicklung aufblühende Vereinsleben, vor allem in den Bereichen Freizeit, Kultur und Sport. Die Vereine dienten der gemeinsamen Ausgestaltung der durch den industriellen Arbeitsprozeß geschaffenen „Freizeit" und leisteten so einen Beitrag zur Anpassung der Mitglieder an die sich ständig beschleunigenden Wandlungen in der städtischen Lebenswelt (vgl. WITTENBROCK 1999, S. 126).

In den 80er Jahren begannen sich die Folgen dieser Abhängigkeitsbeziehungen und der monostrukturell ausgerichteten Industriegesellschaft in Burbach und Malstatt abzuzeichnen. Mit der stufenweisen Schließung der Burbacher Hütte wurde eine soziale und wirtschaftliche Erosion in Gang gesetzt, von deren Folgen sich beide Stadtteile bis heute nicht erholt haben. Abbildung 3 verdeutlicht die Entwicklungen im Bereich der Arbeitsstätten im Zeitraum 1970 bis 1987. An dieser Stelle muß darauf hingewiesen werden, daß bis heute zu den Arbeitsstätten keine aktuelleren Daten auf kleinräumiger Ebene zur Verfügung stehen und somit ein Vergleich zur aktuellen Situation nicht möglich ist (vgl. LANDESHAUPTSTADT SAARBRÜCKEN – AMT FÜR STATISTIK UND WAHLEN 2000, o.S.).

Die massiven Arbeitsplatzverluste in Malstatt und Burbach werden vor allem anhand der Daten zum Verarbeitenden Gewerbe deutlich. Malstatt hatte hier im Betrachtungszeitraum einen Verlust von 1 224 Arbeitsplätzen zu verzeichnen, Burbach sogar eine Abnahme in Höhe von 5 596 Stellen. Konnte Malstatt die negative Situation auf dem Arbeitsmarkt durch eine Zunahme bei den Arbeitsplätzen im Dienstleistungsbereich einigermaßen ausgleichen, so stellte sich die Situation für Burbach als besonders negativ dar. Kein anderer Stadtteil in Saarbrücken hatte derart hohe Arbeitsplatzverluste bei gleichzeitig unterdurchschnittlicher Ausdehnung der aufstrebenden Dienstleistungssektoren zu bewältigen. Weitere Hinweise auf die problematische Lebenssituation Malstatts und Burbachs liefert Karte 5, die die hohen Anteile beider Stadtteile sowohl bei der Arbeitslosenquote als auch bei den Sozialhilfeempfängern im Vergleich zu den übrigen Stadtteilen darstellt.

Auch eine differenziertere Betrachtung der funktionalen Ausstattung Burbachs und Malstatts zeigt deutliche Anzeichen von Stadtteilen, deren wirtschaftliche Basis wegbrach und die voraussichtlich vor einem längeren, historisch unvermeidlichen „Schrumpfungsprozeß" stehen (vgl. SIEVERTS 1999, S. 3).

Stadtteil	Land- und Forstwirtschaft, Fischerei	Energie und Wasserversorgung, Bergbau	Verarb. Gewerbe	Bauge-werbe	Handel	Verkehr und Nachrichten-übermittlung	Kredit-Institute und Versicherungsgewerbe	Sonstige Dienstleistungen	Organisationen ohne Erwerbszweck	Gebietskörperschaften und Sozialversicherungen	Insgesamt
Alt-Saarbrücken	-5	373	659	-1 650	541	9	496	987	994	821	3 225
Malstatt	4	1 903	-1 224	-279	-815	-355	39	928	825	236	1 262
St. Johann	-6	-1 995	-5 458	-1 498	-3 658	-187	-48	7 816	1 116	477	-3 441
Eschberg	0	0	-13	-8	-36	-242	4	69	33	30	-163
St. Arnual	-18	-8	-71	-269	-48	-30	23	949	-187	999	1 340
Gersweiler	9	-14	-537	117	-136	18	24	57	31	-51	-482
Klarenthal	3	-4	138	134	-15	72	12	55	18	-35	378
Altenkessel	-1	-42	-73	12	-16	-43	8	140	-7	-26	-48
Burbach	-28	0	-5 596	-339	-98	-462	25	376	32	338	-5 752
Dudweiler	-6	-88	-170	-119	250	-203	74	381	146	-69	196
Jägersfreude	0	0	-17	12	-32	-10	3	9	0	28	-7
Herrensohr	-1	0	-22	-24	-17	8	1	-14	-1	1	-69
Scheidt	-2	0	-98	-18	-25	-11	6	119	-4	4	-29
Schafbrücke	-1	0	-40	-103	-11	6	2	30	28	-4	-93
Bischmisheim	-28	-2	40	-50	-23	19	9	49	29	-15	28
Ensheim	0	-7	434	-27	11	64	11	59	11	-12	544
Brebach-Fechingen	6	90	-1 468	-90	-488	-25	1	240	21	116	-1 597
Eschringen	-7	-1	-59	8	5	0	0	7	5	0	-42
Güdingen	29	0	982	-384	900	520	26	640	6	606	3 325
Bübingen	3	0	-726	202	67	108	6	94	104	-7	-149
Saarbrücken	-49	205	-13 319	-4 373	-3 644	-744	722	12 991	3 200	3 437	-1 574

Abb. 3: Arbeitsstättenzählung – Veränderung der Beschäftigten in Saarbrücken 1987 gegenüber 1970

Quelle: eigene Darstellung nach LANDESHAUPTSTADT SAARBRÜCKEN - AMT FÜR STADTENTWICKLUNG UND STATISTIK 1988, o.S.

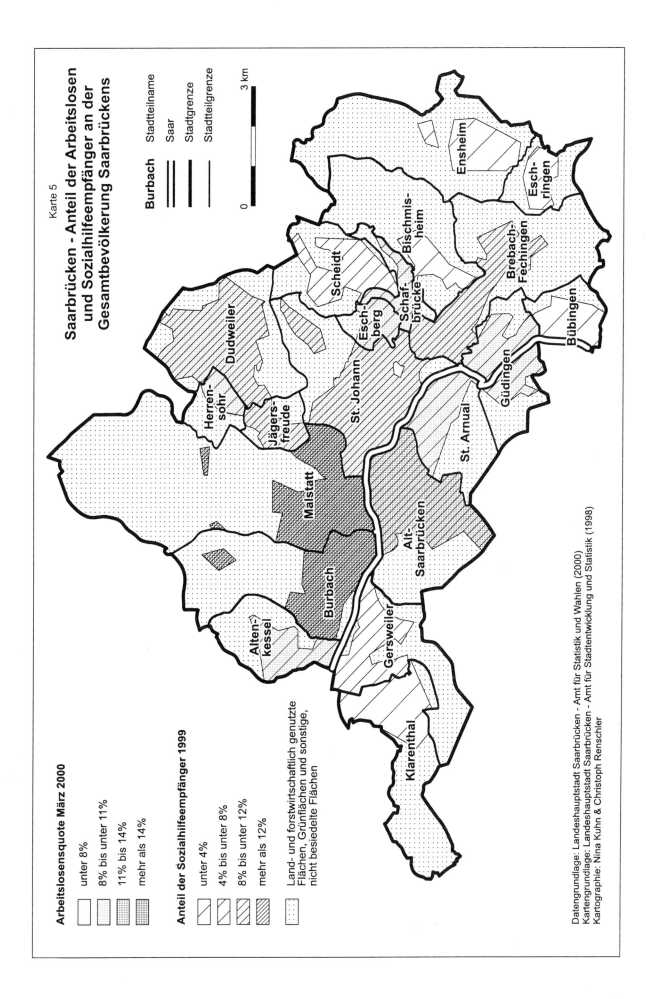

Karte 5

Saarbrücken - Anteil der Arbeitslosen und Sozialhilfeempfänger an der Gesamtbevölkerung Saarbrückens

Burbach   Stadtteilname
───────   Saar
━━━━━━━   Stadtgrenze
───────   Stadtteilgrenze

0 ▭▬▭▬▭ 3 km

Arbeitslosenquote März 2000

☐ unter 8%
▨ 8% bis unter 11%
▨ 11% bis 14%
▨ mehr als 14%

Anteil der Sozialhilfeempfänger 1999

▨ unter 4%
▨ 4% bis unter 8%
▨ 8% bis unter 12%
▨ mehr als 12%
⋯ Land- und forstwirtschaftlich genutzte Flächen, Grünflächen und sonstige, nicht besiedelte Flächen

Datengrundlage: Landeshauptstadt Saarbrücken - Amt für Statistik und Wahlen (2000)
Kartengrundlage: Landeshauptstadt Saarbrücken - Amt für Stadtentwicklung und Statistik (1998)
Kartographie: Nina Kuhn & Christoph Renschler

2.2.3 Heutige funktionale Ausstattung Burbachs und Malstatts

Eine Gegenüberstellung der Hauptgeschäftsstraßen in Burbach und Malstatt läßt deutliche Unterschiede in der funktionalen Ausstattung beider Stadtteile erkennen (vgl. Kartenanhang). Während die Struktur Malstatts bandartig entlang der Ausfallstraßen (Breite Straße, Lebacher Straße) konzentriert ist (B und C), kann die Struktur in Burbach im Bereich Helgenbrunnen (A) als wesentlich kompakter bezeichnet werden.

In Malstatt wird besonders im Bereich der Breiten Straße eine deutliche Konzentration von Second-Hand-Läden jeglicher Couleur (z.B. Bekleidung, Möbel, Elektronik) ersichtlich, der Bereich der Lebacher Straße hingegen wird vom Einzelhandel und von Gastronomiebetrieben, insbesondere Schnellrestaurants, dominiert. Der Bereich Helgenbrunnen in Burbach ist im östlichen Teil ebenfalls durch eine deutliche Konzentration des Einzelhandels gekennzeichnet, stellt sich hier aber wesentlich durchmischter als in den beiden Bereichen Malstatts dar. Insgesamt liegt die Vermutung nahe, daß Malstatt im Vergleich zu Burbach vor allem aufgrund seiner räumlichen Nähe zur Innenstadt wesentlich stärker auf das Zentrum Saarbrückens ausgerichtet ist, das sich direkt östlich an den Stadtteil anschließt.

In Burbach scheint die Vorstellung, den Stadtteil laut Achsen-Zentren-Modell aus dem Jahr 1975 zu einem eigenständigen Nebenzentrum zu entwickeln, inzwischen verwirklicht zu sein (vgl. hierzu auch LANDESHAUPTSTADT SAARBRÜCKEN – SOZIALDEZERNAT 1996, S. 52). Zwar ist die Struktur des Einzelhandels in Burbach, wie auch in Malstatt, primär auf die Grundversorgung der Bevölkerung ausgerichtet, mit der Dezentralisierung bürgernaher Verwaltungsdienste und dem Bau des „Burbacher Bürgerhauses" konnte jedoch ein Verwaltungszentrum mit Räumlichkeiten für Versammlungen und Veranstaltungen geschaffen werden, über die Malstatt nicht verfügt (ders.).

Eine differenzierte Gegenüberstellung des Angebotes an Dienstleistungen, vor allem der gehobenen Art, kann mit Hilfe der Funktionalkartierung nicht erfolgen, da hier nur die Erdgeschoßnutzung dargestellt ist und sich erfahrungsgemäß entsprechende Dienstleister oftmals nicht in den Erdgeschossen niederlassen. Im westlichen Teil Burbachs sticht das „Saarbrücker Technologie- und Innovationszentrum" (SITZ) als Dienstleistungsstandort hervor. Die Funktionalkartierung zeigt in den nördlich der Bahnstrecke gelegenen Bereichen Burbachs und Malstatts relativ große Wohngebiete, die südlich der Bahn gelegenen Bereiche können größtenteils als typische Gemengelagen angesprochen werden (vgl. Kartenanhang). Abbildung 4 verdeutlicht den hohen Anteil modernisierungsbedürftiger Wohnungen in beiden Stadtteilen (Wie oben bereits erwähnt, liegen auch zu dieser Erhebung keine aktuelleren Daten vor). Auch wenn seit dieser Erhebung zwischenzeitlich 13 Jahre vergangen sind, kann vermutet werden, daß es aufgrund der hohen Anzahl renovierungs- und sanierungsbedürftiger Wohnungen kaum zu einer grundlegenden Verbesserung der Wohnraumsituation gekommen ist.

Stadtteil	Anteil von Wohnungen ohne Bad/WC in %	Anteil von Wohnungen mit Ofenheizung in %
Burbach	54,3	53,1
Malstatt	39,5	38,5
Alt-Saarbrücken	20,9	19,7
St. Johann	18,6	16,7
Dudweiler	20,8	17,7

Abb. 4: Wohnungssituation 1987 in Saarbrückens größten Stadtteilen

Quelle: eigene Darstellung nach LANDESHAUPTSTADT SAARBRÜCKEN - SOZIALDEZERNAT *1996, S. 37*

Auch das äußere Erscheinungsbild der meisten Gebäude in den beiden Stadtteilen muß als renovierungsbedürftig eingestuft werden. Die Photos 1 und 2 zeigen exemplarisch den Zustand der maroden Bausubstanz beider Stadtteile.

Photo 1: Burbach – Hochstraße, eigene Aufnahme 2000

Photo 2: Burbach – Helgenbrunnen, eigene Aufnahme 2000

Beiden Stadtteilen muß eine deutliche Unterversorgung an Sport-, Kultur und Freizeitmöglichkeiten attestiert werden. Vereinzelt finden sich zwar „Spielhöllen" oder Videotheken, andere Angebote wie Kinos, Theater oder Museen fehlen jedoch abgesehen von einem Multiplex-Kino in Malstatt gänzlich (vgl. Kartenanhang). Deutliches Indiz für die sozioökonomischen Probleme beider Stadtteile ist die Existenz einer Vielzahl von Sozialeinrichtungen. In Burbach befinden sich zwei große Zentren für arbeitsfördernde Maßnahmen, im unteren Malstatt konzentrieren sich nördlich der Breiten Straße soziale und karitative Einrichtungen. In Burbach findet sich eine ähnlich starke Konzentration von Sozialeinrichtungen im Bereich Helgenbrunnen und im Bereich Bergstraße. Beide Stadtteile zeichnen sich außerdem durch eine aktive Gemeinwesenarbeit aus.

3. Wahrnehmung und Bewertung der „Saarterrassen" und der Stadtteile durch die einheimische Bevölkerung

Parallel zu den sich in den Stadtteilen Burbach und Malstatt vollziehenden Schrumpfungsprozessen erfolgt die Reaktivierung des Burbacher Hüttengeländes zu einem modernen, gewerblich geprägten Standort für Unternehmen aus dem Dienstleistungs- und Hightechbereich. Innerhalb kürzester Zeit wurden rund 60 Unternehmen auf der Fläche angesiedelt, die etwa 1 600 Arbeitsplätze zur Verfügung stellen. Es erscheint daher besonders interessant, die Wahrnehmung und Einschätzung der sich polarisierenden Entwicklungen auf dem ehemaligen Hüttengelände und in den Stadtteilen aus der Sicht der Einheimischen zu untersuchen. Hierzu wurde 1999 in Saarbrücken eine Haushaltsbefragung durchgeführt, deren Ergebnisse im folgenden diskutiert werden (Die Befragung erfolgte im Rahmen eines von der „Gesellschaft für Innovation und Unternehmensförderung mbH & Co KG (GIU)" geförderten Forschungsprojektes „Gewerbebrachflächenrecycling im Gebiet des Stadtverbandes Saarbrücken" und wurde in Zusammenarbeit mit einem von Prof. Dr. Job geleiteten Forschungspraktikum von Geographiestudierenden zum Thema „Gewerbebrachflächenrecycling im Saarland" an der Universität Trier im Wintersemester 1998/1999 und im Sommersemester 1999 durchgeführt).

3.1 Methodik

Mit Hilfe eines standardisierten Fragebogens wurden im Zeitraum von Februar bis April 1999 insgesamt 356 Personen befragt, die sich primär aus Burbachern und Malstattern, sowie, in deutlich geringerer Zahl, aus Probanden anderer Stadtteile Saarbrückens zu Vergleichszwecken zusammensetzten und per Zufallsstichprobe aus einem elektronischen Telefonverzeichnis ermittelt wurden (Die zu Vergleichszwecken untersuchten Saarbrücker werden im folgenden „Vergleichsgruppe" genannt). Der Fragebogen war gezielt auf eine Erfassung der Wahrnehmung des persönlichen Umfeldes, der funktionalen Ausstattung und Umweltsituation der Stadtteile sowie dem persönlichen Bezug der Befragten zur Burbacher Hütte und zu den heutigen Entwicklungen auf den „Saarterrassen" ausgerichtet. Neben reinen Häufigkeitsauszählungen wurden für besonders interessant erscheinende Aspekte Kreuztabellierungen errechnet, um anhand sozialstatistischer und räumlicher Merkmale eventuell bestehende Zusammenhänge aufzudecken.

Um der Beschreibung von Scheinzusammenhängen entgegenzuwirken, wurden nur solche Kreuztabellen berücksichtigt, deren χ^2 Wert - als Prüfgröße für die Abweichung der tatsächlichen von der erwarteten Häufigkeit - mit einer Irrtumswahrscheinlichkeit von mindestens 95 % als statistisch abgesichert, d.h. auf die Grundgesamtheit übertragbar waren und somit von einem Zusammenhang der Variablen ausgegangen werden konnte. Die angegebenen Signifikanzwerte zeigen die Irrtumswahrscheinlichkeit (α) an, die χ^2 Werte sind als Maßzahl für den Zusammenhang der Variablen zu verstehen (vgl. BAHRENBERG et al. 1990, S. 125ff.; JANSSEN u. LAATZ 1994, S. 217ff.). Um eine ausreichende Zellenbesetzung als Voraussetzung für den χ^2 Test zu erreichen, mußten teilweise die in den Fragebögen verwendeten Klassen neu gebildet oder zusammengefaßt werden.

3.2 Analyse der Stichprobe

Die Gesamtstichprobe (n = 356) setzt sich folgendermaßen zusammen:

- 36,2 % der Befragten lebten in Burbach (n = 129), 50 % in Malstatt (n = 178), was jeweils 2 ½ % der Haushalte beider Stadtteile entspricht. Die restlichen 13,8 % (n = 49) lebten in anderen Stadtteilen Saarbrückens und wurden zu Vergleichszwecken untersucht.
- Die Geschlechterverteilung war trotz einer leichten Dominanz von Frauen (55,6 %, n = 198) gegenüber den Männern mit (44,4 %, n = 158) relativ ausgeglichen.
- Durchschnittlich waren die Probanden der Stichprobe seit 1970 in ihrem jeweiligen Stadtteil ansässig, allerdings mit einer Streuung von 1909 bis 1999. Rund ein Drittel der Befragten wohnten erst seit 1990 oder kürzer im Stadtteil, so dass dieser Gruppe unterstellt werden kann, keinen direkten Bezug mehr zur Burbacher Hütte als Montanindustriestandort zu haben.
- Unter den Altersgruppen dominierten die über 65-jährigen deutlich mit gut einem Viertel (n = 93), während die unter 25-jährigen mit 11,6 % (n = 41) im Vergleich zueinander und bezogen auf den realen Altersbestand der Saarbrücker Bevölkerung, deutlich unterrepräsentiert waren. Die restlichen Altersklassen (26 bis 35 Jahre, 36 bis 45 Jahre, 46 bis 55 Jahre, 56 bis 65 Jahre) waren mit jeweils rund einem Achtel relativ gleichmäßig vertreten. Die Dominanz der über 65-Jährigen kann auf die Befragungstageszeiten zurückgeführt werden, die sich oft mit der Arbeitszeit der erwerbstätigen Bevölkerung überschnitten.

- Eine klare Mehrheit von 36,3 % (n = 128) der Befragten befand sich im Ruhestand, gefolgt von Angestellten (16,7 %, n = 59) und im Haushalt Tätigen (13,3 %, n = 47).

- 6,2 % der Befragten (n = 22) waren von Arbeitslosigkeit betroffen, in 12,7 % der Fälle (n = 43) war ein Haushaltsmitglied arbeitslos. Die durchschnittliche Arbeitslosenquote in Saarbrücken liegt bei 10,5 %, so daß ein direkter Vergleich aufgrund der hohen Rentnerzahl nicht möglich ist.

- In 40 % der befragten Haushalte (n = 142) lebten zwei Personen, 23,1 % (n = 82) waren Ein-Personen-Haushalte und 18,3 % der Haushalte (n = 65) umfaßten drei Personen.

- Das Haushaltsnettoeinkommen aller Haushaltsmitglieder zusammen lag durchschnittlich zwischen 2 000 und 3 000 Mark im Monat, das durchschnittliche Netto-Pro-Kopf-Einkommen somit in der Größenklasse von 1 000 bis 2 000 Mark. Allerdings sind diese Werte kritisch zu sehen, da der Begriff Nettoeinkommen laut den Erfahrungen der Interviewer oft mißverstanden wurde. Die Anzahl der Verweigerungen war zudem bei dieser Frage mit rund 30 % relativ hoch.

In einem ersten Themenkomplex der Befragung wurden stadtteilspezifische Merkmale hinsichtlich der funktionalen Ausstattung, der Umweltqualität und dem direkten persönlichen Umfeld erfaßt.

3.3 Die Wahrnehmung der Stadtteile aus der Sicht der Bevölkerung

Die Versorgung der Stadtteile mit Einrichtungen zur Deckung der Grundversorgung sowie das ÖPNV-Angebot wurden insgesamt als sehr zufriedenstellend beurteilt. Die Zufriedenheit hinsichtlich der Versorgung mit Freizeiteinrichtungen und Jugendtreffs war allerdings deutlich niedriger (vgl. Abb. 5).

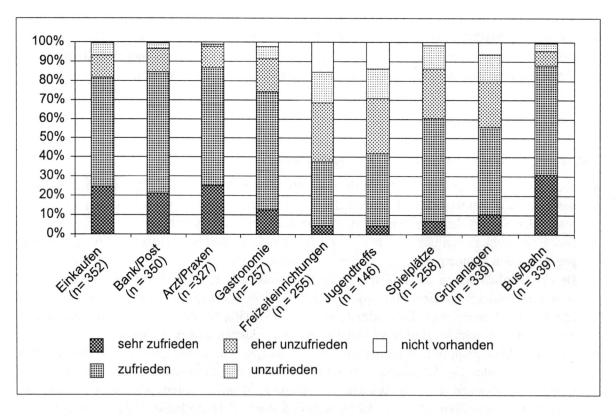

Abb. 5: Zufriedenheit mit Versorgung/Ausstattung der Stadtteile durch verschiedene Einrichtungen

Quelle: eigene Erhebung und Darstellung

Die Versorgung mit Gütern des täglichen Bedarfs erfolgt laut der Befragung größtenteils (80,3 %, n = 285) im jeweiligen Stadtteil, 19,7 % der Befragten (n = 70) versorgen sich in anderen Stadtteilen. Bei der Versorgung mit Gütern des nicht alltäglichen Bedarfs dreht sich dieses Bild jedoch in das Gegenteil. Nur 11,4 % der Befragten (n = 40) versorgen sich im Stadtteil, wohingegen 88,6 % (n = 311) andere Stadtteile zur Versorgung nutzen. Signifikante Unterschiede im Einkaufsverhalten, bezogen auf die verschiedenen Stadtteile, waren nicht feststellbar.

Deutliche Unterschiede zwischen den Stadtteilen ergaben sich jedoch bei der Bewertung des Wohnumfeldes. Während die Vergleichsgruppe mit über 60 % angab, dem Wohnumfeld die Schulnote „gut" zu geben, waren es in Malstatt noch rund 37 %, in Burbach hingegen nur noch 20 %. Auch waren hier die Anteile der Noten „befriedigend" (72,6 %, n = 90) und „ungenügend" (7,3 %, n = 9) am höchsten (χ^2 = 27,386; α = 0,000). Eine eindeutige Identifikation der Befragten mit den jeweiligen Stadtteilen konnte nicht festgestellt werden, vielmehr identifizieren sich rund zwei Drittel der Befragten entweder als „Saarbrücker" oder als „Saarländer". Auch waren keine signifikanten Unterschiede hinsichtlich unterschiedlicher nachbarschaftlicher Verhältnisse in den jeweiligen Stadtteilen festzustellen.

Bezüglich der Veränderungen der Umweltqualität im Wohnumfeld in den letzten 15 Jahren zeigte sich ebenfalls eine signifikante Abhängigkeit vom Stadtteil und der dortigen Dauer des Wohnsitzes. Die Burbacher gaben am häufigsten an, daß sich die Umweltqualität verbessert habe. Die Malstatter waren indifferent zwischen einer Verbesserung und einem Gleichbleiben. Die Hälfte der Vergleichsgruppe votierte für ein Gleichbleiben und etwas mehr als ein Viertel sprach von einer Verschlechterung (s. Abbildung 6). Innerhalb der Burbacher gaben 58,2 % der Einheimischen an, daß sich die Umweltqualität verbessert habe (χ^2 = 2,020; α = 0,030). Als „Einheimische" werden die Probanden bezeichnet, die länger als 25 Jahre im jeweiligen Stadtteil wohnen (51,5 % der Stichprobe); „Fremde" wohnen folglich kürzer als 25 Jahre im Stadtteil.

Stadtteil	verbessert		gleichgeblieben		verschlechtert		weiß nicht	
	n	%	n	%	n	%	n	%
Burbach	58	48,3	25	23,3	25	21,7	8	6,7
Malstatt	57	36,5	56	35,9	35	22,5	8	5,1
Vergleichsgruppe	5	11,6	24	55,8	12	27,9	2	4,7
Insgesamt	**120**	**37,6**	**105**	**33,9**	**73**	**22,9**	**18**	**5,6**

Abb. 6: Veränderung der Umweltqualität des Wohnumfeldes in den letzten 15 Jahren nach Stadtteilen

Quelle: eigene Erhebung und Darstellung

Auch zwischen den Altersgruppen und innerhalb dieser differierten die Aussagen bezüglich der Veränderung der Umweltqualität oft erheblich. Knapp die Hälfte der über 65-jährigen (48,4 %, n = 120) war der Meinung, daß sich die Umweltqualität verbessert habe, allerdings gaben auch ein knappes Viertel der gleichen Altersgruppe (24,7 %, n = 23) an, die Umweltqualität sei schlechter geworden. Bei den beiden jüngeren Altersklassen nahmen die Extremwerte zugunsten der Kategorie „gleichgeblieben" ab, bei den unter 25-jährigen fällt auf, daß hier die wenigsten Nennungen (17,2 %, n = 5) zugunsten einer Verbesserung erfolgten (χ^2 = 21,915; α = 0,009).

Zwei zusammenhängende Faktoren scheinen die starke Polarisierung der Ergebnisse in der älteren Bevölkerung und bei den Einheimischen zu bestimmen: Letztgenannte haben aufgrund des längeren Lebensabschnittes im Stadtteil bessere Vergleichsmöglichkeiten hinsichtlich früherer Umweltzustände als die Fremden, vor allem im Vergleich der Zustände vor und nach der Schließung der Burbacher Hütte. Außerdem kann aufgrund der längeren Wohndauer eine stärkere Identifikation mit den Stadtteilen und damit eine dezidiertere Meinung hinsichtlich der Veränderung der Umweltqualität angenommen werden. Außerdem scheint das Bewußtsein für örtliche Umweltbelastungen bei den Einheimischen oft noch an der Situation während der Produktionszeit der Burbacher Hütte gemessen zu werden. 63,8 % der Einheimischen (n = 113) verneinten die Frage nach aktuell auftretenden örtlichen Umweltbelastungen. Die Fremden waren hingegen in ihrer Meinung indifferent.

Als Verursacher von Umweltbelastungen wurde der Verkehr am häufigsten (n = 78) genannt. Die Nutzung des ehemaligen Hüttengeländes oder die dort lagernden Altlasten wurden nur von fünf Probanden als Emittent von Umweltbelastungen genannt.

Die Schließung der Burbacher Hütte hat für die Bevölkerung anscheinend einen bedeutsamen Einfluß auf die subjektive Verbesserung der Umweltqualität, was bei einem Vergleich zwischen den Stadtteilen deutlich wird, bei dem Burbach die eindeutige Spitzenposition einnimmt. Zu beachten ist allerdings, daß es im relevanten Zeitraum zu einer generellen Verbesserung der Umweltqualität durch verschiedenste Schutzmaßnahmen kam. Der Vergleich der Stadtteile untereinander zeigt aber deutlich, daß Burbach trotzdem eine besondere Rolle einnimmt, so daß die Vermutung nahe liegt, daß die Verbesserung der Umweltqualität zu einem hohen Anteil auf die Schließung der Hütte zurückzuführen ist. Die neuen Nutzungen auf dem ehemaligen Hüttengelände scheinen als nicht beeinträchtigend für die Umweltqualität empfunden zu werden.

3.4 Die Betroffenheit der Bevölkerung von der Saarstahl-Schließung

Die Lage des ehemaligen Hüttengeländes in unmittelbarer Nähe zum Stadtteil Burbach läßt vermuten, daß die Schließung der Hütte bei der Bevölkerung Burbachs die größte Betroffenheit sowohl direkt durch Arbeitsplatzverluste als auch indirekt auf der emotionale Ebene auslöste. Diese Vermutung wurde durch die Umfrage bestätigt: Während ein gutes Drittel der Burbacher (36,4 %, n = 47) angab, von der Schließung betroffen zu sein, nimmt diese Betroffenheit mit 15,9 % bei den Malstattern (n = 28) zu den Befragten der Vergleichsgruppe mit nur noch 8,3 % (n = 4) deutlich ab (χ^2 = 24,362; α = 0,000). Die Betroffenheit von der Schließung der Hütte hängt somit eindeutig vom jeweiligen Stadtteil und der räumlichen Distanz zur Burbacher Hütte ab.

Bei einer nach Altersgruppen differenzierten Betrachtung gaben erwartungsgemäß die älteren Probanden deutlich öfter an, von der Schließung betroffen gewesen zu sein. Nur 7,7 % der unter 25-jährigen (n = 3) bekundeten ihre Betroffenheit, unter den 26-45 jährigen waren es 15,9 % (n = 17). Bei den Altersgruppen 46-65 Jahre und über 65 Jahre ergaben sich fast doppelt so hohe Werte (χ^2 = 12,287; α = 0,006). Auch hier liegt die Erklärung nahe: Die jüngeren Probanden hatten aufgrund ihres geringen Alters zur Zeit der Schließung kaum eine persönliche und emotionale Bindung zur Hütte.

3.5 Die Reaktivierung des Hüttengeländes aus der Sicht der Bevölkerung

Einen weiteren Schwerpunkt der Haushaltsbefragung bildete die Reaktivierung des Burbacher Hüttengeländes. Hierbei war wesentlich, daß in den ersten Fragen zu diesem Themenkomplex bewußt noch vom „Burbacher Hüttengelände" und erst im späteren Verlauf des Fragebogens von den

„Saarterrassen" gesprochen wurde, um möglicherweise aufzudecken, inwieweit sich der neue Name für das Gelände bereits in der Bevölkerung etabliert hat. Im Rahmen der Marketingstrategie des Projektentwicklers wurde das Burbacher Hüttengelände in Anlehnung an die topographischen Gegebenheiten im Jahr 1995 in die „Saarterrassen" „umgetauft". Wesentlich war hierbei, daß der Begriff des „Burbacher Hüttengeländes" gegenüber der Öffentlichkeit weiterhin ganz bewußt und ausschließlich im Zusammenhang mit der Bewältigung der montanindustriellen Vergangenheit (z. B. Altlastensanierung, Abbruch) verwendet wurde. Der Name „Saarterrassen" hingegen wurde ab diesem Zeitpunkt nur für Projekte und Maßnahmen gebraucht, bei denen die Zukunft der Fläche im Vordergrund stand, z.B. Grundsteinlegung, neue Erschließungsabschnitte (vgl. KOCH 1997, S. 49).

3.5.1 Das Interesse an den Veränderungen auf dem ehemaligen Hüttengelände

Von insgesamt 353 gültigen Nennungen gaben knapp 60 % (n = 21) an, daß sie an den aktuellen Veränderungen auf dem ehemaligen Burbacher Hüttengelände interessiert sind. Auch hier zeigten sich signifikante Unterschiede zwischen Stadtteilen und Altersgruppen. Während 73,4 % der Burbacher (n = 94) Interesse an den Veränderungen bekundeten, nahm dieses bei den Malstattern mit 52,8 % (n = 93) und in der Vergleichsgruppe mit 46,9 % (n = 23) deutlich ab (χ^2 = 16,764; α = 0,000). Die Abbildungen 7 und 8 belegen, daß das Interesse an den Veränderungen auf der Fläche sowohl von der Länge der Wohndauer im entsprechenden Stadtteil (Burbach: χ^2 = 15,389; α = 0,000; Malstatt: χ^2 = 10,433; α = 0,001) als auch vom Alter der Probanden (χ^2 = 26,61; α = 0,000) abhängt: Die Einheimischen unter den Burbachern zeigten mit Abstand das größte Interesse, die unter 25-jährigen hingegen das geringste. Auch hier kann eine stärkere emotionale Bindung an die Fläche aufgrund eines höheren Alters als Erklärung in Betracht gezogen werden.

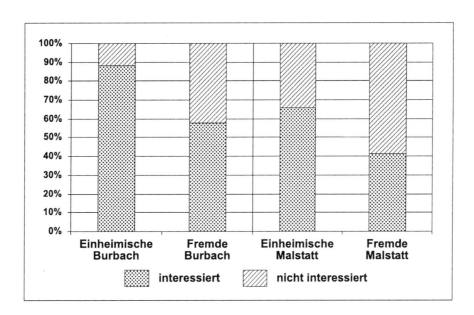

Abb. 7: Interesse an aktuellen Veränderungen auf dem ehemaligen Hüttengelände – nach Einheimischen/Fremden innerhalb der Stadtteile

Quelle: eigene Erhebung und Darstellung

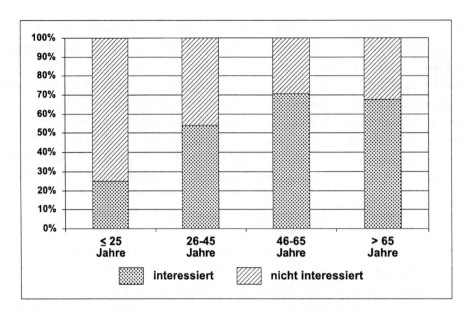

Abb. 8: Interesse an aktuellen Veränderungen auf dem ehemaligen Hüttengelände - nach Altersgruppen

Quelle: eigene Erhebung und Darstellung

Eine nach dem Pro-Kopf-Einkommen differenzierte Betrachtung zeigte sowohl bei den Besser- als auch bei den Schlechterverdienenden ein hohes Interesse an den Veränderungen, wobei die Gruppe der Besserverdienenden mit 68 % insgesamt 13 Prozentpunkte über der Gruppe mit niedrigerem Einkommen lag (χ^2 = 4,346; α = 0,037). Die Grenze zwischen den Besser-/Schlechterverdienenden wurde bei 1 500 DM pro Kopf gesetzt, so daß die Stichprobe in zwei gleich große Gruppen geteilt werden konnte. Dieses Auseinanderklaffen könnte darin begründet sein, daß die Personen mit niedrigerem Einkommen für sich selbst weniger Perspektiven durch die Reaktivierung sehen als die Besserverdienenden.

Auch die Häufigkeit eines Besuches auf dem ehemaligen Hüttengelände, um sich von den baulichen Veränderungen vor Ort ein Bild zu machen, war stark vom jeweiligen Stadtteil (χ^2 = 22,946; α = 0,000) und den Altersgruppen (χ^2 = 27,376; α = 0,000) abhängig (vgl. Abb. 9 und 10). Bei einer nach Stadtteilen differenzierten Betrachtung sind es wieder die Burbacher, die das Gelände am häufigsten besuchen. Vor dem Hintergrund der abschließend vorgestellten Handlungsempfehlungen ist vor allem eine nach Altersklassen differenzierte Betrachtung interessant, die deutlich macht, dass die unter 25-jährigen die Fläche so gut wie nicht aufsuchen, um sich von den Veränderungen vor Ort ein Bild zu machen.

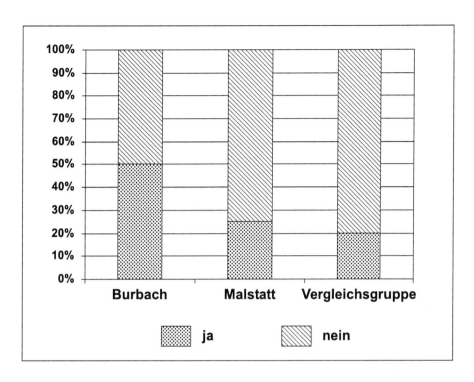

Abb. 9: Besuch des Burbacher Hüttengeländes, um sich von den baulichen Veränderungen vor Ort ein Bild zu machen - nach Stadtteilen

Quelle: eigene Erhebung und Darstellung

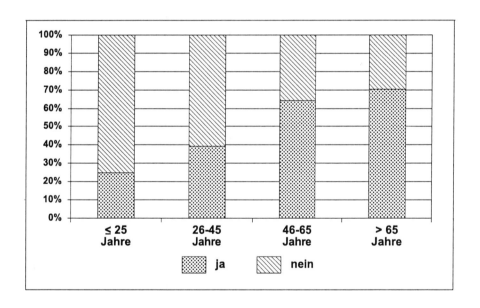

Abb. 10: Besuch des Burbacher Hüttengeländes, um sich von den baulichen Veränderungen vor Ort ein Bild zu machen - nach Altersklassen

Quelle: eigene Erhebung und Darstellung

3.5.2 Die Wahrnehmung der Entwicklung und momentanen Nutzung der Fläche

Auch das Wissen über die heutige Art der Nutzung des ehemaligen Hüttengelände kann bei den Probanden nur teilweise als konsolidiert angesehen werden. Der größte Teil der Befragten war zwar darüber informiert, daß auf dem Gelände sowohl Arbeits- als auch Ausbildungsplätze (n = 258 bzw. 164) sowie Wohnmöglichkeiten (n = 171) existieren. Die Nutzung der Fläche zu Freizeit- und Einkaufszwecken (n = 74 bzw. 41) war hingegen weniger bekannt. Diese Verteilung kann eventuell auf die Situation in den Stadtteilen zurückgeführt werden. Aufgrund der hohen Arbeitslosigkeit in Burbach und Malstatt war mit der Reaktivierung die Hoffnung auf einen Ausbildungs- bzw. Arbeitsplatz verbunden. Die geringe Zahl der Nennungen bei den Einkaufsmöglichkeiten entspricht ebenfalls der Realität, da auf der Fläche keine „Standardeinkaufsmärkte" existieren, sondern sich das angebotene Sortiment auf Spezialprodukte beschränkt.

Der Bekanntheitsgrad von Firmen auf der Fläche ist wieder eng an die jeweiligen Stadtteile gekoppelt: Insgesamt gaben 46 % der Befragten an, Firmen auf dem Gelände zu kennen, wobei die Burbacher mit 58,7 % (n = 74) wieder die deutlich größte Gruppe waren, gefolgt von den Malstattern (41,0 %, n = 68) und der Vergleichsgruppe (27,3 %, n = 12) ($\chi^2 = 16,133$; $\alpha = 0,000$). Bekannteste Unternehmen waren mit 47 gültigen Nennungen die Firma „Auto Sound", gefolgt von der „Lackiererei Kranz" (n = 30) und „Graf's Bistro" (n = 26). Hierbei ist auffällig, daß fast nur Firmen bekannt sind, die in der Alltagswelt der Befragten direkt erlebbar sind, wie das Beispiel „Auto Sound" oder „Graf's Bistro" zeigen. Die Existenz von Firmen hingegen, die eher dem High-Tech-Bereich zuzuordnen sind und oftmals zukunftsfähige Arbeits- und Ausbildungsplätze anbieten, wird so gut wie nicht wahrgenommen.

3.5.3 Die Beurteilung der Veränderungen auf der Fläche und deren Auswirkungen auf die Stadt(-teile) und das persönliche Umfeld

Die Beurteilung der neuen Nutzung der Fläche wird insgesamt recht positiv eingeschätzt, rund 90 % der gültigen Antworten lauteten entweder „zufrieden" oder sogar „sehr zufrieden". Allerdings konnten sich nur 62,6 % der Befragten überhaupt zu dieser Frage äußern. Als besonders positive Folge der Reaktivierung wurde am häufigsten die Schaffung neuer Arbeitsplätze (n = 41) hervorgehoben. Neben der baulichen Gestaltung (n = 40) wurde auch betont, daß generell eine Reaktivierung der Brache positiv sei (n = 39). Die Wohnbebauung „Am Krenzelsberg" wurde am häufigsten kritisiert (n = 22). Als weiteres negatives Kriterium wurde hervorgehoben, daß nur höherwertige Arbeitsplätze geschaffen werden (n = 12).

Die Reaktivierung des Hüttengeländes hat nach Einschätzung der Befragten auf die Stadt und die Stadtteile die größten Auswirkungen (68,3 % bzw. 60,4 %; n = 179 bzw. 166). Auf das private Umfeld wurden nur von 19,3 % der Befragten (n = 54) Auswirkungen erwartet. Als konkrete Effekte wurden die Schaffung neuer Arbeitsplätze (n = 114) sowie generell wirtschaftliche Vorteile für die Stadt (n = 30) genannt. Innerhalb der verschiedenen Altersklassen bildeten die jungen Berufstätigen (26-45 jährige) mit knapp einem Drittel (n = 24) die größte Gruppe, die Folgen auf das private Umfeld sah ($\chi^2 = 9,528$; $\alpha = 0,023$). Dieses Ergebnis kann mit der Hoffnung auf einen geeigneten Arbeitsplatz auf dem Gelände begründet werden.

Auffällig und gleichzeitig bezeichnend ist, daß die Fragen bezüglich der Effekte der Reaktivierung in der Regel nur von maximal zwei Drittel der Befragten beantwortet werden konnten. Hier zeigt sich eine erhebliche Unsicherheit und eventuell auch Unwissenheit hinsichtlich der sozioökonomischen und räumlichen Folgen dieser Wiedernutzung. Bisherige konkrete Auswirkungen der Reaktivierung auf das private Umfeld in Form von Arbeitsplätzen konnten nur in verschwindend geringer Zahl festgestellt werden: Nur vier Probanden gaben an, bei einer der neuen Firmen auf dem ehemaligen Hüttengelände beschäftigt zu sein, weitere acht sagten, ein Familienmitglied habe dort einen Arbeitsplatz. Von diesen Befragten wohnte jedoch keiner in Burbach oder Malstatt, sondern alle stammten aus der Vergleichsgruppe.

3.5.4 Die Wirkung und Einschätzung der Öffentlichkeitsarbeit der GIU

Im Rahmen der Vermarktungsstrategie erhielt das ehemalige Hüttengelände, wie bereits erläutert, einen neuen Namen. Ein knappes Drittel der Befragten (32,9 %, n = 117) behauptete, einen solchen für das Gelände zu kennen. Aufgrund der räumlichen Nähe zur Fläche ist den Burbachern erwartungsgemäß mit 42 % (n = 54) am häufigsten ein anderer Name bekannt, während nur ein knappes Drittel der Malstatter und der Vergleichsgruppe einen solchen kennen ($\chi^2 = 6{,}494$; $\alpha = 0{,}039$). Der Name „Saarterrassen" wurde spontan von 101 Befragten (28,4 %) genannt. Weitere Namen waren vor allem „die Hütt" und „das Hüttengelände". Insgesamt scheint sich der Name „Saarterrassen" im Sprachgebrauch der Bevölkerung noch nicht durchgesetzt zu haben oder nicht akzeptiert zu werden, da 70,5 % der Befragten angaben, weiterhin die Bezeichnung „(Burbacher) Hütt(e)/-ngelände" zu verwenden. Allerdings zeigte sich während der Befragung häufig, daß den Befragten nicht bewußt war, daß das Burbacher Hüttengelände und die „Saarterrassen" das gleiche Gelände meinen.

Als Informationsquelle für die Bevölkerung, die Umnutzung des Hüttengeländes betreffend, scheint die Zeitung das mit Abstand wichtigste Medium zu sein. Aber auch subjektiv gewonnene Eindrücke (Vorbeifahren/Sehen, Hörensagen) sowie das Fernsehen leisten einen nicht unerheblichen Beitrag zur Aufklärungsarbeit bezüglich der Nachnutzung (vgl. Abb. 11).

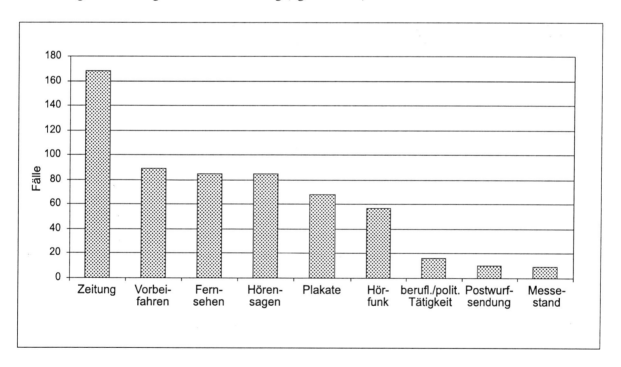

Abb. 11: Wodurch wurden Sie auf die neue Nutzung des Burbacher Hüttengeländes aufmerksam?

Quelle: eigene Erhebung und Darstellung

Das Interesse an Informationsveranstaltungen zur Wiedernutzung des Hüttengeländes war insgesamt sehr gering: Nur 5,1 % der Befragten (n = 18) hatten in der Vergangenheit an einer solchen teilgenommen. Hierbei handelte es sich primär um Informationsveranstaltungen, die entweder von der Stadt oder der GIU veranstaltet wurden. Insgesamt fühlten sich etwas mehr als die Hälfte der Befragten (55 %, n = 176) ausreichend über die Umnutzung informiert. Bei einer nach Altersklassen bzw. Länge des Wohnsitzes oder nach Geschlechtern differenzierten Betrachtung ergaben sich in diesem Punkt allerdings Unterschiede. Zeichneten sich die unter 25-jährigen bisher durch ein gewisses Desinteresse an den Veränderungen auf dem ehemaligen Hüttengelände aus, so fühlten sie sich innerhalb der Altersgruppen am schlechtesten über die Neunutzung informiert (χ^2 = 33,101; α = 0,00), wie Abbildung 12 relativ eindeutig zeigt.

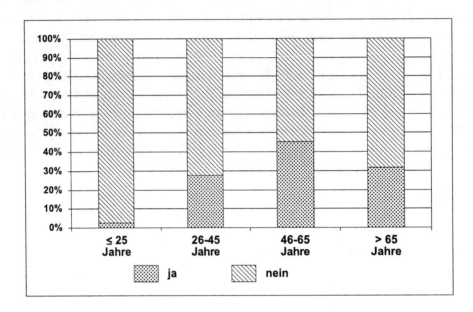

Abb. 12: Fühlen Sie sich ausreichend über die Umnutzung informiert? –
nach Altersklassen

Quelle: eigene Erhebung und Darstellung

In Analogie zu den vorherigen Aussagen wünschten sich die unter 25-jährigen und die 26- bis 45-jährigen (58,3 %, n = 21 bzw. 59 %, n = 62; χ^2 = 20,951; α = 0,000) mehr Informationen über die Umnutzung. Diese Informationsvermittlung sollte nach Meinung der Probanden vor allem durch die Zeitung (n = 67), durch Postwurfsendungen (n = 55), sowie das Fernsehen (n = 28) stattfinden. 16 Personen wünschten sich mehr Informationsvermittlung durch Veranstaltungen, wie z.B. Feste.

Die Befragung schloß mit der Frage „Was sollte Ihrer Meinung nach auf der Fläche passieren?" Hierdurch wurde den Befragten die Möglichkeit gegeben, ihre Wünsche und Bedürfnisse hinsichtlich der Wiedernutzung der Fläche zu äußern. Das Spektrum der Antworten war sehr breit angelegt und reichte von dem Wunsch nach neuen – teilweise nicht näher spezifizierten – Freizeiteinrichtungen über die Schaffung von Arbeitsplätzen bis hin zu dem Wunsch, das bisher Erreichte fortzusetzen (vgl. Abb. 13).

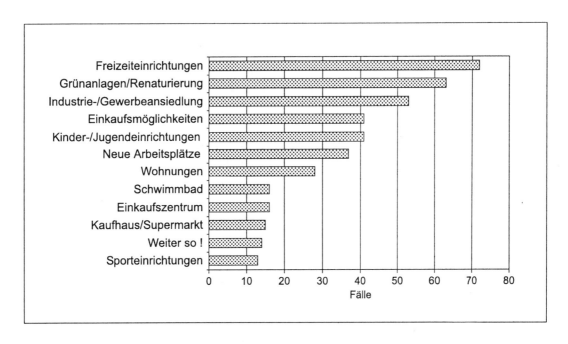

Abb. 13: Was sollte Ihrer Meinung nach auf der Fläche passieren?

Quelle: eigene Erhebung und Darstellung

Aufgrund der mangelnden funktionalen Ausstattung Burbachs und Malstatts mit Freizeiteinrichtungen verwundert es wenig, daß sich die meisten Befragten eine Ansiedlung solcher Funktionen wünschen. In Analogie zur Einschätzung der Situation in den Stadtteilen hinsichtlich der Versorgung mit Kinder- und Jugendeinrichtungen erstaunt auch der Wunsch nach derartigen Funktionen nicht. Auffällig oft wurde auch der Wunsch nach Renaturierung bzw. Errichtung von Grünanlagen geäußert. Ein nicht unerheblicher Teil votierte für eine Fortsetzung der Ansiedlung von Industrie- und Gewerbebetrieben, wobei auch hier die Schaffung von Arbeitsplätzen im Vordergrund stand.

4. Diskussion der Ergebnisse

Mit der Schließung der Burbacher Hütte verloren die direkt angrenzenden Stadtteile Burbach und Malstatt das über einhundert Jahre lang stabilisierende Element für Einkommen und Beschäftigung. Von dem hierdurch ausgelösten Strukturwandel haben sich beide Stadtteile bis heute nicht erholt und stehen daher vermutlich vor einem langanhaltenden Schrumpfungsprozeß. Parallel hierzu wird das Gelände der ehemaligen Burbacher Hütte erfolgreich zu den „Saarterrassen" als Standort für Unternehmen aus dem Dienstleistungs- und High-Tech-Bereich reaktiviert.

Mit Hilfe der im Rahmen dieses Beitrags vorgestellten Haushaltsbefragung wurde deutlich, dass die Reaktivierung des Hüttengeländes von der einheimischen Bevölkerung zwar insgesamt recht positiv bewertet wird, die hieraus resultierenden Chancen für die Befragten selbst hingegen als eher gering eingeschätzt werden. Insgesamt kann postuliert werden, daß die Denkweise der einheimischen Bevölkerung noch immer stark vergangenheitsorientiert ist. Als besonders gravierend erscheint ein gewisses Desinteresse an den sich vollziehenden Entwicklungen gerade bei der jüngeren Generation.

Das bisher Erreichte auf dem ehemaligen Hüttengelände kann sicherlich als wertvoller Beitrag zur Bewältigung des Strukturwandels und für die Stadtentwicklung gesehen werden, allerdings besteht über das reine Reaktivieren einer Fläche hinaus weiterer Handlungsbedarf. Konkrete Ansatzpunkte hierfür können vor allem eine verstärkte Bürgerbeteiligung, eine zielgruppenspezifischere Öffentlichkeitsarbeit und die Ergänzung von Funktionen auf den „Saarterrassen", die in den Stadtteilen Burbach und Malstatt nicht vorhanden sind, darstellen. Die drei genannten Aspekte lassen sich direkt miteinander verknüpfen und sollen im folgenden vor dem Hintergrund einer verstärkten Bürgerbeteiligung bei den zukünftigen Entwicklungen auf den „Saarterrassen" erläutert werden.

Generell kann davon ausgegangen werden, daß die Möglichkeit zur Partizipation bei der bisherigen Entwicklung auf den „Saarterrassen" nicht gegeben war. Die Planung fand ausschließlich in Experten-netzwerken und Elitezirkeln statt. Zwar wurden vereinzelt Informationsveranstaltungen von Seiten der Landeshauptstadt oder des Projektentwicklers abgehalten, hierbei wurden die Anwesenden aber lediglich über laufende und geplante Projekte und Maßnahmen informiert und somit vor mehr oder weniger vollendete Tatsachen gestellt. Gerade bei der Entwicklung eines Teilbereichs der „Saarterrassen" mit Freizeit- und Kulturangeboten würde sich aber eine verstärkte Bürgerbeteiligung anbieten, denn in beiden Stadtteilen ist bei der Ausstattung mit entsprechenden Einrichtungen ein erheblicher Mangel festzustellen, was auch in der Haushaltsbefragung immer wieder festgestellt wurde.

Ein möglicher Ansatzpunkt hierfür wäre beispielsweise die Veranstaltung einer Stadtteilkonferenz mit den vor Ort ansässigen Vereinen, der Gemeinwesenarbeit sowie sonstigen interessierten Bürgern, um zu erörtern, welche Art von Freizeit- und Kultureinrichtungen etabliert werden sollten, damit den Bedürfnissen vor Ort besser entsprochen werden kann. Des weiteren könnte über die Gründung einer Trägerschaft für ein zu realisierendes Projekt nachgedacht werden, die von verschiedenen Akteuren gebildet wird. Somit könnte das soziale Anliegen nicht nur „mitgedacht", sondern vor allem auch „mitrealisiert", ein erster Schritt zur Vernetzung der Stadtteile mit den „Saarterrassen" vollzogen und eventuell ein neuer Identifikationspunkt für die Einheimischen auf der Fläche geschaffen werden.

Allerdings kann vermutet werden, daß die Bereitschaft zur Partizipation der Akteure, vor allem der Bevölkerung, nur schwach ausgeprägt ist. Diese notwendige Bereitschaft wird sich aber erst dann erhöhen, wenn bei den potentiellen Akteuren trotz einer gewissen Distanz zu den „Saarterrassen" die Einsicht wächst, daß die sich dort vollziehenden Entwicklungen eine wirklich geeignete Reaktionsform zur Bewältigung des Strukturwandels darstellen.

Diese Einsicht hat sich scheinbar aber noch nicht durchgesetzt, da immer wieder kritisiert wird, daß auf der Fläche keine Arbeitsplätze für die Burbacher und Malstatter Bevölkerung geschaffen werden. Verkannt wird bei dieser Kritik hingegen, daß durch die schnelle Schaffung von solchen Arbeitsplätzen, die der Qualifikationsstruktur vieler Burbacher und Malstatter entspricht, die Gefahr besteht, das Strukturproblem lediglich in die Zukunft zu verschieben, wovon die nächste Generation um so härter betroffen sein würde.

Hier könnte durch eine zielgruppenorientierte Öffentlichkeitsarbeit versucht werden, den Strukturwandel nicht nur durch die Schaffung neuer Arbeitsplätze und Gebäude auf den „Saarterrassen" zu bewältigen, sondern vielmehr auch einen langfristigen Wandel in der Denkweise der Bürger herbeizuführen. Als geeignete Medien erscheinen hier vor allem die Lokalpresse und Stadtteilzeitungen sowie das Fernsehen und der lokale Hörfunk. Mit Hilfe gezielter Informations-kampagnen in den Schulen könnte ein Beitrag geleistet werden, gerade den Schulabgängern zu verdeutlichen, in welchen Branchen und Bereichen zukünftig die größten Arbeitsmarktchancen bestehen. Beispielsweise könnte in diesem Rahmen über einen „Tag der offenen Tür für Schüler" nachgedacht werden, um die sonst herrschende Distanz zu den Unternehmen abzubauen und aufzuzeigen, welche Ausbildungsplätze in den entsprechenden Branchen zur Verfügung stehen.

Sollte es tatsächlich zumindest ansatzweise gelingen, eine stärkere Vernetzung der Fläche mit den angrenzenden Stadtteilen zu erzeugen, könnte dies als ein weiterer wesentlicher Schritt zur Bewältigung des Strukturwandels gewertet werden.

Literaturverzeichnis

ARGE STADTBAUPLAN/FOCHT (1992a): Zusammenfassung des Schlußberichtes der ARGE StadtBauPlan/Focht vom April 1992; Konzept zum städtebaulichen Rahmenplan für das Burbacher Hüttengelände. Darmstadt, Saarbrücken.

BAHRENBERG, G., E. GIESE UND J. NIPPER (1990): Statistische Methoden in der Geographie. Band 1: Univariate und bivariate Statistik. Stuttgart.

BRÜCHER, W. (1989): Struktur- und Standortveränderungen der saarländischen Eisen- und Stahlindustrie unter dem Druck der Krise. In: SOYEZ, D., W. BRÜCHER, D. FLIEDNER et al. (Hrsg.): Das Saarland. Band 1: Beharrung und Wandel in einem peripheren Grenzraum. (= Arbeiten aus dem Geographischen Institut der Universität des Saarlandes, Bd. 36). Saarbrücken, S. 227-242.

BURGARD, P. UND L. LINSMAYER (1999): Von der Vereinigung der Saarstädte zum Abstimmungskampf (1909-1935). In: WITTENBROCK, R. (Hrsg.): Geschichte der Stadt Saarbrücken. Band 2: Von der Zeit des stürmischen Wachstums bis zur Gegenwart. Saarbrücken, S. 131-241.

DÖRRENBÄCHER, C. (1989): Entwicklung und räumliche Organisation der Saarbergwerke AG. In: SOYEZ, D., W. BRÜCHER, D. FLIEDNER et al. (Hrsg.): Das Saarland. Band 1: Beharrung und Wandel in einem peripheren Grenzraum. (= Arbeiten aus dem Geographischen Institut der Universität des Saarlandes, Bd. 36). Saarbrücken, S. 203-226.

DÜLMEN, R.V. (1990): Industriekultur an der Saar. Zur Entstehung der Saarländischen Gesellschaft. In: Saarbrücker Hefte, H. 64, S. 18-25.

EHRLINGER, S. UND K. GEIPEL (1990): Last Exit Burbach. Über den schwierigen Umgang mit Industriebrachen. Das Beispiel Burbacher Hütte in Saarbrücken. In: Deutsche Bauzeitschrift, H. 3, S. 116-126.

GIERSCH, W. (1989): Saarwirtschaft im Wandel: Vom Montanstandort zu einer modernen Industrieregion. In: SOYEZ, D., W. BRÜCHER, D. FLIEDNER et al. (Hrsg.): Das Saarland. Band 1: Beharrung und Wandel in einem peripheren Grenzraum. (= Arbeiten aus dem Geographischen Institut der Universität des Saarlandes, Bd. 36). Saarbrücken, S. 257-268.

GLASER, H. UND W. KRÄUTER (1989): Industriesiedlungen – von der Industrialisierung bis zur Weltwirtschaftskrise: Eisen- und Stahlwerke, Glashütten, Eisenbahn. Saarbrücken.

HABICHT, W. (1989): Saarbrücken – eine historisch-geographische Skizze. In: SOYEZ, D., W. BRÜCHER, D. FLIEDNER et al. (Hrsg.): Das Saarland. Band 1: Beharrung und Wandel in einem peripheren Grenzraum. (= Arbeiten aus dem Geographischen Institut der Universität des Saarlandes, Bd. 36). Saarbrücken, S. 93-124.

HERRMANN, H.-W. (1999a): Saarbrücken unter der NS-Herrschaft. In: WITTENBROCK, R. (Hrsg.): Geschichte der Stadt Saarbrücken. Band 2: Von der Zeit des stürmischen Wachstums bis zur Gegenwart. Saarbrücken, S. 243-338.

HERRMANN, H.-W. (1999b): Saarbrücken 1945-74. Bevölkerung und Sozialstruktur. In: WITTENBROCK, R. (Hrsg.): Geschichte der Stadt Saarbrücken. Band 2: Von der Zeit des stürmischen Wachstums bis zur Gegenwart. Saarbrücken, S. 339-450.

JANSSEN, J. UND W. LAATZ (1994): Statistische Datenanalyse mit SPSS für Windows. Eine anwendungsorientierte Einführung in das Basissystem. Berlin.

JOST, P. (1989): Industrielle Entwicklung und räumliche Planung im Saarland In: SOYEZ, D., W. BRÜCHER, D. FLIEDNER ET AL. (Hrsg.): Das Saarland. Band 1: Beharrung und Wandel in einem peripheren Grenzraum. (= Arbeiten aus dem Geographischen Institut der Universität des Saarlandes, Bd. 36). Saarbrücken, S. 243-256.

KOCH, M. (1997): Vom ehemaligen Burbacher Hüttengelände zu den Saarbrücker „Saarterrassen" – Der Weg von der Industriebrache zu dem dynamischsten Stadtquartier Saarbrückens. In: BrachFlächenRecycling, H. 3, S. 44-49.

LANDESHAUPTSTADT SAARBRÜCKEN – AMT FÜR STADTENTWICKLUNG UND STATISTIK (1998): Gliederung des Stadtgebiets in Bezirke, Stadtteile und Distrikte. Saarbrücken.

LANDESHAUPTSTADT SAARBRÜCKEN – AMT FÜR STADTENTWICKLUNG UND STATISTIK (1988): Arbeitsstättenzählung 1987. Saarbrücken.

LANDESHAUPTSTADT SAARBRÜCKEN – AMT FÜR STATISTIK UND WAHLEN (2000): Stadtteildossier Saarbrücken. Saarbrücken.

LANDESHAUPTSTADT SAARBRÜCKEN – SOZIALDEZERNAT (1996): Stadtteilkonferenz Burbach – Arbeitsmappe zur Stadtentwicklung Burbach. Saarbrücken.

LAUFER, W. (1995): Eine Region in Bewegung. Bevölkerung und Siedlung im Prozeß der Industrialisierung.- In: MALLMANN, K. M., P. GERHARD, R. SCHOCK UND R. KLIMMT (Hrsg.): Richtig daheim waren wir nie. Entdeckungsreisen ins Saarrevier 1815-1955. Saarbrücken, S. 21-26.

LENHOF, J. UND L. WARSCHEID (1999): Saarbrücken seit 1974 - Die städtische Wirtschaft im Umbruch. In: WITTENBROCK, R. (Hrsg.): Geschichte der Stadt Saarbrücken. Band 2: Von der Zeit des stürmischen Wachstums bis zur Gegenwart. Saarbrücken, S. 530-549.

MARZEN, W. (1994): Die saarländische Eisen- und Stahlindustrie 1430-1993. Saarbrücken.

RENSCHLER, C. (2000): Neue Chancen für die Stadtentwicklung auf Brachflächen? Diskutiert am Beispiel des Burbacher Hüttengeländes/"Saarterrassen" in Saarbrücken. Unveröffentlichte Diplomarbeit. Universität Trier.

RIED, H. (1958): Die Siedlungs- und Funktionsentwicklung der Stadt Saarbrücken. Saarbrücken.

SAARBRÜCKER ZEITUNG (SBZ) (26.04. 1955): Modernisierung in Burbach, o.V. o.S.

DIES. (22.06. 1956): Hundert Jahre Burbacherhütte, o.V., o.S.

DIES. (11.12. 1968): Weihnachtszuwendung stark erhöht – Burbacher Hütte erreichte 1968 Höchststand der Produktion, o.V., o.S.

DIES. (20.11. 1970): Röchling und ARBED-Burbach werden zu einem Unternehmen, o.V., o.S.

DIES. (22.06. 1971): Zusammenschluß stärkt Basis der Stahlindustrie an der Saar o.V., o.S.

DIES. (21.07. 1972): Stahlwerke Röchling-Burbach GmbH, Völklingen – Start unter ungünstigen Bedingungen, o.V., o.S.

DIES. (13.09. 1973): Nach Besichtigung der Burbacher Hütten durch den Stadtrat: Probleme gemeinsam lösen, o.V., o.S.

DIES. (30.12. 1977): Burbach – ein Abschied nach 120 Jahren, o.V., o.S.

DIES. (27.02. 1980): Stahlverkauf der ARBED wurde neu strukturiert, o.V., o.S.

DIES. (30.07. 1982): Entwicklung der ARBED im Saarland, o.V., o.S.

SCHLEIDEN, K. A., F. R. SCHMITT, B. SCHULZE UND P. THOMES (1989): Saarbrücken – Stationen auf dem Weg zur Großstadt. Saarbrücken.

SCHMITT, A. (1990): Wohin mit dem Schrott? Denkmäler der Industriekultur im Saarland. Deutsche Bauzeitschrift, H. 3, S. 14-23.

SIEVERTS, T. (1999): Prolog. In: FACHGRUPPE STADT (Hrsg.): Transform Völklingen. Zum Umgang mit einer schrumpfenden Industriestadt. (= Forschung und Entwurf in Städtebau und Architektur, H. 7/1999). Darmstadt, S. 3-6.

WEBER-DICKS, P. (1989): Grundmuster der Kulturlandschaft im Saarland und ihre Entwicklung von der keltischen Zeit bis in das 19. Jahrhundert. In: SOYEZ, D., W. BRÜCHER, D. FLIEDNER ET AL. (Hrsg.): Das Saarland. Band 1: Beharrung und Wandel in einem peripheren Grenzraum. (= Arbeiten aus dem Geographischen Institut der Universität des Saarlandes, Bd. 36). Saarbrücken, S. 17-92.

WITTENBROCK, R. (1999): Die drei Saarstädte in der Zeit des beschleunigten Städtewachstums (1860-1908). In: WITTENBROCK, R. (Hrsg.): Geschichte der Stadt Saarbrücken. Band 2: Von der Zeit des stürmischen Wachstums bis zur Gegenwart. Saarbrücken, S. 11-130.

ENTWICKLUNG UND PROGNOSE DES ANGEBOTS UND DER NACHFRAGE BEZÜGLICH GEWERBEBRACHFLÄCHEN IN DEUTSCHLAND

Frank Hömme

Kurzfassung

Der Beitrag zeigt die aktuelle Situation des Brachflächenrecyclings in Deutschland. Um den Beitrag des Brachflächenrecyclings zur Reduzierung des Freiflächenverbrauchs einschätzen zu können, wird das gegenwärtige und zukünftige Angebot an Gewerbebrachfllächen und die Nachfrage danach aufgezeigt. Aufgrund der unzureichenden Datenlage ist die Konkretisierung und Quantifizierung der Einsparpotentiale im Flächenverbrauch durch die Reaktivierung von Brachflächen ausgesprochen schwierig. Um einen Überblick über die gegenwärtige Situation des Brachflächenrecyclings zu bekommen, wurden in einem ersten Untersuchungsschritt bundesweit Reaktivierungsprojekte ermittelt und als "Markt" für Brachflächen verstanden. Auf Basis dieser Projektsammlung konnten eine funktionale Typisierung und regionale Differenzierung der Reaktivierungsprojekte vorgenommen werden. Um die zukünftige Situation im Gewerbebrachflächenrecycling einschätzen zu können, wurde in einem zweiten Untersuchungsschritt eine Delphi-Studie durchgeführt. Auf Grundlage der Expertenmeinungen konnten zwei Szenarien für die Entwicklung des Gewerbebrachflächenrecycling bis zum Jahr 2020 aufgestellt werden, die sich hinsichtlich der ökonomischen und politischen Rahmenbedingungen unterscheiden. Die Ergebnisse der Delphi-Studie zeigen u.a. die dringende Notwendigkeit, den Freiflächenverbrauch einzuschränken – insbesondere in Verdichtungsräumen und deren Umland - und zum anderen die Möglichkeiten, durch veränderte Rahmenbedingungen den Freiflächenbedarf deutlich zu reduzieren. Nach Auffassung der Experten gilt es, insbesondere die strukturelle Benachteiligung der Investitionen auf Brachflächen gegenüber denen auf der "grünen Wiese" auszugleichen. Hinsichtlich der Frage nach den hierzu geeigneten Instrumenten gibt es keine einheitliche Expertenmeinung. Zuschüsse und Steuervorteile, die Regional- und Strukturförderung und eine Reform des kommunalen Finanzausgleiches werden am häufigsten genannt. Übereinstimmung besteht in der Ansicht, dass planerisch-rechtliche, fiskalische sowie Informations- und Managementinstrumente gleichzeitig eingesetzt werden sollten.

1. Einleitung

1.1 Problemstellung und Zielsetzung

Die Reaktivierung von Brachflächen stellt ein wesentliches Potential der aktuellen und auch der zukünftigen Stadt- und Regionalentwicklung dar. Unter Berücksichtigung quantitativer und qualitativer Unterschiede trifft diese Aussage für alle Städte und Regionen Deutschlands zu. Diese Einschätzung ist weitgehend unbestritten: Sie findet sich in fast allen Veröffentlichungen zum Themenfeld nachhaltige Stadt- und Regionalentwicklung. Auch der Titel dieses Sammelbandes unterstellt einen entsprechenden Zusammenhang, ebenso wie zahlreiche der in ihm zusammengefaßten Einzelbeiträge. Eine Konkretisierung oder gar Quantifizierung dieser Einsparpotentiale im Flächenverbrauch durch die Revitalisierung von Brachflächen erweist sich hingegen als ausgesprochen schwierig. Das zentrale Problem ist die unzureichende Datenlage in vielen relevanten Aspekten des Themenfeldes (vgl. Kap. 1.2).

Das Ziel dieses Beitrages ist, einige Aspekte in Bezug auf das gegenwärtige und zukünftige Zusammenspiel von Angebot an Gewerbebrachflächen in Deutschland und der Nachfrage danach aufzuzeigen. Dabei geht es insbesondere um

- die Kennzeichnung der aktuellen Situation des Brachflächenrecyclings hinsichtlich regionaler und funktionaler Kriterien,
- eine Einschätzung zukünftiger Entwicklungen, insbesondere des Beitrags des Brachflächenrecyclings zur Reduzierung des Freiflächenverbrauches und
- eine Einschätzung der Wirkungsweise bestehender und in der wissenschaftlicher Diskussion befindlicher Instrumente zur Förderung des Brachflächenrecyclings.

1.2 Forschungsdesign

Begreift man die Revitalisierung von Brachflächen als Teilmarkt des allgemeinen Bodenmarktes, so ist der Marktanteil das wesentliche Kriterium. Eine funktional und regional strukturierte Analyse der Angebots- und Nachfrageseite des Marktes „Flächenverbrauch" und des Teilmarktes „Flächenrecycling" wäre der richtige Ansatzpunkt.

Damit kommen wir zu einem zentralen Problem im Forschungsfeld Brachflächenrecycling: In vielen relevanten Bereichen ist die Informationslage außerordentlich dürftig. So läßt sich noch nicht einmal die Frage nach dem derzeitigen Umfang des Brachflächenbestandes in Deutschland zuverlässig beantworten. Nur wenige Untersuchungen gehen soweit, überhaupt die Größenordnung auf der Grundlage von Schätzungen oder Hochrechnungen zu beziffern – und in diesen Fällen liegen die Zahlen extrem weit auseinander. So kommt beispielsweise das Bundesamt für Bauwesen und Raumordnung in seiner Baulandumfrage 1997 zu dem Ergebnis, daß in deutschen Städten derzeit ca. 40 000 ha Brachen für die Reaktivierung zur Verfügung stehen (BBR 1999). Ein im Oktober 1999 vom Umweltbundesamt (UBA) veranstalteter internationaler Workshop beziffert den Brachflächenbestand in Deutschland auf ca. 128 000 ha – also mehr als drei Mal so hoch (UBA 1999).

Noch geringer ist die Informationsdichte, wenn versucht wird, einen Überblick über die räumliche Verteilung von Brachflächen in Deutschland oder über strukturelle Merkmale, wie Flächengrößen, Flächenzuschnitte oder aufstehende Bebauung zu gewinnen. Derartige räumlich und funktional strukturierte Daten sind jedoch notwendig, um eine fundierte Einschätzung der Angebotsseite des Teilmarktes „Flächenrecycling" treffen zu können.

Doch auch die Analyse der Nachfrageseite wirft Probleme auf, da es ex ante keine speziell auf Brachflächen gerichtete Nachfrage gibt. Es besteht vielmehr allgemein eine regional und lokal differenzierte Nachfrage nach Flächen für bestimmte Nutzungen (Gewerbe, Dienstleistung, Wohnen etc.), die grundsätzlich sowohl im Rahmen des Brachflächenrecyclings als auch durch Inanspruchnahme neuer Flächen befriedigt werden kann. Welche dieser beiden Möglichkeiten in welchem Umfang zum Zuge kommt, hängt wesentlich von der Ausgestaltung der politischen Rahmenbedingungen ab, die in den Preis der Flächenbereitstellung eingehen. Eine Teilmarktabgrenzung kann daher nicht vorgenommen werden.

Die dargestellten Informationsdefizite in einem zudem sehr komplexen Handlungsfeld bringen es mit sich, dass eine Generierung der notwendigen Daten mit vertretbarem Aufwand nur auf qualitativem Wege möglich ist.

1.3 Vorgehensweise

Die skizzierte Informationslage prägte das Vorgehen in einem dreijährigen Forschungsprojekt, das im Auftrage der „Gesellschaft für Innovation und Unternehmensförderung mbH", Saarbrücken, an der Universität Trier durchgeführt wurde und dessen zentrale Ergebnisse im folgenden dargestellt werden.

In den Abschnitten 2 und 3 steht die aktuelle Situation des Brachflächenrecyclings in Deutschland im Blickpunkt. Zunächst wird in Abschnitt 2 eine Möglichkeit zur Typisierung von Brachflächen vorgestellt. Ziel dieser Typisierung ist es, durch Generalisierung die übergeordneten Strukturmerkmale des komplexen Phänomens Brachflächen herauszuarbeiten.

Eine Möglichkeit, angesichts der geschilderten Informations- und Abgrenzungsprobleme im Forschungsfeld Brachflächenrecycling zu weiteren Aussagen zu kommen, besteht darin, einen Perspektivenwechsel vorzunehmen – weg von einer Betrachtung der Brachflächen, hin zu einer Betrachtung der Reaktivierungsprojekte. Diese können als „Markt" für Brachflächen verstanden werden, denn hier kommen Angebot und Nachfrage zusammen. Eine solche Veränderung des Blickwinkels bietet sich an, da seit Jahren zahlreiche Reaktivierungsprojekte wissenschaftlich begleitet werden oder Machbarkeitsstudien bzw. Gutachten in Auftrag gegeben und angefertigt werden, mit der Folge, daß hier weitergehende Informationen zur Verfügung stehen.

Die angesprochene Typisierung wurde dazu genutzt, eine umfangreiche Sammlung von Fallbeispielen (Reaktivierungsprojekten) zu strukturieren und in einer Projektdatenbank zusammenzufassen. Auf der Grundlage dieser Projektsammlung wurde eine funktional und regional differenzierte Analyse von Reaktivierungsprojekten in Deutschland vorgenommen, deren wesentliche Ergebnisse in Abschnitt 3 vorgestellt werden.

In Abschnitt 4 wird eine Einschätzung zukünftiger Entwicklungen im Brachflächenrecycling, insbesondere dessen Beitrag zur Reduzierung des Freiflächenverbrauches, vorgenommen. Die dargestellten Erkenntnisse beruhen auf einer im Rahmen des Forschungsprojekts durchgeführten Delphi-Befragung. Dieses qualitative Erhebungsinstrument bietet sich besonders an, um in schlecht definierten Situationen mit ungesichertem Wissensstand zu Ergebnissen zu kommen. Dabei kann das Delphi-Verfahren beschrieben werden als mehrstufige, strukturierte und schriftliche Befragung von Personen, die aufgrund ihrer fachlichen Kompetenz ausgewählt wurden. Seine Vorteile liegen insbesondere in seiner, angesichts der Komplexität des Problemfeldes Brachflächenrecycling, relativ leichten Überschaubarkeit sowie geringen Datenbeschaffungsproblemen durch den Rückgriff auf im Themenfeld ausgewiesene Fachleute.

Im Rahmen dieses Beitrages werden Ergebnisse einer zukunftsbezogenen, szenariengestützten Delphi-Studie vorgestellt, in der das Meinungsbild von 15 anerkannten Experten aus den Bereichen Forschung und Wissenschaft, Verwaltung und Politik, Consulting und Projektentwicklung sowie Umwelt- und Naturschutz zur Situation des Brachflächenrecyclings im Jahre 2020 erhoben wurde. Dabei wird deutlich, daß Brachflächenrecycling insbesondere in den Verdichtungsräumen und deren Umland ein wichtiges Potential darstellt, den Freiflächenverbrauch einzuschränken. Dazu ist allerdings die Entwicklung eines wirkungsvollen Instrumentariums zur Förderung des Brachflächenrecycling eine dringende Notwendigkeit. In Abschnitt 5 wird, unter Berufung auf die Ergebnisse der Delphi-Studie, eine Einschätzung der Eignung des bestehenden bzw. in der wissenschaftlichen Diskussion befindlichen Instrumentariums vorgenommen.

2. Typisierung von Brachflächen und Revitalisierungsprojekten

Die Typisierung ist ein häufig angewandtes Verfahren zur Systematisierung von Phänomenen und Entwicklungen mittels geeigneter Kriterien. Ein wichtiges Ziel der Typisierung ist es, durch eine Generalisierung individuelle Besonderheiten zu nivellieren und so die übergeordneten Struktur-merkmale und Entwicklungen in den Vordergrund zu rücken. Dabei kommen im Unterschied zur eher quantifizierenden Klassifikation bei der Typisierung qualitative Merkmale zur Anwendung.

Die Festlegung der für eine Typisierung von Revitalisierungsprojekten geeigneten Merkmale folgt der These, daß zentrale Bestimmungsfaktoren für das Entwick-lungspotential einer Brachfläche in ihren Lage- und Strukturmerkmalen zu sehen sind. Je nach wirtschaftsstruktureller Ausgangssituation und abhängig von der regionalwirtschaftlichen Entwick-lungsdynamik existieren interregional unterschied-liche Voraussetzungen für die Reaktivierung von Brachflächen. Um diesem Aspekt Rechnung zu tragen, werden die Brachflächen nach ihrer Lage in einem Regionstyp differenziert. Als zweckmäßig angesehen wird eine großräumige Typisierung der Brachflächen nach ihrer Lage in

- altindustrialisierten Regionen,
- Agglomerationen mit hoher Wettbewerbsfähigkeit,
- ländlichen Räumen und
- den Neuen Ländern.

Das Entwicklungspotential einer Brachfläche wird durch ihre regionale Lage bzw. ihre Lage im Siedlungszusammenhang bestimmt. Entsprechend kann unterschieden werden zwischen Brachflächen

- im Stadtkern,
- innerhalb des Stadtraumes,
- im Stadtrandbereich und
- im Stadtumland.

Da es sich bei der Revitalisierung von Brachflächen um eine Folgenutzung handelt, ist die „Entstehungsgeschichte" als ein weiterer Merkmalskomplex, der sich auf die Relikte der vormaligen Nutzung bezieht, zu berücksichtigen. Hier kann zunächst der Typ Industrie- und Gewerbebrache genannt werden. Besonders ausgegliedert wurde im Hinblick auf den erheblichen Brachflächenumfang der Typ Montanbrache, wobei dieser wiederum in ehemalige Bergbauanlagen sowie in Eisen- und Stahlverarbeitung zu unterteilen ist. Hintergrund dieser Unterteilung ist die Eigenschaft von Berg-bauflächen, dem Bergrecht (BundesbergG) zu unterliegen. Diese Flächen müssen vor einer neuen Nutzung zunächst aus der „Bergaufsicht" entlassen werden. Diese Anforderungen stellen eine zusätzliche Restriktion dar, so daß die Ausgliederung als eigener Subtyp gerechtfertigt erscheint.

Militärbrachen sind ein weiterer wichtiger Brachetyp. Typisch für die unterschiedlichen Anforde-rungen militärischer Nutzungen an den Raum ist die Trennung der Wohn- und Repräsenta-tionsfunktionen von sehr weitläufigem Übungsgelände bzw. Infrastruktureinrichtungen (z.B. Truppenübungsplätze, Flugplätze) und Lagerstandorten (z.B. Munitionsdepots). Es ist daher eine Differenzierung des Typs Militärbrache in Kasernenanlagen und in übrige Anlagen sinnvoll.

Verkehrsbrachen stellen einen weiteren in vielen Städten existierenden Brachetyp dar. Weniger im Hinblick auf ihre Lage im Siedlungszusammenhang sondern vielmehr wegen der unterschiedlichen Eigentümerstruktur und einem andersartigen Entwicklungspotential ist eine Differenzierung in Hafenanlagen sowie Bahnanlagen notwendig. Weitere, jedoch in erheblich geringerem Umfang existierende Brachentypen sind Handels- und Dienstleistungsbrachen sowie Freizeitbrachen.

Typisierungsmerkmale wie Flächengröße, Flächenzuschnitt, Altlasten weisen einen starken Zusammenhang mit der Entstehungsgeschichte einer Brachfläche auf. So ist z.B. eine Kokerei hinsichtlich Flächengröße oder Altlasten völlig anders strukturiert als ein Eisenbahnausbesserungswerk. Im Zusammenhang mit der Vornutzung der Fläche ist ebenfalls interessant, welche neuen Nutzungen bzw. Funktionen sensibel auf die vorhandenen Infrastruktureinrichtungen reagieren. Von daher ist das Entwicklungsziel von Reaktivierungsprojekten als weiterer Merkmalskomplex zu berücksichtigen. Es bietet sich eine Differenzierung der Entwicklungsziele nach Funktionen an:

- Gewerbe-/Industriestandort
- Wohnstandort
- Standort für Freizeit und Sport
- Funktionsmischung
- Renaturierung

Die vorgestellten Merkmalskomplexe können je nach Erkenntnisinteresse unterschiedlich miteinander kombiniert werden. Eine Zusammenschau der dargestellten Merkmale und der einzelnen Merkmalsausprägungen findet sich in Abbildung 1.

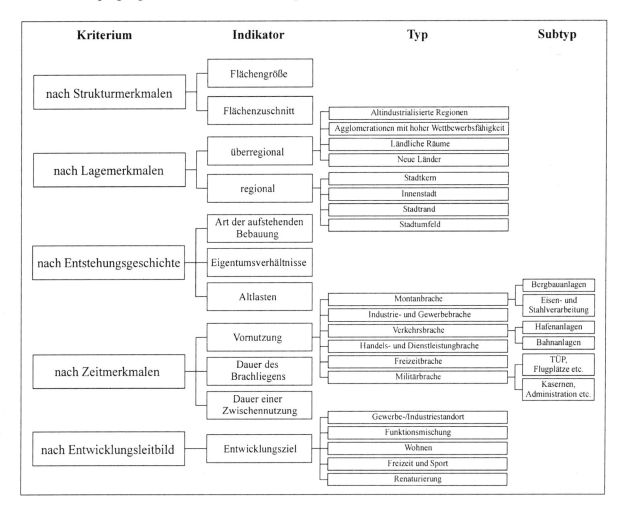

Abb. 1: Typisierung von Brachflächen

Entwurf: HÖMME, JOB, RENSCHLER 1999

3. Die aktuelle Situation des Brachflächenrecycling in Deutschland

3.1 Projektsammlung Brachflächenrecycling

Die vorgestellte Typisierung diente unter anderem zur Strukturierung einer Projektsammlung. Es wurden Fallbeispiele aus zwei völlig verschiedenen Quellen recherchiert, aufbereitet und in Datenbanken erfaßt:

- Eine systematische Recherche nach wissenschaftlichen Veröffentlichungen, Machbarkeitsstudien, Gutachten und ähnlichen Quellen führte zu einer Identifizierung von rund 200 Reaktivierungsvorhaben. Der Charakter dieser Quellen bringt es mit sich, daß die Projekte sehr umfassend und mit einer großen Detailschärfe erfaßt werden konnten.

- Eine weitere Datenquelle stellte die Berichterstattung über Reaktivierungsprojekte in Tageszeitungen dar. Im Rahmen des Forschungsprojektes wurde die Firma Argus Media GmbH für den Zeitraum zwischen Juni und Oktober 1999 mit einer flächendeckenden Auswertung deutscher Tageszeitung nach den Stichworten Brachflächenrecycling, Umnutzung, Wiedernutzung und Revitalisierung beauftragt. Es wurden in diesem Zeitraum rund 400 Clippings zugestellt, die nach Auswertung zur Identifizierung von rund 300 neuen Reaktivierungsprojekten führten. Der Charakter dieser Datenquelle ist anders gelagert: Hier können lediglich Kerndaten der Revitalisierungsprojekte generiert werden (vorherige Nutzung, Flächengröße, Entwicklungsziele und Lagemerkmale), das allerdings flächendeckend und tagesaktuell. Dies ermöglichte eine Momentaufnahme über die Situation des Brachflächenrecycling in Deutschland im Jahr 1999.

Eine inhaltliche Gegenüberstellung beider Projektsammlungen zeigt erhebliche Unterschiede (vgl. Abb. 2). Die Unterschiede beider Projektsammlungen erklären sich aus zwei Aspekten:

- Aktualität der Projekte
  Der Zeitpunkt der Projektentwicklung und –umsetzung liegt bei der Projektsammlung auf der Grundlage wissenschaftlicher Untersuchungen im wesentlichen in der ersten Hälfte der neunziger Jahre. Es ist ein z.T. erheblicher time-lag zwischen der Datenerhebung und der Veröffentlichung der Gutachten zu beobachten. Auf der anderen Seite steht die tagesaktuelle Berichterstattung über Revitalisierungsprojekte. Dies läßt die Aufstellung erster vorläufiger Thesen in einer raumzeitlichen Betrachtungsweise zu. So können die z.T. erheblichen inhaltlichen Verschiebungen in mehreren Dimensionen als Entwicklungstrends innerhalb des Handlungsfeldes Brachflächenrecycling interpretiert werden.

- Erweiterung des Untersuchungshorizontes
  Die Projektdatenbank auf der Grundlage der flächendeckenden Auswertung von Tageszeitungen führt zu einer inhaltlichen Erweiterung des Untersuchungshorizontes. Die Auswertung der aktuellen Fachliteratur wie auch die Analyse von Gutachten führt fast zwangsläufig zu der Auffassung, dass es bei der Revitalisierung von Brachen überwiegend um problematische und komplexe Projekte (z.B. Montanbrachen) in ungünstigen Raumlagen mit einer Vielzahl von Entwicklungshemmnissen (z.B. ungeklärte Eigentumsverhältnisse, Altlasten) handelt, die mit großem Engagement der öffentlichen Hand entwickelt werden.

	Projektsammlung auf Grundlage wissenschaftlicher Veröffentlichungen	**Projektsammlung über Clippings aus Tageszeitungen**
Bundesländer	Dominanz altindustrialisierter Räume: Nordrhein-Westfalen, Saarland, Sachsen und Thüringen (zahlreiche Konversionsprojekte)	sog. moderne Industrieregionen treten verstärkt auf: Baden-Württemberg, Bayern, Hessen
Stadtgröße	Dominanz von Großstädten in Agglomerationen	zahlreiche Projekte in Klein- und Mittelstädten, auch in ländlichen Räumen
Flächengröße	Dominanz von großflächigen Projekten	zusätzlich zahlreiche Projekte mit geringerer Flächengröße
Entstehungs-zusammenhang	Projekte aus dem Montanbereich bilden einen wichtigen Schwerpunkt	Projekte aus dem Montanbereich spielen eine untergeordnete Rolle
Entwicklungs-leitbild	Klassische Gewerbe- und Wohngebietsentwicklung, häufig Funktionsmischung	Zunahme der Funktionsmischung, dabei werden häufig Freizeit(groß)-projekte mitgeplant/-entwickelt
Entwickler/ Investor	Überwiegend öffentliche/ teilöffentliche Organisationen	Private Investoren spielen offensivere Rolle
Zeitpunkt der Konzept-entwicklung	Überwiegend nach Brachfallen der Fläche	Häufig nach Bekanntwerden zukünftiger Betriebseinstellung
Flächenrecycling und Kommunal-politik	Brachflächenrecycling wird als Problem der Stadtentwicklung wahr-genommen Restriktionen stehen im Vordergrund	Brachflächen werden als Chance für die Stadtentwicklung wahrgenommen, Brachflächenrecycling wird zum selbstverständlichen Bestandteil kommunaler (!) Politik

Abb. 2: Inhaltliche Gegenüberstellung der Projektsammlungen

Quelle: Eigene Darstellung

Die Auswertung der Tageszeitungen macht deutlich, daß es neben diesen noch eine Vielzahl weiterer Projekte gibt, die im Zusammenspiel von Kommune und Investor entwickelt und umgesetzt werden und denen in erster Linie ökonomische Kriterien (Gewinnerwartungen der Investoren) und Vorstellungen der Stadtentwicklungspolitik zugrunde liegen. Als vorläufiges Ergebnis kann festgehalten werden, daß die Thematik Brachflächenrecycling im Hinblick auf wesentliche Merkmale wie z.B. räumliche Verteilung, Flächengröße, siedlungsstrukturelle Lage, Entwicklungsleitbild, Organisationsformen und planerisches Vorgehen wesentlich breiter anzugehen ist, als dieses auf der Grundlage der Auswertung der üblicherweise verwendeten Quellen erscheint.

3.2 Funktional differenzierte Analyse der Revitalisierungsprojekte

Eine Auswertung der Datenbanken hinsichtlich der Merkmale Entwicklungsleitbild, Art der Vornutzung und Flächengröße gibt Antwort auf folgende Fragen:

- Gibt es besondere Präferenzen hinsichtlich des Entwicklungsleitbildes bei Revitalisierungsprojekten in Abhängigkeit von der Art der Vornutzung der Brache?
- Gibt es darüber hinaus typische Größenordnungen für Brachflächentypen und Projekttypen?

Es konnten verschiedene Projekttypen identifiziert werden (vgl. Abb. 3), die im folgenden kurz erläutert werden sollen.

Entwicklungsleitbild / Entstehungsgeschichte	Gewerbe-/ Industriestandorte 3,5 – 54 ha	Funktionsmischung 10 – 68 ha	Wohnen 1 – 10 ha	Renaturierung 18 – 120 ha	Freizeit und Sport 0,5 – 60ha
Bahnanlagen 2,1 – 18 ha	*Typ 1* **13-25 ha**	*Typ 2* **1,8-23 ha**			
Bergbauanlagen 13,5 – 58 ha	*Typ 3* **13,5-54 ha**	*Typ 4* **29-60 ha**		*Typ 5*	
Eisen-/Stahlverarbeitung 20 – 100 ha	*Typ 6* **12-80 ha**	*Typ 7*			
Gewerbe-/ Industriebrachen 1,2 – 15,2 ha	*Typ 8* **2-18,5 ha**	*Typ 9* **3-20 ha**	*Typ 10* **1-4,7 ha**		*Typ 11*
Hafenanlagen 10 – 60 ha		*Typ 12*			
Militärbrachen (Kasernen etc.) 10 – 68 ha	*Typ 13* **12-25 ha**	*Typ 14* **18-60 ha**	*Typ 15* **13-18,6 ha**		
Militärbrachen (Flughafen etc.) 46 – 160 ha		*Typ 16* **143-248 ha**		*Typ 17* **40-120 ha**	

Abb. 3: Projekttypen: Entstehungsgeschichte/Entwicklungsleitbild unter Berücksichtigung der Flächengröße

Quelle: Eigene Erhebung

Die Größenangaben beziehen sich auf die mittleren 66 % der in die jeweilige Merkmalskombination fallenden Projekte. Die aufgezeigten Bandbreiten verdeutlichen somit Größenordnungen, die als typisch für den betreffenden Projekttyp angenommen werden können. Fehlende Größenangaben bei den Einzelprojekten führen dazu, daß bei einigen Projekttypen keine sinnvolle Abschätzung vorgenommen werden konnte.

Ehemalige Bahnanlagen (Typ 1, Typ 2)

Ehemalige Bahnanlagen gehören typischerweise zu den kleineren Brachflächen (2,1 bis 18 ha). Sie werden häufig zu Gewerbe- und Industriestandorten (Typ 1) oder Standorten mit ausgeprägter Funktionsmischung (Handel, Gewerbe, Wohnen, Freizeit - Typ 2) entwickelt. Bei Projekten mit dem Entwicklungsleitbild Funktionsmischung handelt es sich in der Regel um aufgegebene Bahnhöfe oder Gleisanlagen im Innenstadtbereich größerer Städte und somit um sehr attraktive Lagen. Die Funktionsmischung erklärt sich daraus, daß in der Regel eine Innenstadterweiterung angestrebt wird. Gleisanlagen, Ausbesserungswerke, Werkstätten im Randbereich der Städte werden häufig zu Gewerbe- und Industriestandorten entwickelt.

Ehemalige Bergbauanlagen (Typ 3, Typ 4, Typ 5)

Bergbaubrachen sind mit einer Bandbreite von 13,5 bis 58 ha als mittlere bis große Brachflächen anzusprechen. Aufgrund dieser Größe und ihrer typischen Lage im Siedlungsbereich werden sie häufig in Richtung Funktionsmischung (Typ 4) entwickelt, wobei die Funktionen Gewerbe, Handel, Dienstleistung, Freizeit und Wohnen im Vordergrund stehen. Ebenfalls vertreten ist die Entwicklung zu reinen Industrie- und Gewerbestandorten (Typ 3), fast immer in Kombination mit Technologie- und Gründerzentren. Die Renaturierung von Bergbauflächen (Typ 5) wurde vor allem im Rahmen der IBA Emscher-Park an verschiedenen Beispielen praktiziert.

Ehemalige Anlagen der Eisen- und Stahlproduktion (Typ 6, Typ 7)

Ehemalige Standorte der Eisen- und Stahlproduktion gehören zu den größten städtebaulich relevanten Brachflächen. Die mittlere Bandbreite (66%) der Flächengröße reicht von 20 bis 100 ha. Hinsichtlich der Entwicklungsziele finden sich große Übereinstimmungen mit den vorgenannten Bergbaubrachen, so daß sie sich bezogen auf die hier ausgewählten Merkmale zu dem Typ Montanbrache zusammenfassen lassen.

Industrie- und Gewerbebrachen (Typ 8, Typ 9, Typ 10, Typ 11)

Die relativ kleinen Industrie- und Gewerbebrachen mit einer mittleren Größenordnung von 1,2 – 15,2 ha stellen in der Datenbank ein Sammelbecken von sehr unterschiedlich strukturierten Flächen dar. Von daher verwundert es nicht, daß sich vier von fünf Entwicklungsleitbildern als Typen ergeben. Auch die Interpretation der Typen wird aufgrund dieser Unterschiedlichkeit eingeschränkt. Ein relativ einheitliches Bild ergibt sich allerdings für Projekte, die Wohnen als zukünftige Nutzung anstreben. Es handelt sich hierbei um sehr kleine Flächen (1-4,7 ha), die häufig Standort eines einzigen Gewerbebetriebes waren und im innerstädtischen Siedlungsbereich liegen. Zu reinen Wohnstandorten werden in der Regel sehr kleine Brachflächen entwickelt (typische Größe 1-10 ha). Da „Wohnen" weiterhin eine sensible Funktion im Hinblick auf Altlasten ist, kommen z.B. Montanbrachen wegen der dann notwendigen umfassenden Sanierung der Fläche in der Regel nicht in Frage. Die Projektdatenbank macht deutlich, daß vor allem kleine Industrie- und Gewerbebrachen oder innerstädtische Konversionsprojekte zu Wohnstandorten entwickelt werden. Die Projektentwicklung wird in der Regel durch einen privaten Investor vorgenommen, ein besonderes finanzielles Engagement der Kommunen ist häufig nicht notwendig, da sich sehr oft mehrere Investoren um die Fläche bemühen.

Ehemalige Hafenanlagen (Typ 12)

Unter dieser Kategorie sind sowohl ehemalige See- als auch Binnenhäfen zusammengefaßt. In der großen Mehrheit der in der Datenbank dokumentierten Projekte werden sie zu Standorten mit Funktionsmischung entwickelt. Als übergeordneter Begriff für diese Vorhaben kann das Schlagwort „Leben am Wasser" verwendet werden, da in den meisten Fällen Gewerbe, Handel und Dienstleistungen in Kombination mit (hochwertigem) Wohnen und Freizeitangeboten entwickelt werden.

Militärbrachen (Administration, Kasernen etc., Typ 13, Typ 14, Typ 15)

Die unter diesem Punkt zusammengefaßten Konversionsflächen betreffen die Wohn-, Administrations- und Repräsentationsfunktionen militärischer Nutzung. Sie weisen bezogen auf die Flächengröße eine beträchtliche Bandbreite in der mittleren Größenordnung von zehn bis 60 ha auf. Allerdings läßt sich, bezogen auf die einzelnen Entwicklungsleitbilder, eine differenzierte Strukturierung in die in der Regel städtebaulich integrierten Gewerbe-/Industriestandorte (Typ 13) und Wohnstandorte (Typ 15) mit einer geringeren Flächengröße einerseits sowie die im städtischen Randbereich gelegenen, größeren Projekte mit dem Entwicklungsziel Funktionsmischung andererseits feststellen. Gemeinsam ist diesen Typen, daß in der Regel eine Umnutzung der bestehenden Bausubstanz stattfindet (zumindest teilweise). Die Entwicklung der Projekte geschieht häufig unter kommunaler Federführung und mittels erheblichem öffentlichen Engagement (Fördermittel).

Militärbrachen (Truppenübungsplätze, Flughäfen, Munitionslager etc., Typ 15, Typ 17)

Die hier dokumentierten Konversionsprojekte betreffen die zweite Kategorie von militärischen Ansprüchen an den Raum. Aufgrund der enormen Dimensionen dieser Standorte von bis zu 2 300 ha in Einzelfällen und der Beschränkung der Hektarangaben in Abbildung 3 auf die mittleren 66% der Projekte wird durch die angegebenen Größenordnung nur ein relativ geringer Bereich der Varianz abgedeckt. Als Entwicklungsleitbild findet sich hier im wesentlichen die Nutzung als funktionsgemischte Standorte (Typ 16) – diese Standorte liegen zumeist in den alten Bundesländern einschließlich Berlin. Als weiteres Entwicklungsziel, welches überwiegend in den neuen Ländern – vermutlich auf Grund der enormen Flächengrößen und der Lage dieser Flächen in dünn besiedelten Räumen – angestrebt wird, findet sich die Renaturierung militärischer Liegenschaften dieses Typs.

3.6 Regional differenzierte Analyse der Revitalisierungsprojekte

Neben der bisher vorgestellten funktionalen Analyse des Brachflächenrecyclings stand die regional differenzierende Analyse der in den Datenbanken dokumentierten Projekte im Vordergrund. Abbildung 4 zeigt die räumliche Verteilung der Revitalisierungsprojekte auf Basis der Auswertung der wissenschaftlichen und gutachterlichen Quellen sowie der flächendeckenden Auswertung der Tageszeitungen.

Bei der Auswertung der wissenschaftlichen und gutachterlichen Quellen befindet sich die überwiegende Mehrzahl der Projekte in Nordrhein-Westfalen. Dies ist nicht verwunderlich: Nordrhein-Westfalen hat sich sehr frühzeitig um die Thematik Brachflächenrecycling bemüht, viele Projekte hatten Pilotcharakter und wurden seitens der angewandten Wissenschaft intensiv begleitet und gut dokumentiert. Nicht zuletzt die Initiativen und die umfangreiche Öffentlichkeitsarbeit der IBA Emscher-Park führten zu einer entsprechenden Vertretung von Nordrhein-Westfalen in der Datenbank. Die Datenbank mit Projekten aus der flächendeckenden Auswertung von Tageszeitungen über einen

Zeitraum von fünf Monaten zeigt ein anderes Bild. Neben Nordrhein-Westfalen (72 Projekte), sind vor allem Baden-Württemberg (71 Projekte), aber auch Bayern, Niedersachsen und Hessen mit jeweils zwischen 34 und 29 Projekten gut vertreten.

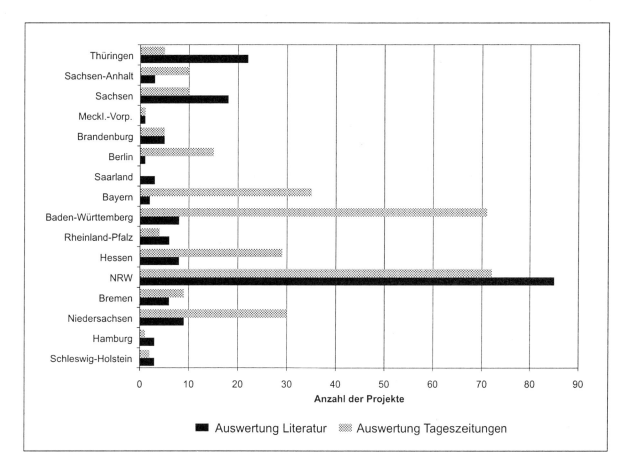

Abb. 4: Verteilung der Revitalisierungsprojekte nach Bundesländern

Quelle: eigene Erhebung

Da Brachflächenrecycling demnach offensichtlich nicht mehr nur ein Problem altindustrialisierter Regionen ist, wurde auf der Basis der Raumordnungsregionen untersucht, welche siedlungsstrukturellen und sozioökonomischen Indikatoren mit der räumlichen Verteilung der Revitalisierungsprojekte (aus der flächendeckenden Auswertung der Tageszeitungen) korrespondieren (vgl. Kartenanhang).

Auf dieser Grundlage können folgende Thesen aufgestellt werden:

- Städte mit Reaktivierungsprojekten liegen überwiegend in Agglomerationsräumen und verstädterten Räumen höherer Dichte und zwar auf der Ebene der siedlungsstrukturellen Regionstypen (vgl. Kartenanhang). Eine vergleichbare These läßt sich für (durch eine ausreichende Projektanzahl gekennzeichnete) Teilräume ebenfalls auf der Ebene der siedlungsstrukturellen Kreistypen formulieren (vgl. Kartenanhang).

- Weiterhin kann gezeigt werden, daß Revitalisierungsprojekte gegenwärtig vor allem in den Raumordnungsregionen stattfinden,
  - die eine große Einwohner-Arbeitsplatzdichte aufweisen,
  - die durch eine große Siedlungsdichte gekennzeichnet sind,
  - die eine große Beschäftigtendichte aufweisen (vgl. Kartenanhang),
  - die eine hohe Bruttowertschöpfung pro Einwohner haben (vgl. Kartenanhang),
  - in denen die höchsten Baulandpreise gezahlt werden (vgl. Kartenanhang).

Diese auf der selbst erstellten Projektsammlung beruhenden Thesen werden im Rahmen der im folgenden dargestellten Delphi-Untersuchung überprüft und im Hinblick auf die zukünftig zu erwartenden Entwicklungstrends weiter konkretisiert.

4. Gewerbebrachflächenrecycling 2020 – eine Einschätzung der zukünftigen Situation

4.1 Aufbau und Ablauf der Delphi-Untersuchung

Ziele der Delphi-Untersuchung waren es, ein Meinungsbild der Experten über zukünftige Entwicklungen im Brachflächenrecycling zu erfassen, sowie Erkenntnisse über den potentiellen Beitrag des Brachflächenrecycling zur Reduzierung des Freiflächenverbrauchs zu gewinnen. Bei der Auswahl der 15 teilnehmenden Experten wurde größtmöglicher Wert darauf gelegt, das Themenfeld Gewerbebrachflächenrecycling umfassend abzudecken. Hierzu zählen vor allem die Bereiche Forschung und Wissenschaft, Politik und Verwaltung, Consulting und Projektentwicklung sowie Umwelt- und Naturschutz.

Die Delphi-Untersuchung wurde über drei Befragungsrunden durchgeführt. Der Mittelpunkt des ersten Befragungsdurchganges bildeten die generellen Rahmenbedingungen für die Revitalisierung von Industrie- und Militärbrachen mit dem Jahr 2020 als Projektionshorizont. Im Rahmen einer Einfluß- und Verflechtungsanalyse wurden allgemein zukünftige Aspekte der Stadt- und Regionalentwicklung sowie gesellschaftliche, politische und ökonomische Trends erfaßt, die einerseits das Brachfallen, andererseits aber natürlich auch eine mögliche Reaktivierung entsprechender Flächen direkt oder indirekt beeinflussen.

Auf der Grundlage der von den Experten geäußerten Rahmenbedingungen konnten zwei Szenarien abgeleitet werden, die als Grundlage für den zweiten und dritten Befragungsdurchgang dienten:

- Szenario 1: Turbo-Kapitalismus (bei politischer und gesellschaftlicher Agonie) (vgl. Abb. 5),
- Szenario 2: Sozio-Kapitalismus (verantwortungsbewußte Wirtschaft, handlungsfähige Politik, aktive Gesellschaft) (vgl. Abb. 6).

Zur Konkretisierung der Szenarien und zur Überprüfung, inwiefern die Szenarien bei den Experten ein vergleichbares Bild erzeugen, wurden im zweiten Befragungsdurchgang einige wenige wirtschaftliche, soziale und räumliche Kennziffern abgefragt. Die Eigendynamik der Untersuchung brachte es mit sich, daß Szenario 1 von der Mehrzahl der Experten als Status-quo- oder Trendszenario betrachtet wurde. Im Mittelpunkt des zweiten Durchgangs stand aber primär die Flächenthematik. Vor dem Hintergrund der beiden Szenarien wurden die Experten gebeten, ihre Einschätzung im Zusammenhang mit der Flächenfreisetzung und dem Flächenbedarf in seiner räumlichen Verteilung mitzuteilen. In der dritten Runde wurden die Experten mit den Ergebnissen konfrontiert und gebeten, ihre diesbezüglichen Einschätzungen zu kommentieren.

Szenario 1: Turbo-Kapitalismus

Einflußbereich Politik	*Einflußbereich Wirtschaft*	*Einflußbereich Gesellschaft*
Die Erweiterung der EU in Ost- und Südosteuropa hat stattgefunden. Der Prozeß der weitergehenden wirtschaftlichen und politischen Integration hat sich wesentlich verändert. Eine weitere Vertiefung erfolgt nur noch in den wirtschaftlichen und politischen Kernstaaten. Die Interessengegensätze mit den europäischen Randstaaten wurden unüberbrückbar und konnten nur über erhebliche und nicht mehr finanzierbare Subventionen überwunden werden. Seither bemüht sich Kerneuropa, die europäische Peripherie wirtschaftlich und politisch zu kontrollieren. In Deutschland herrscht ein Verteilungskampf der staatlichen Ebenen und der Kommunen um politische Macht. Bereits seit einigen Jahren diskutiert man über die Auflösung einer Ebene. Die Machtverlagerung auf die europäische Ebene und die sich weiter verschärfende Situation der öffentlichen Haushalte heizen diese politische Auseinandersetzung immer wieder von neuem an. Dabei werden in den verschiedenen Diskussionsmodellen die Bundesländer oder der Bund zur Disposition gestellt. Zwischen den Kommunen und auch zwischen den Bundesländern besteht ein harter Konkurrenzkampf um national und inter-national frei fluktuierendes Kapital/ Investitionen. Die Situation verschlim-merte sich mit der Aufkündigung des horizontalen Finanzausgleiches – das St.-Florian-Prinzip wird zum zentralen Handlungsmaßstab der Politik. Wirtschaftlich schwache Kommunen und Länder kämpfen um das wirtschaftliche Überleben, reiche Gebietskörperschaften positionieren sich global.	Das Verhältnis zwischen Staat und Wirtschaft ist zu einem zentralen Problem geworden. Während die Abhängigkeit des Staates von der Wirtschaft nach wie vor besteht, ist es den größeren Unternehmen inzwischen gelungen, sich aufgrund ihrer Größe und ihres internationalen Organisationsgrades den Steuerungsansprüchen des Staates zu entziehen (eine Folge der „Fusionitis" zu Beginn des Jahrtausends). Dies hat zu einem zunehmenden Einfluß der Wirtschaft auf politische Entscheidungen geführt. Die Auswirkungen dieser Entwicklung auf das demokratische System werden fast nur noch in realen und virtuellen intellektuellen Zirkeln diskutiert, seit der führende europäische Multimedia-Konzern einen Marktanteil von weit über 80% hat.	Der Arbeitsmarkt ist inzwischen in zwei Teile zerfallen. Der (noch) größere Teil der Bevölkerung ist in der Lage, den steigenden Anforderungen einer globalisierten Wirtschaft gerecht zu werden. Lebenslanges Lernen, eine erhebliche räumliche und zeitliche Flexibilität, soziale und kommunikative Kompetenz sind die wesentlichen Voraussetzungen für gut bezahlte und häufig wechselnde Beschäftigungsverhältnisse. Immer mehr Zeit muß der einzelne aufwenden, um seinen Marktwert auf dem Arbeitsmarkt dauerhaft zu halten. Ein steigender Anteil der Bevölkerung ist nicht mehr in der Lage oder nicht mehr willens, diesen hohen Anforderungen gerecht zu werden. Es bleiben schlecht bezahlte Jobs vor allem im Dienstleistungsbereich. Insgesamt ist eine erhebliche Polarisierung der Einkommenssituation festzustellen, die nicht mehr, wie in früheren Zeiten, durch den Sozialstaat abgemildert werden kann. Die Polarisierung zwischen einer global orientierten Elite und einem „neuen Proletariat" führt zu sozialer und räumlicher Segregation. Stigmatisierten Vierteln mit erheblichen sozialen Pro-blemen stehen privatisierte öffentliche Räume („heile Welten") gegenüber, die dem Sicherheitsbedürfnis der Wohlhabenden Rechnung tragen (z.B. auch „gated communities"). Aber auch quer zur Einkommenssituation sind neue Werte-, Konsum- und Verhaltensmilieus entstanden, die sich ständig verändern und ihre jeweiligen Räume/Treffpunkte nach ihren Bedürfnissen gestalten, nutzen und wieder verlassen.

Abb. 5: Turbo-Kapitalismus (bei politischer und gesellschaftlicher Agonie)

Quelle: Eigene Darstellung

Szenario 2: Sozio-Kapitalismus

Einflußbereich Politik	Einflußbereich Wirtschaft	Einflußbereich Gesellschaft
Die europäische Integration ist gut vorangekommen: die erste europäische Regierung ist im Amt, europäische Parteien haben sich gebildet. Die EU hat zahlreiche neue Machtbefugnisse erhalten, so gibt es nicht nur eine europäische Außen- und Sicherheitspolitik. Auch wesentliche wirtschafts- und gesellschaftspolitische sowie umwelt- und raumordnungspolitische Rahmensetzungen erfolgen auf europäischer Ebene. Diese Machtverlagerung wurde möglich, da das Subsidiaritätsprinzip konsequent beachtet wird. Auf europäischer Ebene werden lediglich Zielvorgaben inhaltlicher und zeitlicher Art formuliert. Den lokalen, regionalen und nationalen Gebietskörperschaften obliegt es, Wege zu erarbeiten, diese Ziele umzusetzen. Dies gibt Raum zur Berücksichtigung der jeweiligen ökonomischen, kulturellen und sozialen Besonderheiten.	In Deutschland hat sich inzwischen die Überzeugung durchgesetzt, daß der Wettbewerb um global fluktuierendes Ansiedlungspotential nur dann zu bestehen ist, wenn exzellente Standortbedingungen geboten werden. Liberalisierung und Deregulierung gehen einher mit einer Beseitigung des politischen Reformstaus. Die Förderung von Wissenschaft, Forschung und Entwicklung sowie Bildung erhält höchsten politischen Stellenwert. Auch die Aspekte humanökologische Qualität und Kultur spielen eine große Rolle. Der Staat gewann mehr Unabhängigkeit zur Wahrnehmung seiner politischen Rechte und Pflichten, seit er sich weitgehend aus der Wirtschaft zurückgezogen hat. Auf lokaler und regionaler Ebene hat sich eine neue Kultur des Dialogs zwischen Wirtschaft, Kommunen und Bürgerschaft entwickelt. Regionale Ökonomien werden als Ergänzung der globalen Wirtschaftsprozesse gestärkt und gepflegt. Auch soziale und ökologische Belange finden dort aufgrund des gesellschaftlichen Wertewandels eine größere Berücksichtigung.	Der Richtungswechsel in der Politik hat zunächst viele Arbeitsplätze gekostet. Die Situation konnte stabilisiert werden, als die erheblichen politischen Anstrengungen zur Aufwertung der Gemeinwesenarbeit im sozialen und ökologischen Bereich griffen und die sozialen Sicherungssysteme grundlegend reformiert wurden. Gerade wegen der starken Individualisierung und deren Folgen sind neue kollektive Handlungsformen entstanden. Langsam setzt sich die Überzeugung durch, daß traditionelle Erwerbsarbeit nicht zwangsläufig die einzige Möglichkeit ist, den Lebensunterhalt zu sichern und gesellschaftliche Anerkennung zu erhalten. Diese Einstellungsänderung wird durch den Trend zur Flexibilisierung der Arbeitswelt und der Erwerbsarbeit nachhaltig unterstützt.

Abb. 6: Sozio-Kapitalismus (verantwortungsbewußte Wirtschaft, handlungsfähige Politik, aktive Gesellschaft

Quelle: Eigene Darstellung

Den Abschluß der Delphi-Untersuchung bildete die Beschäftigung mit den existierenden und in der wissenschaftlichen Diskussion befindlichen Instrumenten zur Flächensteuerung, wobei es galt, dieses Instrumentarium hinsichtlich der Wirkungen zur Förderung der Revitalisierung ehemals gewerblich-industriell genutzter Flächen zu beurteilen. So sollte der Gestaltungsspielraum im Zusammenhang mit der Förderung des Gewerbebrachflächenrecyclings anhand der jeweiligen Instrumente erörtert werden. Im folgenden werden wesentliche Ergebnisse der Delphi-Untersuchung vorgestellt.

4.2 Siedlungsstrukturelle Trends

Die Einschätzung der Entwicklungsperspektiven der verschiedenen Raumtypen liefert wertvolle Hinweise auf den zukünftigen Flächenbedarf und dient als Interpretationshilfe für die regionale Betrachtung der Flächenfreisetzung und des Flächenbedarfs.

Die prognostizierte Einwohnerverteilung auf die Kernstädte und die Umlandkreise der Verdichtungsräume und die verstädterten Räume sowie die ländlichen Räume steht exemplarisch für die Perspektiven dieser Raumtypen (vgl. Abb. 7). Es kommt zu einer erheblichen Verschiebung der Bevölkerungsverteilung hin zu den Umlandkreisen (Periurbanisierung). Diese vollzieht sich zu Lasten der Kernstädte und vor allem der ländlichen Kreise. Nimmt man die von den Experten prognostizierte gleichbleibende Bevölkerungszahl für das Jahr 2020 an, so kann diese Entwicklung nur über Migration erklärt werden, die in der Summe vor allem unter den Bedingungen von Szenario 1 zu einer erheblichen Abwanderung aus den ländlichen Räumen führt.

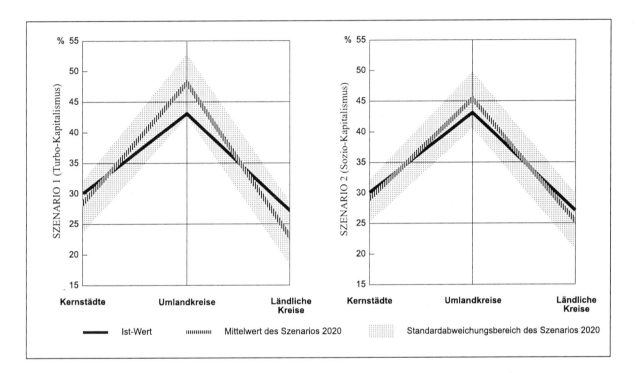

Abb. 7: Einwohnerverteilung im Jahr 2020

Quelle: Eigene Berechnung (BUCHER u. KOCKS 1999)

Für die genannten Raumtypen werden seitens der Experten folgende Entwicklungstrends angenommen:

- **Ländliche Räume**

  In Abhängigkeit von Lagegunst und Ausstattungsmerkmalen findet eine funktionale Spezialisierung der ländlichen Räume statt (z.B. industrialisierter ländlicher Raum, ländlicher Raum als Wohn-, Erholungs- und Altersregion). Ungünstiger gelegene Räume oder Räume ohne charakteristische Eigenart und Schönheit kämpfen gegen Entleerung, strukturschwache und bevölkerungsarme Bereiche haben nur eingeschränkte Möglichkeiten der Lebensgestaltung.

- **Verdichtungsnahe Räume**

  Verdichtungsnahe Räume gewinnen an Bedeutung als Wohnstandorte und als Standort von Funktionen, die in den Verdichtungsräumen nicht untergebracht werden können oder unerwünscht sind. Durch fortschreitende Suburbanisierung werden viele Umlandkreise von den Verdichtungs-räumen „aufgesogen", häufig kämpfen diese Räume gegen die Monofunktionen Wohnen und Handel. Damit werden verdichtungsnahe Räume zu Ergänzungsräumen der Verdichtungsräume. Entsprechend dieser Funktionsänderungen, die mit einer Zuwanderung der Bevölkerung einhergehen (s.o.), ist der zusätzliche Flächenbedarf in den verdichtungsnahen Räumen besonders groß (vgl. Abb. 8). Er konzentriert sich hier vor allem auf die Stadtkerne und Stadtrandbereiche. Nach Ansicht der Experten übersteigt bis 2020 der Flächenbedarf die Flächenfreisetzung – und damit die durch Revitalisierung aktivierbaren Flächenpotentiale – erheblich.

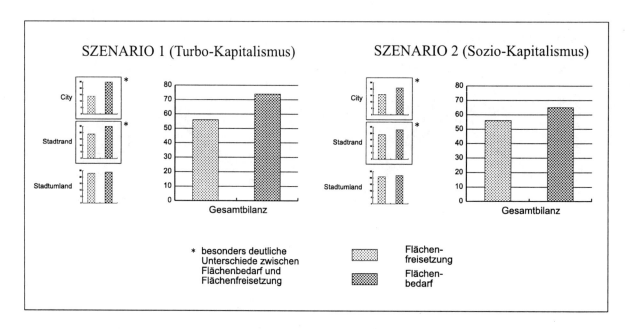

Abb. 8: Flächenfreisetzung und Flächenbedarf in verdichtungsnahen Räumen 2020

Quelle: eigene Berechnungen

- **Verdichtungsräume**

Verdichtungsräume gewinnen als Wirtschafts-, Konsum-, Freizeit- und Verkehrsräume an Bedeutung. Im nationalen und internationalen Siedlungssystem verstärkt sich der Trend zu einer funktionalen Spezialisierung der Verdichtungsräume, der u.a. zur Folge hat, daß es hier Gewinner und Verlierer geben wird. Auch innerhalb der Verdichtungsräume schreitet die funktionale und sozialräumliche Polarisierung voran. In Verbindung mit der zunehmenden räumlichen Ausdehnung der Verdichtungsräume und deren Verflechtung mit ihrem Umland besteht verstärkt die Notwendigkeit zur interkommunalen Zusammenarbeit. Die Stadt als administrative Einheit verliert an Bedeutung, da diese Probleme der Siedlungssteuerung auf einzelgemeindlicher Ebene nicht mehr zu lösen sind. In den Verdichtungsräumen ist die Bilanz von Flächennachfrage und Flächenfreisetzung relativ ausgeglichen. Gründe hierfür können ein hohes Wiedernutzungs-potential in den heute altindustrialisierten Verdichtungsräumen sowie das hohe Bauland-preisniveau und begrenzte Möglichkeiten der Siedlungsflächenerweiterung in den heute „modernen" Verdichtungsräumen sein.

4.2.1 Flächenfreisetzung 2020

Bestehende Trends in der Freisetzung industriell-gewerblich genutzter Flächen im Zuge des strukturellen Wandels werden sich bis zum Jahr 2020 nicht grundlegend ändern. So werden für die Verdichtungsräume und deren Umland folgende Entwicklungen erwartet (vgl. Kartenanhang):

- In den heute altindustrialisierten Regionen werden weiterhin in großem Umfang Flächen freigesetzt. Anzusprechen sind hier vor allem das rheinisch-westfälische Industriegebiet, das Saarland, die Räume Leipzig/Halle, Chemnitz/Zwickau, Bremen, Rostock und Berlin.
- Die Verdichtungsräume mit heute modernen Industrien und Dienstleistungen, insbesondere in Baden-Württemberg und im Rhein-Main-Gebiet, weisen nur geringe Freisetzungspotentiale auf.
- Das Freisetzungspotential ehemals industriell-gewerblich genutzter Flächen wurde seitens der Experten unabhängig von den unterschiedlichen Rahmenbedingungen beider Szenarien gewertet, so dass sich keine signifikanten Unterschiede herauskristallisierten und die Ergebnisse karto-graphisch dargestellt wurden.

4.2.2 Flächenbedarf 2020

Der erwartete Flächenbedarf in den Verdichtungsräumen und deren Umland stellt sich in Abhängigkeit von dem zugrunde liegenden Szenario unterschiedlich dar (vgl. Kartenanhang):

Vor dem Hintergrund von Szenario 1, Turbokapitalismus (bei politischer und gesellschaftlicher Agonie), sind es vor allem die „Euro-Metropolen" Hamburg, Frankfurt und München sowie die sie umgebenden Regionen, die einen sehr großen Flächenbedarf bei nur geringen bis mittleren Wiedernutzungspotentialen aufweisen. Diesen Regionen werden im Zusammenhang mit der fortschreitenden wirtschaftlichen Verflechtung in Europa neue Funktionen zufallen. Weitere Regionen mit einem Nachfrageüberhang sind Freiburg und Konstanz.

Für die übrigen Verdichtungsräume gilt: Sie können ihren zukünftigen Flächenbedarf im wesentlichen über die Wiedernutzung von ehemals industriell genutzten Flächen abdecken. Dabei weisen die Regionen mit heute modernen Industrien und Dienstleistungen eine ausgeglichene Bilanz auf. Für die altindustrialisierten Regionen wird erwartet, daß die großen Flächenpotentiale nicht vollständig in eine neue Nutzung überführt werden können.

Vor dem Hintergrund von Szenario 2, Soziokapitalismus (verantwortungsbewußte Wirtschaft, handlungsfähige Politik, aktive Gesellschaft), ergeben sich im Unterschied zu den Bedingungen von Szenario 1 einige Veränderungen. Es wird für 2020 zusätzlich ein steigender Flächenbedarf in folgenden Räumen erwartet:

- im Verdichtungsraum Berlin,
- in den sächsischen und thüringischen Verdichtungsräumen sowie
- bundesweit in den kleineren Verdichtungsräumen.

Der Verdichtungsraum Berlin gewinnt als Schauplatz von Politik und Wirtschaft durch die Öffnung der EU nach Osteuropa zunehmend als Weltmetropole mit Brückenfunktion Ost/West an Bedeutung. Auch für die thüringischen und sächsischen Verdichtungsräume wird aufgrund ihrer Nähe zu dem dynamischen mittel- und osteuropäischen Wirtschaftsraum ein Funktionszuwachs erwartet. Dieser Bedeutungsgewinn zieht eine quantitativ und qualitativ steigende Flächennachfrage nach sich. Der deutlich höhere Flächenbedarf in den kleinen Verdichtungsräumen wird als Folge einer zunehmenden Handlungsfähigkeit der Politik gesehen, die an dem Ziel der Schaffung ausgeglichener Räume festhält.

Weiterhin verfügen die kleineren Verdichtungsräume über eine größere „Übersichtlichkeit", geringere Anonymität und weniger Problemzonen und werden daher sowohl bei der Bevölkerung als auch bei Unternehmen als Standort attraktiver, was wiederum einen höheren Flächenbedarf nach sich zieht.

4.3 Freiflächenverbrauch in bundesweiter Betrachtung

Die zukünftige Entwicklung der Siedlungs- und Verkehrsflächen differiert nach Einschätzung der Experten vor dem Hintergrund der jeweiligen Szenarien erheblich (vgl. Abb. 9). Insgesamt wird der Flächenverbrauch bis 2020 unter den Bedingungen beider Szenarien weiter steigen.

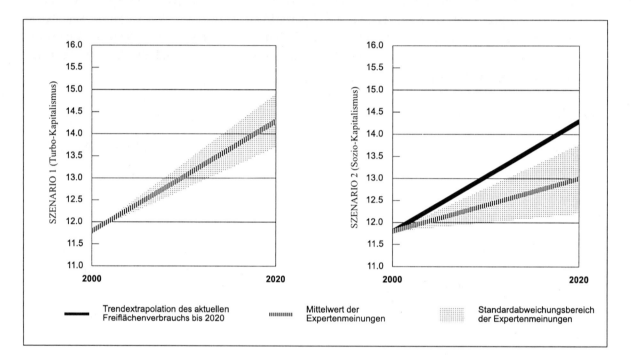

Abb. 9: Entwicklung der Siedlungs- und Verkehrsfläche 2000 - 2020

Quelle: DOSCH u. BECKMANN 1999

Unter den Bedingungen von Szenario 1 entspricht die Entwicklung der Siedlungs- und Verkehrsfläche einer Trendextrapolation der heutigen Situation. Bei einem täglichen Freiflächenverbrauch von weiterhin 120 ha wird im Jahr 2020 ein Anteil der Siedlungs- und Verkehrsfläche von rund 14,2 % erreicht. Dieser Wert scheint ebenfalls realistisch, wenn man die von der Bundesanstalt für Landeskunde und Raumordnung prognostizierte Entwicklung für das Jahr 2010 auf das Jahr 2020 fortschreibt (vgl. BFLR 1996). Dies kann als Bestätigung der Expertenmeinung gelten.

Unter den Bedingungen von Szenario 2 kommt es hingegen zu einem deutlich abgeschwächten Wachstum der Siedlungs- und Verkehrsfläche auf insgesamt 13 % im Jahr 2020. Dies entspräche einer sofortigen Halbierung des Freiflächenverbrauchs auf rund 60 ha pro Tag. Damit würde die Forderung der Enquête-Kommission „Schutz des Menschen und der Umwelt", den Freiflächenverbrauch bis in das Jahr 2010 schrittweise auf 10 % des heutigen Verbrauchs zu senken, im Ergebnis ansatzweise erfüllt (vgl. ENQUÊTE-KOMMISSION 1998, S. 129).

Diese Aussagen implizieren zweierlei: Zum einen besteht eine dringende Notwendigkeit, den Freiflächenverbrauch einzuschränken, zum anderen bietet sich durch eine Veränderung der Rahmenbedingungen auch die Möglichkeit, eine erhebliche Reduzierung des Freiflächenbedarfs herbeizuführen. Von daher spielt die Frage nach den Instrumenten zur Einschränkung des Freiflächenverbrauchs und damit auch zur Förderung des Brachflächenrecyclings eine zentrale Rolle.

5. Instrumente zur Förderung des Brachflächenrecyclings

Das Brachflächenrecycling stellt, wie gezeigt, insbesondere in den Verdichtungsräumen und deren Umland ein wichtiges Potential dar, den Freiflächenverbrauch einzuschränken. Angesichts der Schwierigkeiten, die sich bei der Reaktivierung von Industrie- und Gewerbebrachen häufig stellen, ist die Entwicklung eines wirkungsvollen Instrumentariums zur Förderung des Brachflächenrecyclings eine dringende Notwendigkeit.

Im Rahmen der Delphi-Untersuchung wurden die Experten anhand einer entsprechenden Vorlage gebeten, zu folgenden Fragen Stellung zu beziehen und ihre Einschätzung zu begründen:

- Welche Instrumente sind zur Förderung des Brachflächenrecycling am besten geeignet?
- Welches ist der bessere Ansatzpunkt für die Instrumentierung, der Investor oder die Kommune?
- Welche Typen von Instrumenten (planerisch-rechtliche Instrumente, fiskalische Instrumente, Förderinstrumente, Informations- und Managementinstrumente) sind besonders geeignet?

Die Einschätzung der Experten wird in Abbildung 10 zusammengefaßt. Die Instrumente sind entsprechend der von den Experten aufgestellten Rangfolge aufgeführt.

Die große Mehrheit der Experten (11 von 13) kommt zu der Auffassung, daß eine Förderung des Brachflächenrecyclings vor allem durch eine Veränderung des Preisgefüges bei der Flächennutzung zu erreichen wäre („Entscheidend ist immer, was unterm Strich bleibt" so lautet eine exemplarische Expertenmeinung). Demnach gilt es, die strukturelle Benachteiligung der Investitionen auf Brachflächen gegenüber denen „auf der grünen Wiese" durch geeignete Instrumente auszugleichen. Hinsichtlich der Präferenzen, welche Instrumente hierzu besonders geeignet sind, ergeben sich bei den Experten hingegen deutliche Unterschiede.

So gibt es eine Gruppe von Experten (5), die Transferzahlungen in Form von direkten verlorenen Zuschüssen bzw. Steuerbegünstigungen für Investitionen in bzw. auf recycelten Brachflächen auf Platz 1 ihrer Rangfolge am besten geeigneter Instrumente zur Förderung des Brachflächenrecyclings setzen. Bei jedem dieser Experten findet sich darüber hinaus auf Platz 2 oder 3 der Rangfolge ebenfalls die Regional- und Strukturförderung. Ziel beider Instrumente ist es, projektbezogen und direkt Investitionen auf Brachflächen durch Senkung der Kosten zu fördern.

Eine zweiter Teil der Experten (4) bevorzugt einen anderen Weg – nämlich eine Steuerung der Flächennutzung durch eine Reform des kommunalen Finanzausgleichs. Das Konzept sieht vor, daß Gemeinden im Rahmen des kommunalen Finanzausgleichs Zweckzuweisungen für eine umweltverträgliche Ausgestaltung ihrer Flächennutzung erhalten. Dabei wird versucht, über Zuweisungen entweder die gesamte gemeindliche Flächennutzung zu steuern, indem die Neuausweisung von Flächen entsprechend ihrer Naturnähe prämiiert wird. Ein anderer Vorschlag zielt darauf ab, einzelne Flächennutzungen (z.B. Naturschutzgebiete) oder Merkmale, die im engen Zusammenhang mit dem Ziel einer umweltverträglichen Flächennutzung stehen (z.B. Flächenrecycling, Nachverdichtung, Entwickeln im Bestand) durch zweck- bzw. projektgebundene Zuweisungen zu unterstützen.

Instrument	Zielrichtung	Ansatzpunkt
Zuschüsse/Steuervorteile Transferzahlungen in Form von direkten verlorenen Zuschüssen bzw. Steuerbegünstigungen für Investitionen in bzw. auf recycelten Brachflächen	selektive, direkt wirksame Investitions-anreize	Investor
Regional-/Strukturförderung (z.B. GRW) Bevorzugung der Investitionen im Innenbereich, Bevorzugung flächensparender Bauformen, Bevorzugung von Revitalisierungsprojekten	Anpassung der Regional-/ Struktur-förderung	Investor
Einsatz des kommunalen Finanzausgleichs als Steuerungsinstrument z.B. Zweckzuweisungen für eine umweltverträgliche Ausge-staltung der gemeindlichen Flächennutzung	Reform des kommunalen Finanzaus-gleichs	Kommune
Informations-, Managementinstrumente z.B. Einführung kommunaler Informationssysteme „Brach-flächen", GIS-gestütztes Brachflächen-/-nutzungskataster, „ehrliche" Kosten-/Nutzenabschätzungen bei der Bauland-ausweisung, Beratung der Gemeinden mit dem Ziel des Abbaus von Vorbehalten gegenüber der Brachflächenrevitalisierung	Intensivierung bzw. Einführung	Investor Kommune
Landes-/Regional-/Bauleitplanung z.B. Bodenschutzklausel (§ 1a BauGB), Außenbereichsschutz (§ 35 BauGB), Anpassungspflicht der Bauleitplanung an die Ziele der Raumordnung (§ 4 BauGB), Einschränkung der Möglichkeit von Außenbereichssatzungen (§ 34 BauGB)	Beseitigung von Vollzugsdefizi-ten	Kommune
Grundsteuer Nicht mehr eine Besteuerung nach Einheitswerten, sondern eine Besteuerung mit dem Ziel der Versiegelungsreduzierung (z.B. nutzungsspezifisch)	Reform der Grundsteuer	Investor
Wohnbauförderung Umkehrung der aktuellen Praxis der bevorzugten Förderung von Neuimmobilien gegenüber Gebrauchtimmobilien	Reform der Wohnbau-förderung	Investor
Handelbare Ausweisungs-/Bebauungsrechte z.B. Zertifikate, Flächennutzungsgutscheine	Einführung	Kommune

Abb. 10: Instrumente zur Förderung des Brachflächenrecyclings

Quelle: Eigene Darstellung

Die Experten, die diesen Ansatz in ihrer Rangfolge der Instrumente nach vorne stellen, zielen somit nicht in erster Linie auf den Investor als Nachfrager von Standorten, sondern auf die Kommune als Anbieter, mit dem Ziel, deren Ausweisungsverhalten durch preisliche Anreize in die gewünschte Richtung zu lenken.

Ein kleinerer Teil der Experten (2) hält eine Reform der Grundsteuer für den geeigneten Ansatzpunkt und zielt damit wiederum auf den Investor. Bei den in der Wissenschaft diskutierten Modellen geht es darum, von der überkommenen Besteuerung nach Einheitswerten abzugehen und als Bemessungsgrundlage z.B. die nutzungsspezifische ökologische Schädigung des Bodens heranzuziehen, um so die Umwandlungsrate von unbebauten Flächen in Siedlungs- und Verkehrsflächen drastisch zu senken. Flächenrecycling, Nachverdichtung, Entwickeln im Bestand würden durch eine derartige Reform erhebliche Impulse erhalten.

Eine weiterhin wichtige Funktion für die Förderung des Brachflächenrecycling wird der Landes-/ Regional- und Bauleitplanung – dem klassischen Instrumentarium der Flächensteuerung – zugewiesen, wenn es gelingt, bestehende Vollzugsdefizite zu beseitigen.

Die ebenfalls relativ hohe Einschätzung der Informations- und Managementinstrumente erschließt sich in der Auswertung der Frage, ob der geeignetere Ansatzpunkt für eine Instrumentierung die Kommune (Anbieter) oder der Investor (Nachfrager) sei. Die überwiegende Mehrheit der Experten (10) sind der Ansicht, daß die Instrumente auf beiden Marktseiten gleichermaßen ansetzen sollten. Gründe hierfür werden zum einen in der Komplexität von Revitalisierungsprojekten gesehen, zum anderen in den unterschiedlichen Interessenslagen von Kommune und Investor: hier können durch beiderseitiges Einwirken die Präferenzstrukturen zumindest partiell in Übereinstimmung gebracht werden. An dieser Schnittstelle zwischen Kommune und Investor setzen nach Ansicht eines Teils der Experten die Informations- und Managementinstrumente an und fördern eine Problemlösung in gemeinsamer Verantwortung (z.B. Public-private-partnership).

Der Ansatz der handelbaren Ausweisungs-/ Bebauungsrechte erhält – vielleicht gerade wegen seines visionären Charakters – die geringste Anzahl von Nennungen.

Nur eine Minderheit der Experten (3) legt sich auf die Kommune oder den Investor als geeigneten Ansatzpunkt für die Instrumentierung fest. Dabei spricht für den Ansatzpunkt Kommune, daß Brachflächenrecycling dem Allgemeinwohl dient (Städtebau, Ökologie, Landschaftspflege) und somit als Aufgabe der Kommune im Rahmen der Flächenbereitstellung zu betrachten ist. Als Grund für den Ansatz der Instrumente beim Investor wird angeführt, daß bei den Kommunen bereits eine hohe Sensibilität für die städtebauliche Innenentwicklung festzustellen ist.

Schließlich wurden die Experten gefragt, ob planerisch-rechtliche und fiskalische Förderinstrumente oder Informations- und Managementinstrumente zur Förderung der Flächenrevitalisierung besser geeignet sind. Hier besteht breite Übereinstimmung, daß ein ausgeprägtes Instrumentenmix zu den besten Ergebnissen führt. Immerhin die Hälfte der Experten (6) empfiehlt den gleichzeitigen Einsatz von mindestens drei der vier Instrumententypen. Die Notwendigkeit von Förderinstrumenten wird von allen Experten betont (12 Nennungen). Es folgen planerisch-rechtliche Instrumente (9 Nennungen) sowie fiskalische Instrumente (8 Nennungen). Mit 6 Nennungen wird die Bedeutung der Informations- und Managementinstrumente etwas niedriger angesetzt. Allerdings wird auch hier von den Experten wieder die vermittelnde Funktion betont. Sie ermöglichen bzw. fördern eine Problemlösung, indem im Rahmen verbindlicher Regulation eine flexible individuelle, d.h. standort- und fallbezogene Ausgestaltung entwickelt werden kann.

Literaturverzeichnis

BUCHER, H. UND M. KOCKS (1999): Die Bevölkerung in den Regionen der Bundesrepublik Deutschland. Eine Prognose des BBR bis zum Jahr 2015. In: Informationen zur Raumentwicklung, H. 11/12, S. 755-772.

BUNDESAMT FÜR BAUWESEN UND RAUMORDNUNG (BBR) (1999): Baulandumfrage 1997/98 (= Arbeitspapiere, 7). Bonn.

BUNDESANSTALT FÜR LANDESKUNDE UND RAUMORDNUNG (BFLR) (1996): Raumordnungsprognose 2010. (= Materialien zur Raumordnung, 77). Bonn.

DOSCH, F. UND G. BECKMANN (1999): Trends und Szenarien der Siedlungsflächenentwicklung bis 2010. In: Informationen zur Raumentwicklung, 11/12, S. 827-842.

ENQUÊTE-KOMMISSION „SCHUTZ DES MENSCHEN UND DER UMWELT – ZIELE UND RAHMENBEDINGUNGEN EINER NACHHALTIG ZUKUNFTSVERTRÄGLICHEN ENTWICKLUNG (1998): Abschlußbericht. Konzept Nachhaltigkeit. Vom Leitbild zur Umsetzung. (Bundestagsdrucksache 13/11200). Bonn.

UMWELTBUNDESAMT (UBA) (1999): Industriebrachen nutzbar machen. Internationaler Workshop zum Flächenrecycling: Chancen für neue Entwicklungen in den Innenstädten und Schonung wertvoller Freiflächen auf der grünen Wiese. Pressemitteilung des Umweltbundesamtes vom 04.10. 1999. Berlin.

INSTRUMENTE EINES NACHHALTIGEN FLÄCHENMANAGEMENTS – ANSÄTZE ZUR REDUZIERUNG DES FLÄCHENVERBRAUCHS

Jan Eitel

Kurzfassung

Die bedenkenlose Nutzung und der verschwenderische Verbrauch der Ressource Fläche, wie sie in Deutschland während des wirtschaftlichen Aufschwungs in den ersten Jahrzehnten nach dem Zweiten Weltkrieg vorgeherrscht haben, gehören der Vergangenheit an. So könnte man meinen, verfolgt man die Fachdiskussion, berücksichtigt neuere Gesetze und Verordnungen und beachtet nicht zuletzt die Beiträge in diesem Band über den Fortschritt einer erfolgreichen Wiedernutzung von gewerblichen bzw. industriellen Brachflächen. Doch die Praxis zeigt: Das eingeleitete Gegensteuern reicht nicht aus, und die vorhandenen Gesetze greifen nicht. Weshalb wirken Instrumente für ein nachhaltiges Flächenmanagement nicht? Die Frage ist schnell beantwortet: Es gibt bisher keine tauglichen. Die bestehenden Instrumente scheinen nicht auf die Prinzipien der Nachhaltigkeit ausgerichtet zu sein oder werden nicht konsequent genug umgesetzt. Ein spürbarer Rückgang der Freiflächeninanspruchnahme kann zum einen durch massive Steuerung erreicht werde. Bei den Steuerungsinstrumenten handelt es sich zum Großteil aber lediglich um nicht angewandte Diskussionsmodelle von unterschiedlicher Qualität und mit unterschiedlichen Umsetzungschancen. Zum anderen ließe sich ein sofortiger und drastischer Rückgang der Freiflächeninanspruchnahme erreichen, wenn Fläche teurer wird. Deshalb sind Modelle, die sich auf den Preis auswirken, prinzipiell als Steuerungsmodelle geeignet. Sollte es gelingen, ein gesellschaftliches Bewußtsein für die Problemlage zu schaffen, wie es in vielen anderen umweltrelevanten Bereichen schon vorhanden ist, würden sich die Umsetzungschancen stark erhöhen. Der vorgeschlagene Innovationswettbewerb "Flächensparen" kann hierzu einen großen Beitrag leisten.

1. Einflüsse raumplanerischer Vorgaben des Bundes und der Länder

Im Bereich des Umweltschutzes ist der Bund engagiert und setzt Vorgaben. Dies läßt sich beispielsweise an der ökologischen Steuerreform, dem Ausstiegsvorhaben aus der Atomenergie und aktuell an der Gesetzesnovelle zur Einführung einer Pfandpflicht für Getränkedosen und Einwegflaschen ablesen. Anders sieht es im Bereich der Flächenhaushaltpolitik bzw. des Flächenmanagements aus. Während mittlerweile qualitative ökologische Bodenziele wie der Umgang mit Altlasten unter anderem im Bundesbodenschutzgesetz (BBODSCHG, Gesetz zum Schutz vor schädlichen Bodenveränderungen und zur Sanierung von Altlasten, vom 17. März 1998) umfassend geregelt sind, gibt es für quantitative Mengenziele, wie Flächenausweisungen, kein vergleichbares Instrumentarium. Raumordnungspolitische Vorgaben des Bundes dienen den Städten und Gemeinden lediglich als grober Rahmen und stellen bestenfalls eine Handlungsempfehlung dar.

Die Orientierung dieser Handlungsempfehlungen weist in eine eindeutige Richtung: Durch die Städtebaurechtsnovelle 1997, mit der das Baugesetzbuch zum 1. Januar 1998 geändert wurde, werden nachhaltige, ressourcenschonende Anforderungen stärker als zuvor berücksichtigt. Nach dieser Regelung sind Belange des Naturschutzes und der Landschaftspflege abschließend auf der Ebene der

Bauleitplanung zu prüfen. In der Planungsleitlinie wird festgelegt, daß Bauleitpläne zu einer nachhaltigen städtebaulichen Entwicklung und zu einer menschenwürdigen, die natürlichen Lebensgrundlagen schützenden Umwelt beitragen sollen (vgl. §1, Abs. 5, Satz 1 BAUGB). Darüber hinaus besteht die gesetzliche Verpflichtung, mit Grund und Boden sparsam umzugehen (vgl. §1a, Abs.1 BAUGB), die sogenannte Bodenschutzklausel. Dieser bauleitplanerische Grundsatz zwingt die Länder, ökologische Zusammenhänge zu berücksichtigen. Im Ergebnis sollten anstelle von Neuausweisungen die Möglichkeiten der innerörtlichen Entwicklung genutzt und bei Inanspruchnahme unbebauter Areale flächensparende Bauweisen bevorzugt werden (vgl. BMVBW 1999, S. 90ff.). Trotzdem sind die Grundsätze und Empfehlungen kaum von Bedeutung für das gemeindliche Ausweisungsverhalten, da sie nicht sehr konkret gefaßt sind und planerische Festsetzungen fehlen.

Auf Landesebene obliegt es der Landes- und Regionalplanung, für eine übergeordnete und zusammenfassende Planung Sorge zu tragen. Steuerungsinstrumente können zum einen die Siedlungsentwicklung durch Festsetzungen direkt beeinflussen, zum anderen üben sie indirekt, durch Beeinflussung der Freiraumentwicklung, einen Effekt auf die Siedlungsentwicklung aus. Jedoch gibt es große Unterschiede in der Regelungsintensität, da diese Instrumente in den Ländern sehr unterschiedlich eingesetzt werden. So soll der Flächennutzungsplan übergeordnete Pläne der Landes- und Regionalplanung umsetzen (§ 1 Abs. 4 BAUGB) und kommunale Planungen der Gemeinden vorbereiten und lenken. Er übernimmt zwar sicherlich Schutzfunktionen für Freiräume, gleichzeitig aber dient er auch als Instrument für die Neuausweisung von Siedlungsflächen. Eine gezielte Lenkung von Siedlungstätigkeit, sei es im wohnungswirtschaftlichen oder gewerblichen Bereich, weg von der „grünen Wiese" und hin zu Brachflächen, kann der Flächennutzungsplan in seiner jetzigen Form nicht leisten.

Die Umsetzung der Landes- und Regionalplanungsvorhaben sowie der eigenen Ziele in konkrete Baunutzungsgebote und -verbote kommt den Gemeinden selbst zu. Den wichtigsten Instrumentenverbund liefert hierzu die Bauleitplanung, die in Baugesetzbuch (BAUGB) und Baunutzungsverordnung (BAUNVO) geregelt ist. Deren Funktion ist die Lenkung der baulichen Entwicklung bzw. das Freihalten bestimmter Bereiche der Gemeinde sowie die Feinsteuerung der städtebaulichen Entwicklung des Siedlungsraumes bei ausreichender Berücksichtigung der Belange des Natur- und Umweltschutzes (§ 1 Abs. 1 BAUGB) (vgl. BIZER et al. 1998, S. 23).

Planungsrechtliche Voraussetzungen für die bauliche Nutzung von Grundstücken können außerdem durch das Aufstellen einer Satzung über einen Vorhaben- und Erschließungsplan geregelt werden (§ 12 BAUGB). Dessen planerische Ausarbeitung übernimmt weitgehend eigenständig ein Investor, der sich im sogenannten Durchführungsvertrag sowohl zur Umsetzung des Projekts wie auch zur (teilweisen) Übernahme der Planungs- und Erschließungskosten verpflichtet. Eine Kontrolle der Planung soll durch die Satzungsautonomie der Gemeinde gewährleistet sein (vgl. BIZER et al. 1998, S. 28). So kann zwar eine willkürliche Flächenentwicklung verhindert werden, jedoch ist die Steuerungsintensität der Gemeinden wegen verlockender Entwicklungsversprechungen der Investoren für die betreffenden Flächen meist gering. Die Gefahr, daß das Vorhaben an einem anderem Standort realisiert werden könnte, schafft kommunale Kompromißbereitschaft. Zudem liefert das Bau- und Raumordnungsgesetz weitere Möglichkeiten, wie z. B. Entwicklungs-, Außenbereichs- und Abrundungssatzungen (§ 34 und § 4 BAUGB), die die Inanspruchnahme von (Außenbereichs-) Flächen für bauliche Vorhaben erleichtern.

Das deutsche Planungssystem ist nicht explizit auf eine Begrenzung von Siedlungs- und Verkehrsflächen oder auf eine Minimierung der Bodenversiegelung ausgerichtet. Selbst wenn Mengenziele, wie Höchstwerte für den Versiegelungsgrad oder die Baulandausweisung, in überörtlichen Plänen vorhanden sind, haben solche mengensteuernde Planungsinstrumente wenig Auswirkungen auf die Gemeinden. Es besteht zwar ein Anpassungsgebot z.B. an die Landesplanungsgesetze, doch sind die Bauleitpläne aus Gemeindesicht in der Einzelfallprüfung normalerweise vertretbar. Das bedeutet: Die Kommunen bestimmen in eigener Verantwortung, denn die Landes- und Regionalplanung begrenzt die im Baugesetzbuch (§ 2 Abs. 1 BAUGB) als pflichtige Selbst-verwaltungsaufgabe fixierte Planungshoheit der Gemeinden lediglich dann, wenn überörtliche Belange zu berücksichtigen sind. Aber selbst hier zeigt die Planungsrealität zumeist, daß aufgrund unzureichender raumplanungs-rechtlicher Instrumente oftmals politisch so gewollte Flächenausweisungen letztendlich durch die Gemeinde selbst durchgesetzt werden können - ohne Rücksicht auf ein überörtliches oder gar auf die Landesebene abgestimmtes, gemeinsames Flächenmanagement. Die kommunale Selbstverwaltung fördert unwillkürlich die Neuinanspruchnahme von unbebautem Boden. „Folglich resultiert das Siedlungs- und Verkehrsflächenwachstum und das Ausmaß der Versiegelung aus der additiven, kumulativen Verkettung aller bauleitplanerisch vorbereiteten Tätigkeiten" (EINIG 1999, S. 44).

2. Reduzierung der Flächeninanspruchnahme durch Brachflächenrecycling

Die derzeitige Siedlungs- und Verkehrsentwicklung ist gekennzeichnet durch anhaltend starke Inanspruchnahme von Freiflächen. An den Rändern der Stadtregionen entstehen Wohngebiete geringer baulicher Dichte und Gewerbegebiete mit flächenaufwendiger Bauweise. Ökologische Folgen dieser Entwicklung sind Umwandlung sowie Zerschneidung naturnaher Landschaft und von Biotopen, gesteigerte Bodenversiegelung, erhöhter Energieverbrauch und die Zunahme von Luftschadstoffen und Verkehrslärm. Um diesen Trend zu stoppen, wird im Sinne einer dem Nachhaltigkeitsprinzip verpflichteten haushälterischen Bodenpolitik eine verstärkte Wiedernutzung von Brachflächen unumgänglich (vgl. BFLR 1996, S. 72ff.).

Bereits 1985 wurde in der sogenannten Bodenschutzkonzeption im Hinblick auf die Inanspruchnahme von Freiflächen für Siedlungs- und Verkehrszwecke ein umfassender Schutz für die Bodenfläche gefordert (vgl. BUNDESMINISTER DES INNEREN 1985, S. 18). Über 15 Jahre später läßt sich nachweisen: Die Freiflächeninanspruchnahme ist seit Anfang der neunziger Jahre keinesfalls gesunken, sondern bis heute kontinuierlich weiter gestiegen. Um so ehrgeiziger erscheinen die Ziele der Enquête-Kommission „Schutz des Menschen und der Umwelt" des Bundestages, die im Sommer 1998 das Ziel einer Verringerung der Flächeninanspruchnahme wie folgt formuliert und quantifiziert hat: „Entkoppelung des Flächenverbrauchs von Wirtschafts- und Bevölkerungswachstum; deutliche Verlangsamung der Umwandlung von unbebauten Flächen in Siedlungs- und Verkehrsflächen: Anzustreben ist eine Verringerung der Umwandlungsrate bis 2010 auf 10 % der Rate, die für die Jahre 1993 bis 1995 festgestellt wurde." (ENQUÊTE-KOMMISSION 1998, S. 129). Wie soll sich eine Reduzierung um 90 Prozent, also von rund 120 ha auf 12 ha pro Tag, innerhalb der kommenden neun Jahre erreichen lassen?

Ohne eine Entkoppelung des Flächenverbrauchs von Wirtschafts- und Bevölkerungswachstum, so die Einsicht der Enquête-Kommission, kann das ehrgeizige Ziel nicht erreicht werden. Dabei setzt sich der Flächenverbrauch bzw. der Siedlungswachstum sogar ungeachtet des derzeitigen Bevölkerungs-rückganges fort. Eine Entkoppelung vom Wirtschaftswachstum würde ein Durchbrechen der Wirkungskette Wirtschaftswachstum ist gleich Flächenbedarf voraussetzen. Dies bedeutet eine strikte Umsetzung des Gebotes des sparsamen Umgangs mit Grund und Boden durch Verdichtung und Nutzungsmischung sowie eine Kompensation der Flächeninanspruchnahme durch Ausgleichs-maßnahmen (vgl. BFLR 1996, S. 72). Hinzu kommen das Bauen und Entwickeln im Bestand sowie die

Wiedernutzbarmachung von Brachflächen, das Brachflächenrecycling. Während Neuausweisungen bzw. Neuerschließungen von Bauland zu einem weiteren Verbrauch von Freiräumen führen – bei gleichzeitigem Verlust ihrer ökologischen Grundfunktionen –, beschränkt sich das Brachflächen-recycling auf bereits „gebrauchte" Flächen und kann so zu einer Entkoppelung beitragen. Aber reicht das, um die Freiflächeninanspruchnahme zu reduzieren?

Aufgrund einer nicht hinlänglich ermittelten Quantifizierung vorhandener Brachflächen in Deutschland lassen sich keine exakten Aussagen über eine mögliche Reduzierung der Freiflächen-inanspruchnahme durch Brachflächenrecycling treffen. Außerdem ist zu bedenken, daß sich Brachflächen nicht für alle Nutzungsarten eignen, die unter die nachrichtliche Größe Siedlungs- und Verkehrsfläche fallen, die Freiflächeninanspruchnahme aber über die jährliche Zunahme an Siedlungs-und Verkehrsfläche bestimmt wird (vgl. PÜTZ u. JOB in diesem Band, S. 3ff.). Vor allem die Inanspruchnahme von Freiflächen für Verkehrstrassen, insbesondere Straßen (linearer Flächen-verbrauch), kann durch den Brachflächenbestand nicht direkt gedeckt werden. Was nicht heißen soll, daß die Inanspruchnahme für Verkehrszwecke durch das Brachflächenrecycling nicht reduziert würde. Schließlich müssen z. B. bei einer Baulandausweisung auf der „grünen Wiese" diese Gebiete verkehrsinfrastrukturell erschlossen und angebunden werden. Brachflächen eignen sich zwar nicht direkt für eine Wiedernutzung als Verkehrsfläche, können aber indirekt die Umwidmung von Freiflächen für Verkehrszwecke eindämmen. Eine Verrechnung nach dem Prinzip Freiflächen-inanspruchnahme minus Brachflächenbestand ist gleich Einsparpotential wäre daher unter den genannten Bedingungen unschlüssig.

Es lassen sich jedoch Behelfsrechnungen anstellen, um zumindest einen Überblick über die Dimension des möglichen Einsparpotentials zu erlangen. Greift man beispielsweise aus der Flächenerhebung des Statistischen Bundesamtes nicht die Siedlungs- und Verkehrsfläche, sondern die Kategorie Gebäude-und Freifläche mit den Unterkategorien Wohnen, Gewerbe und Industrie heraus, lautet eine mögliche Gleichung: Verbrauch für Wohnen, Gewerbe und Industrie minus wiedernutzbaren Brachflächen-bestand ist gleich Einsparpotential (vgl. EITEL 1999, S. 84ff.). Die Berechung des Einsparpotenzials auf diese Weise zeigt, daß das Brachflächenrecycling zweifellos einen ressourcenschonenden bzw. flächensparenden Effekt hat, aber unter Status-quo-Bedingungen als einzelnes Instrument noch nicht ausreicht (vgl. EITEL 1999). Aus diesem Grund werden seit einigen Jahren verschiedene weitreichende Steuerungsinstrumente diskutiert. Exemplarisch sollen nachfolgend einige ausgewählte Instrumente mit hoher ökologischer Wirksamkeit vorgestellt werden. Inwieweit sie unter Gesichtspunkten der Nachhaltigkeit auch ökonomisch und im Hinblick auf die politisch-administrative Durchsetzbarkeit sinnvoll sind, wird im Anschluß erörtert.

3. Steuerungsinstrumente für Flächennutzung und –management

3.1 Fiskalische Instrumente

Im Gegensatz zu ordnungsrechtlichen Ge- oder Verboten (Zwangsmaßnahmen) sollen durch finanzpolitische Instrumente monetäre Anreize geschaffen werden, die private Akteure zu einem umweltschonenden Verhalten veranlassen können (vgl. BFLR 1996, S. 14f.). Fiskalische Instrumente verfolgen drei Hauptziele (vgl. APEL et al. 1995, S. 112):

1. Externe Kosten (Ressourcenverbrauch, Luftverschmutzung etc.) sollen durch die Abgabe dem Verursacher zugeordnet werden (Zuordnungsfunktion);

2. Umweltpolitisch oder planerisch erstrebenswerte Ziele sollen durch eine Verhaltensänderung des Steuerzahlers erzielt werden (Lenkungsfunktion);
3. Die Einnahmen aus umweltschädlichem Verhalten sollen zur Kostendeckung (Finanzierungsfunktion) des Finanzbedarfs für umweltpolitische Maßnahmen beitragen.

Als Steuerungsinstrument wird häufig eine Reform der Grundsteuer diskutiert mit dem Ziel einer Ergänzung um die ökologische Lenkungsfunktion oder eines vollständigen Ersatzes dieser Steuer. Die Grundsteuer ist dem Aufkommen nach die zweitwichtigste Realsteuer. Sie dient der Deckung des gemeindlichen Finanzbedarfs und ist wichtiger Bestandteil der kommunalen Finanzautonomie, da die Gemeinden neben der Ertragshoheit auch das Hebesatzrecht besitzen. In der Kritik stehen zur Zeit vor allem die Einheitswerte als Bestandteil der Bemessungsgrundlage der Grundsteuer, die sich auf die Stichtage 01.01. 1964 und 01.01. 1935 beziehen und heute keineswegs mehr den gestiegenen Verkehrswerten der Grundstücke entsprechen. In einem Urteil des Bundesverfassungsgericht zur Erbschafts- und Schenkungssteuer vom 22.06. 1995 wurde bestätigt, daß die Einheitswerte nicht verfassungskonform sind - mit der Folge von Neuregelungen für diese Steuerformen. Die Anwendung der veralteten Einheitswerte ausschließlich für die Grundsteuer verursacht einen enorm hohen und kostspieligen Verwaltungsaufwand, aufgrund dessen eine Grundsteuerreform mit dem primären Ziel der Verwaltungsvereinfachung diskutiert wird.

Mit einer Reform der Grundsteuer möchte die rot-grüne Bundesregierung auch eine Baulandmobilisierung erreichen, allerdings nicht nur aus flächenhaushaltspolitischen Gesichtspunkten, sondern primär in der Absicht, auf diese Weise die Investitionen der Kommunen in die Erschließung neuer Baugebiete zu reduzieren. Denn derzeit, so die Kritik, ist es unter steuerlichen Gesichtspunkten günstiger, Boden (Bauland) nicht zu nutzen, als ihn zu nutzen. Da sich die steuerliche Leistungsfähigkeit aus dem Ertrag von Grund und Boden und Gebäuden ergibt, muß derjenige, der auf seinem Grundstück baut, mehr Steuern zahlen als derjenige, der sein Grundstück nicht nutzt. Verbreitet wird Boden als längerfristige Kapitalanlage genutzt, während gleichzeitig neues Bauland ausgewiesen wird (vgl. WESTDEUTSCHE IMMOBILIENHOLDING GMBH 1999, S. 6ff.).

Dieser bestehende Reformbedarf ließe sich nutzen, um boden- und umweltpolitische Ziele zu berücksichtigen und gezielte ökologische Lenkungswirkungen zu erreichen, hoffen die Befürworter dieses Ansatzes. Neben der bereits um 1900 entwickelten Bodenwertsteuer, bei der die Fläche (ohne Gebäude) multipliziert mit einem aktuellen verkehrswertnahen Bodenwert Steuergegenstand ist, gilt auch die Flächennutzungssteuer als Reformmodell für die Grundsteuer (zum Reformansatz der Bodenwertsteuer vgl. u.a. APEL 2001, S. 62).

3.1.1 Flächennutzungssteuer

Mit der sogenannten Flächennutzungssteuer möchte man die Versiegelungszuwächse reduzieren und gleichzeitig Anreize schaffen, für bestehende Nutzungen ökologisch verträglichere Bewirtschaftungsformen (Land- und Forstwirtschaft) zu finden (vgl. BIZER u. BERGMANN 1998, S. 370f.; BERGMANN et al. 1999, S. 134). Steuergegenstand sind die Bodenflächen, differenziert nach ihrer Nutzung und ihrer Bewirtschaftungsweise (konventionell oder ökologisch), die mit unterschiedlichen Steuersätzen in DM/m² belegt werden. Der Bund gibt bei diesem Modell unterschiedliche Steuerklassen mit einer Mindestbelastung anhand von Steuermeßzahlen vor, die Länder sollen zusätzlich Korridore festlegen können, innerhalb derer die Gemeinden ein Hebesatzrecht erhalten. Innerhalb der Steuerklassen erhöht sich die Steuerbelastung um so stärker, je weniger naturschonend die Flächennutzung ist. Die Umsetzung soll über ein Selbstveranlagungsverfahren erfolgen, bei dem die Steuerpflichtigen periodisch Steuererklärungen abgeben müssen (vgl. BIZER et al. 1998, S. 69ff.).

Aus streng ökologischer Sicht mag eine solche Steuer sicher einige gewünschte Effekte bringen. Die Tatsache, daß bei bebauten Grundstücken nicht die gesamte Fläche des Grundstücks Bemessungsgrundlage sein soll, sondern nur der versiegelte Anteil, könnte zu dem ökologisch wünschenswerten Effekt einer möglichst geringen Überbauung bzw. Versiegelung des Grundstücks führen. Man erhofft sich, daß statt in die Breite eher in die Höhe gebaut würde. Vor allem Industriebetriebe dehnen sich aufgrund von Logistik- und Produktionsabläufen und um Kosten zu sparen in der Fläche aus (vgl. APEL 1999, S. 249f., BIZER u. BERGMANN 1998, S. 370ff.). Fraglich ist jedoch, ob durch eine höhere steuerliche Belastung solche Nutzungen auf Standorte mit mehrgeschossiger Bauweise ausweichen würden und könnten. Zudem würde eine auf der versiegelten Fläche basierende Steuer kaum dem Trend zur Einfamilienhausbebauung geringer Dichte an den Rändern der Stadtregionen entgegenwirken (vgl. APEL 1999, S. 250).

Die Durchsetzungschancen für eine Flächennutzungssteuer sind im Vergleich zu anderen Reformmodellen auf den ersten Blick nicht schlecht. Sie erfüllt das Ziel der Finanzautonomie, indem den Gemeinden Hebesätze gewährt werden, und deckt den gemeindlichen Finanzbedarf. Orientiert die Gemeinde die Höhe der Flächennutzungssteuer am bisherigen Aufkommen der Grundsteuer, bleibt die Verteilung der Gemeindeeinnahmen gleich. Für eine ökologische Lenkungswirkung reicht dies aber nicht. Soll ähnlich der Grundsteuer eine aufkommensneutrale Steuer eingerichtet werden, geht dies auf Kosten der ökologischen Lenkungswirkung, die bei niedrigen Steuersätzen minimal sein wird. Sollen jedoch die ökologischen Ziele erreicht werden, muß die Flächennutzungssteuer einen erheblich höheren Steuersatz vorsehen als die bisherige Grundsteuer, was drastische Preiseffekte erwarten läßt (vgl. BIZER et al. 1998, S. 122f., 136). Die Wahrscheinlichkeit, daß eine Regierung ihren Wählern mit einer Flächennutzungssteuer eine starke Mehrbelastung zu Gunsten eines ökologischen Lenkungsziels auferlegt, ist leider äußerst gering - zumal diese Mehrbelastung für die Betroffenen weit über der bisher schon erkennbaren Mehrbelastung durch die von der rot-grünen Bundesregierung initiierte ökologische Steuerreform läge.

3.2 Mengen- und Preislösungen

Um siedlungspolitische Mengenziele erreichen zu können, wird eine Ergänzung des bisher ordnungspolitisch dominierten raumplanerischen Instrumentariums um Instrumente mit ökonomischem Anreiz diskutiert. Die Erweiterung um marktanaloge Lenkungsprinzipien wird dabei von der Idee geleitet, daß mit der Erschließung der Allokationsleistung von Märkten nicht nur eine effektivere, sondern auch eine effizientere Erreichung siedlungspolitischer Ziele einhergeht (vgl. EINIG 1999, S. 44).

Siedlungspolitik kann die Allokationsleistung von Märkten auf zwei Wegen für die Erreichung ihrer Ziele instrumentalisieren: durch Mengenlösungen, d.h. Zertifikate, z.B. handelbare Ausweisungsrechte, und durch Preislösungen, d.h. Abgaben, z.B. Steuern. Bei Mengenlösungen wird zunächst der Umfang der erlaubten Inanspruchnahme von Bodenressourcen vom Staat fixiert, bevor dann dem Markt die Entdeckung des Knappheitspreises überlassen wird. Die zentrale Voraussetzung ist hierbei die Formulierung eines quantitativ operationalisierten Mengenziels durch die Politik. Preislösungen sehen einen vom Staat fixierten Preis für die Inanspruchnahme bisher baulich nicht genutzter Böden vor, d.h. Baulandausweisungen werden kostenpflichtig. Der Umfang der Inanspruchnahme soll ebenfalls dem Markt überlassen werden, das Ausmaß der Ressourcennachfrage richtet sich dann nach der Zahlungsbereitschaft der Nachfrager. Vorteile ergeben sich für Bauherren durch die Transparenz der im Vornherein bekannten Preisfixierung der Böden. Der Flächenverbrauch reguliert sich bei diesem Modell allerdings über das Marktgeschehen, kann also im Vorhinein nicht festgelegt werden (vgl. EINIG 1999, S. 45).

Um eine hohe Wirksamkeit der Lenkungsinstrumente zu erreichen, muß sowohl auf die Politik der Flächenausweisungen, also auf das Angebot der Kommunen, wie auf die Flächennutzung, also auf die Nachfrage, Einfluß genommen werden. Lenkt man primär das Maß an Nachfrage für eine bestimmte Nutzung, kann ein Sekundäreffekt auf die Flächenausweisung erzielt werden (vgl. BIZER 1995, S. 385).

3.2.1 Handelbare Flächenausweisungsrechte

Ein Beispiel für ein Mengeninstrument ist das Modell der sogenannten handelbaren Flächenausweisungsrechte, die die für Bauzwecke verfügbare Fläche limitieren sollen. Hier gibt z.B. das Land eine an Hand eines vorher zu bestimmenden flächenpolitischen Mengenziels festgelegte Anzahl von Ausweisungsrechten aus. Die Gemeinden als Empfänger erhalten das räumlich begrenzte Recht, eine bestimmte Fläche zu überplanen.

Die Hälfte der Ausweisungsrechte werden dem Modell nach jährlich in einer ersten Zuteilungsrunde nach einem festzulegenden Schlüssel unter den Gemeinden kostenlos verteilt. Die verbleibende Hälfte wird zu Beginn einer Periode an einer vom Land eingerichteten Ausweisungsbörse versteigert. Damit können Kommunen zusätzliche Ausweisungsrechte zum einem ex ante nicht abschätzbaren Preis erwerben. In einer weiteren Runde wird den Gemeinden ermöglicht, Flächenausweisungsrechte von anderen Gemeinden zu erwerben, die ihre zugeteilten Ausweisungsrechte selbst nicht verwenden und diese an der Börse veräußern.

Gemeinden, die ihre Rechte nicht nutzen, sondern aufgrund der finanziellen Anreize verkaufen, erfüllen einerseits das gewünschte Umweltziel und werden andererseits im Sinne eines Bonus-Malus-Systems belohnt. Die Geltungsdauer der Rechte muß bei diesem Modell allerdings beschränkt sein, um Spekulationen zu verhindern. Im Verlauf der gesamten Geltungsdauer der Ausweisungsrechte können diese (erneut) an der Ausweisungsbörse gehandelt werden, z.B. wenn eine Gemeinde ihren Plan verwirft, wenn Investoren von ihren Projekten zurücktreten oder andere Gemeinden derartig lukrative Angebote machen, daß sich das Entwicklungsrisiko nicht lohnt. Die Ausweisungsrechte können nach Wohnbauflächen, Industrie- und Gewerbeflächen sowie Verkehrsflächen differenziert werden, ebenso die Märkte nach Siedlungsschwerpunkten bzw. nach Siedlungsachsen und interaxialen Räumen. Hierdurch soll verhindert werden, daß unterschiedliche Nutzungen auf demselben Ausweisungsmarkt konkurrieren; vielmehr sollen auf jedem Teilmarkt eigene Knappheitspreise mit Konkurrenzsituationen zwischen den jeweiligen Nachfragern entstehen. Einer sachlichen Abgrenzung der Märkte kann eine räumliche Abgrenzung gegenübergestellt werden, um regionale Besonderheiten oder Entwicklungsziele zu berücksichtigen (vgl. BIZER 1999a, S. 285; BIZER u. BERGMANN, 1998, S. 360ff.; EINIG u. HUTTER 1999, S. 293f.).

Die Besonderheit des Modells liegt im Mix zwischen staatlicher und marktwirtschaftlicher Regulierung. Die endgültige Verteilung der Ausweisungsrechte wird von den Ertragsmotiven und den Kostenvermeidungskalkulationen der Gemeinden bestimmt. Im Ergebnis erhofft man sich u.a. eine Abwägung der Kommune zwischen dem zu erwartenden Lizenzpreis und den Vermeidungskosten, die ihr entstehen würden, wenn sie auf die Ausweisung von Bauland gänzlich verzichtet – beispielsweise mit dem Ergebnis, daß die bauliche Entwicklung auf den Innenbereich gelenkt wird (vgl. EINIG u. HUTTER 1999, S. 294).

Zweifelsohne kann durch dieses Instrument das Reduzierungsziel für Flächenausweisungen gesichert werden, wenn Mengenrestriktionen festgelegt und Ausweichmöglichkeiten verstellt werden. Um eine Änderung im kommunalen Ausweisungsverhalten zu erzielen, müßte allerdings die Gemeinde verpflichtet werden, die Kosten für die Ausweisungsrechte vollständig an die Grundstückseigentümer – sowohl für Wohnungs- wie für Gewerbe- und Industrienutzungen – weiterzureichen. Dies hätte wiederum eine Verteuerung der Grundstücke zur Folge mit direkter Auswirkung auf die Verkaufs- bzw. Mietpreise der Objekte (vgl. BIZER et al. 1998, S. 82ff.). Im Hinblick auf die Durchsetzbarkeit eines solchen Instrumentes ist anzunehmen, daß Gemeinden eine drastische Verteuerung ihrer Flächen und eine weitere Belastung ihres Haushalts nicht zulassen werden, schon gar nicht, wenn sie verpflichtet sind, diese Kosten an ansiedlungswillige Unternehmen oder Bauherren weiterzugeben. Im Standortwettbewerb will die Kommune Gewerbe und Industrie ansiedeln, um Einnahmen zu erzielen und Arbeitsplätze zu schaffen; außerdem wird sie Wohngebiete ausweisen, um den Wegzug von Menschen zu vermeiden. Die Bauleitplanung ist ein wichtiger Bestandteil der im Grundgesetz garantierten kommunalen Selbstverwaltung (ART. 28 ABS. 2 GG), also der demokratischen Willensbildung von unten. „Der Gestaltungsspielraum bei der räumlichen Planung ist somit politisch gewollt und ein im Sinne eines bürgernahen staatlichen Handelns wichtiges Element der demokratischen Ordnung des Staates" (APEL et al. 1995, S. 55). Ferner würde sich bei Mengen- lösungen, wie den handelbaren Flächenausweisungsrechten, schon bei der ersten Verteilung eine Zuteilungsproblematik ergeben. Jede Gemeinde würde ein entsprechend hohen Bedarf anmelden – wer sorgt für gerechte Verteilung im ersten Durchgang und wer entscheidet? Auch die Börse könnte schnell für ungewollte Ungerechtigkeit sorgen: Reiche Kommunen hätten gegenüber finanzschwachen Vorteile. Sie könnten sich noch zügiger entwickeln, während die ärmeren Kommunen nicht bezahlen können. Eine Umsetzung solcher Steuerungsinstrumente erscheint daher äußerst schwierig. Da sich aber ohne eine übergeordnete Lenkungs- und Kontrollinstanz gleich welcher Art Fehlentwicklungen, die zu einem hohen Flächenverbrauch führen, schwerlich beheben lassen, ergibt sich ein gravierender Zielkonflikt.

4. Anreize und Bewußtsein schaffen

Die genannten Beispiele haben ein offensichtliches Dilemma aufgezeigt: Selbst geringe kommunale bzw. lokale Flächenausweisungen führen in der Summe zu hohen Ausweisungsraten, sprich zu hohem Flächenverbrauch. Dies könnte durch eine bundesweite Obergrenze verhindert werden, wobei die konkrete Ausweisungs- und Flächennutzungsentscheidung auf dezentraler bzw. lokaler Ebene bleiben muß, um den Bedürfnissen der Gemeinden gerecht zu werden. Modelle, wie z.B. die handelbaren Flächenausweisungsrechte oder die Flächennutzungssteuer, die vor dem Hintergrund dieser Bedingungen entwickelt worden sind und dies daher leisten könnten, besitzen das große Defizit einer äußerst geringen politischen Umsetzungschance. Außerdem wäre zu prüfen, ob ein derartiger Eingriff in die Planungshoheit der Gemeinden überhaupt verfassungsrechtlich zulässig ist (vgl. BIZER u. BERGMANN 1998, S. 364). Eine Kombination verschiedener, aufeinander abgestimmter Instrumente, wie sie von einigen Autoren vorgeschlagen wird (z.B. bei BIZER u. BERGMANN 1998, S. 359f.; 376f.), trägt zwar zur einer wirkungsvollen gegenseitigen Ergänzung dieser Instrumente bei; die Aussage, daß sich auch die Realisierungschancen dieser Modelle hierdurch erhöhen, ist jedoch nicht nachvoll- ziehbar, bedenkt man beispielsweise deren hohe Komplexität und den enormen Verwaltungsaufwand. Es bleibt die nicht ganz neue Erkenntnis: Theoretisch sind die Instrumente von großer Wirksamkeit; je höher aber die Wirksamkeit eines Instruments ist, um so schwieriger ist die politisch-administrative Umsetzung.

Folgt man der Aussage, daß sich die vorgestellten Modelle und Instrumente mit massiver Lenkungsfunktion in absehbarer Zeit nicht umsetzen lassen, bedeutet dies, daß sich die Ziele der Enquête-Kommission zur Reduzierung der Flächeninanspruchnahme, wie sie vorgestellt wurden, bis zum Jahr 2010 nicht annähernd realisieren lassen. Die eingangs formulierte These, es gebe (bisher) keine tauglichen Instrumente für ein nachhaltiges, also nicht nur ökologisches, sondern zugleich auch ökonomisches und sozialverträgliches Flächenmanagement, scheint sich zu bestätigen. Dennoch wäre es schlichtweg falsch anzunehmen, Ursache für die anhaltend hohe Flächeninanspruchnahme seien allein vermeintlich mangelhafte Gesetze und wirkungslose bzw. nicht einsetzbare Steuerungsinstrumentarien. Das Problem liegt vielmehr im mangelnden Bewußtsein der Bevölkerung, der Politik und der Verwaltung für diesen Problemkreis. Daher kann es auch hilfreich sein, nicht an Lösungsmodellen festzuhalten, die aus politischen Gründen in absehbarer Zeit nicht umgesetzt werden können. Es wäre richtiger, zunächst einen Nährboden zu schaffen, der später die Voraussetzungen für weiterführende Maßnahmen verbessert. Dies muß parallel auf zweierlei Weise geschehen:

1. Jede Maßnahme „vor Ort", die zu einem nachhaltigen Umgang mit der Ressource Boden beiträgt, vor allem das Brachflächenrecycling, ist gezielt zu stärken.
2. Aufklärung allein reicht nicht aus, um Bewußtsein zu schaffen; zusätzlich müssen Anreize erzeugt werden: Daher wird im folgenden ein sogenanntes Wettbewerbsmodell entwickelt.

Informationsdefizite tragen in erheblichem Maß zum Flächenverbrauch bei. Was sich auf den ersten Blick als Trivialität darstellt, entpuppt sich bei genauer Betrachtung als wesentliches Kriterium. Im Vordergrund lokaler Instrumente steht das Flächenrecycling – unter den Stichwörtern Information, Wissen und Know-how lassen sich mehrere wichtige Ansatzpunkte subsumieren: Zunächst sollen einige Beispiele für die erste Forderung, das nachhaltige Flächenmanagement vor Ort, aufgezeigt werden. Im Anschluß wird ein Wettbewerbsmodell vorgeschlagen.

4.1 Kosten-Nutzen-Abschätzungen

Baulandausweisungen beruhen auf wirtschaftlichen Interessen. Kalkulationen über die zu erwartenden direkten Einnahmen und vor allem Abschätzungen über die indirekten Auswirkungen werden jedoch von den Gemeinden in der Regel nicht angestellt. Auf Baulandausweisungen begründete Hoffnungen wie Wachstumschancen, Schaffung von Arbeitsplätzen, Belebung der Bauindustrie oder des tertiären Sektors erweisen sich zu oft als trügerisch. Neben unzureichenden oder fehlenden Nutzenabschätzungen werden häufig die Kosten falsch veranschlagt. „Bei Baulandausweisungen führen Informationsdefizite, beispielsweise die unvollständige Berücksichtigung der Folgekosten von Erschließungsanlagen, dazu, daß Kommunen die positiven Wirkungen ihrer Ausweisungspolitik auf den Gemeindehaushalt überbewerten" (BIZER 1998, S. 10).

Im Gegensatz dazu werden im Vorfeld von Investitionsvorhaben im Zusammenhang mit Projekten der Brachflächenrevitalisierung sehr detaillierte Machbarkeitsstudien und Kostenabschätzungen angestellt. Hieraus resultiert leicht die vorrangige Ausweisung „auf der grünen Wiese", denn bei einer herkömmlichen Kostenermittlung ist die Entwicklung einer Freifläche gegenüber der Entwicklung einer Brachfläche scheinbar günstiger. Bei einem fairen Vergleich hingegen, der die volkswirtschaftlichen Folgekosten der Freiflächenerschließung berücksichtigt, stellt die Brachfläche häufig sogar die günstigere Option dar. Gegenüberzustellen wären zum Beispiel der hohe Erschließungsaufwand „auf der grünen Wiese" im Vergleich zu der oftmals bereits gut erschlossenen

Brachfläche oder die ökologischen Schäden einer Inanspruchnahme von Freiflächen im Gegensatz zur Flächensanierung. KEDING kommt im Rahmen einer Untersuchung von 33 idealtypischen Fällen bei einem Vergleich der Kosten zur Herstellung baureifer Wohnbauflächen auf innerstädtischen Brachflächen mit Altlasten und auf ehemaligen Freiflächen am Ortsrand zu folgendem Ergebnis (vgl. KEDING 1997, S. 61ff.): Bei größeren Neubausiedlungen am Stadtrand müssen Infrastrukturinvestitionen erbracht werden, die bei üblichen Kostenermittlungen nicht berücksichtigt werden. Rechnet man Kosten für den Bau von Kindergärten, die Erweiterungen von Grundschulen, die Anlage von Grünflächen oder den Bau von Erschließungsstraßen mit ein, bedarf es pro Quadratmeter Wohnfläche DM 250,- bis DM 350,- öffentlicher Investitionen. Diese Werte wurden von den Revitalisierungskosten inklusive der Altlastensicherung fast immer unterschritten. „Es muß in Zukunft verstärkt darüber nachgedacht werden, was uns volks- und betriebswirtschaftlich die Nutzung von Boden als Produktionsfaktor wert ist. In vielen Regionen geben wir für den Teppichboden im Büro mehr aus, als für den Boden, auf dem das Büro steht" (ESTERMANN u. NOLL 1997, S. 15). Informationsdefizite im Bereich von Kosten-Nutzen-Abschätzungen gilt es z. B. mit Hilfe wissenschaftlicher Untersuchungen und öffentlicher Aufklärung zu beseitigen.

Darüber hinaus stehen bei Brachflächen zumeist nur Kosten und Risiken (Altlastenbeseitigung etc.), also Negatives, im Vordergrund der öffentlichen Diskussion, während bei anderen Erschließungsprojekten vornehmlich von positiven Wirkungen die Rede ist, obwohl die direkt und indirekt positiven Begleiterscheinungen einer Baulandausweisung im gleichen Maße auf die Brachflächenrevitalisierung zutreffen. Die Kommunikation positiver Effekte im Hinblick auf die Freiflächeninanspruchnahme muß bei Revitalisierungsmaßnahmen höher als bisher gewichtet werden.

4.2 Know-how der Altlastensanierung

Kosten für die Altlastensanierung oder -sicherung können je nach gewählter Methode sehr unterschiedlich ausfallen. Es ist anzunehmen, daß unzählige Brachflächen nicht entwickelt werden können bzw. nicht in kommunales Eigentum übergehen, weil nach Erkenntnis der Gemeinden die Beseitigung der Altlasten zu teuer wäre. Nicht selten beruht diese Erkenntnis auf Kalkulationen, die ausschließlich eine Sanierungs- oder Sicherungsvariante untersucht haben. Im Bereich der Altlastensanierung existieren aufgrund der Einzigartigkeit vieler Fälle keine starren, vorgeschriebenen Methoden. Eine Sanierung nach Handbuch gibt es nicht. So kann es durchaus sein, daß zwei Ingenieurbüros Sanierungsvorschläge mit gänzlich voneinander abweichenden Kostenkalkulationen vorlegen, die trotzdem beide den Umweltvorschriften entsprechen. Je mehr das Know-how im Umgang mit Kontaminationen wächst, desto günstiger können die Sanierungskosten ausfallen. Solange aber wertvolle Probenahmedaten in Aktenbergen und Archiven verschwinden, können von einmal gewonnenen Erkenntnissen andere nicht profitieren. Durch eine datentechnische Dokumentation ließen sich beispielsweise Erfahrungen aus Gefährdungsabschätzungen oder Grenz- bzw. Richtwerte mittels einfacher geographischer Informationssysteme verbreiten und visualisieren (vgl. SELKE u. HOFFMANN 1995, S. XVI).

Außerdem entwickelt sich der Bereich der Altlastensanierung ständig weiter, so daß Kostenabschätzungen, die vor einigen Jahren erstellt wurden, nicht mehr dem Stand der Dinge entsprechen müssen. Nicht zuletzt gehen Kommunen trotz Erkenntniszuwachs heute zum Teil immer noch von einer sogenannten Blumenerde-Lösung aus, was ebenfalls auf ein Informationsdefizit und fehlendes Know-how im Bereich der Altlastensanierung zurückzuführen ist. HERMANNS spricht in einem ähnlichen Zusammenhang das Erfordernis von weiterbildenden Maßnahmen an: „Die Entwicklung von (...) Sanierungstechniken nimmt derzeit einen rasanten Verlauf. Nur eine ständige

Weiterqualifizierung der zuständigen Mitarbeiter, d.h. auch der verantwortlichen Juristen in den Rechtsämtern, kann gewährleisten, daß optimale Lösungen gefunden und damit letztendlich die Finanzmittel effektiv eingesetzt werden" (HERMANNS 1994, S. 2). Mittels gezielter Beratung der Kommunen und einer breit angelegten Öffentlichkeitsarbeit muß versucht werden, Vorurteile und übertriebene Ängste gegenüber Bodenbelastungen abzubauen. Mangelndes Wissen über Sanierungstechniken und -bestimmungen könnte durch Fortbildung, Kooperation mit anderen Regionen, runde Tische und staatliche Hilfestellung bzw. Aufklärungsarbeit behoben werden. Einmal als nicht-sanierbare Brachflächen abgestempelte Flächen könnten dadurch eine neue Chance erhalten.

4.3 Kommunale Informationssysteme

Der Mehrzahl der Kommunen ist die genaue Anzahl der vorhandenen Brachflächen nicht bekannt. Städte und Gemeinden kennen oft nur die Brachflächen, die sich bereits in ihrem Besitz befinden. Eine systematische Erfassung in Form einer Datenbank oder eines Kartenwerks gibt es in der Regel nicht. Eine Erfassung des Potenzials von Altstandorten ist eine der Grundvoraussetzungen, um die Revitalisierung von Brachflächen voranzutreiben (vgl. DOSCH 1994, S. 132f.). Einige wenige Gemeinden haben begonnen, brach gefallene Grundstücke in einem Brachflächenkataster zu erfassen, allerdings ohne einheitlichen Standard. Zweckmäßig wäre ein Informationssystem, welches mit Hilfestellung seitens der Landes- und Regionalplanung in allen Kommunen verpflichtend eingeführt werden könnte. Eine standardisierte Maske, eine einfache Bedienung und einheitliche Erfassungskriterien würden die Daten vergleichbar machen. Die Kataster könnten vernetzt werden, so daß übergeordnete Planungsinstanzen erstmals eine exakte Übersicht der Brachflächenmenge hätten. Aufwendig wäre nur die erste Erfassung. Der anschließende Pflegeaufwand dürfte viel weniger personalintensiv sein, da sich der Brachflächenbestand nicht kurzfristig ändert. Die Kosten für ein solches System ließen sich ebenfalls niedrig halten: Das Brachflächenkataster kann auf einer üblichen Datenbanksoftware beruhen, Personalcomputer sind in den Ämtern vorhanden, und aufwendige Schulung wäre aufgrund der einfachen und einheitlichen Bedienung nicht notwendig. Ein Informationssystem mit anderer inhaltlicher Ausrichtung schlägt BIZER als Hilfestellung für kommunale Baulandausweisungen vor. Empfohlen wird ein kommunales Informationssystem, das Auskunft über Möglichkeiten der Kreditfinanzierung, zu erwartende Kosten oder zu erzielende Einnahmen etc. geben könnte (vgl. BIZER et al. 1998, S.11). Kommunales Flächenmanagement ist eine der wichtigsten Voraussetzungen für nachhaltigen Umgang mit der Ressource Boden.

4.4 Interkommunale Zusammenarbeit

Nicht selten weisen zwei Nachbargemeinden Gewerbeflächen oder Wohnbauland aus, ohne daß für beide Flächenangebote Bedarf in der Region bestünde. Durch ein Überangebot an Fläche entstehen „beleuchtete und mit Hilfe öffentlicher Fördermittel gut erschlossene Schafweiden" (REISS-SCHMIDT 1997, S. 22). Durch interkommunale Zusammenarbeit und ein vorausschauendes Flächenmanagement, das unter anderem auch regionale Erhebungen zur Flächennachfrage einbeziehen muß, kann eine übermäßige Ausweisung verhindert werden (vgl. REISS-SCHMIDT 1997, S. 25). Ziel interkommunaler Kooperation muß es sein, durch gemeinsames Betreiben von Gewerbegebieten weniger Flächen zu beanspruchen, die Konkurrenz untereinander zu vermindern und die Kostenlast sowie die erheblichen Einnahmen zu teilen. Gemeinschaftsangebote auf regionaler Ebene machen es Investoren schwierig, Gemeinden gegeneinander auszuspielen (vgl. V. ROHR 1995, S. 555). Die Vorbereitung für ein gemeinsames Management muß in der Regel von der oberen Einheit der Gemeindeverwaltungen vorgenommen werden, da wirtschaftliche Interessen betroffen sind und die Autonomie der Gemeinden eingeschränkt wird. Kooperation kann dem sogenannten Bürgermeisterwettbewerb bei der Ausschreibung von Gewerbegebieten vorbeugen und so einen erheblichen landschaftsschonenden Effekt erzielen. 1996 gab es bereits 111 von mehreren Kommunen gemeinsam betriebene Gewerbe- oder Industriegebiete (vgl. TEICHERT et al. 1998, S. 64f.).

4.5 Bürgerbeteiligung und Erfahrungsaustausch

Probleme bei der Reaktivierung von Brachflächen, beispielsweise Fehlentwicklungen bei den Folgenutzungen oder mangelnde Akzeptanz innerhalb der Bevölkerung, können durch Beteiligung der Bürger und Erfahrungsaustausch vermieden werden. Veranstaltungen in den betroffenen Regionen können Bürgern und politischen Vertretungen die Gelegenheit zur Mitwirkung geben. Ein organisierter Erfahrungsaustausch sowie ein Kommunikations- und Aufklärungsprozeß an runden Tischen wären wichtige Beiträge, um ein Bewußtsein für die Flächeninanspruchnahme und mögliche Auswege zu schaffen. Würde man täglich 30 km Autobahn bauen (entspricht inklusive Banketten, Böschungen, Auffahrten etc. der täglichen Freiflächeninanspruchnahme von ca. 120 ha), wäre Widerstand aus der Bevölkerung gewiß (vgl. KLAUSCH 1984, S. 9). Da sich aber, wie gezeigt, der Flächen-verbrauch auch in einer Vielzahl von kleinsten Einzelschritten und -maßnahmen (Garagen, Zufahrten, Erweiterungen etc.) vollzieht, entsteht weder Bewußtsein noch Widerstand.

Jede weitere Maßnahme – auch wenn sie in einem kleinen Rahmen stattfindet – trägt zu nachhaltigem Flächenmanagement bei. Im Mittelpunkt hat hierbei eine vehemente Öffentlichkeitsarbeit zu stehen, z.B. über eine Sensibilisierung der Öffentlichkeit durch Medien und die Aufklärung über die Umweltfolgen ('public awareness').

5. Das Wettbewerbsmodell

Bewußtmachung, das heißt hier Aufklärung über die ungebremste Inanspruchnahme des Bodens, allein reicht nicht aus. Gleichzeitig müssen Anreize geschaffen werden, sich des Themas anzunehmen, was wiederum viel zur Wahrnehmung des Problems beitragen kann. Die Praxis zeigt, daß sich echte Anreize nur über eine gezielte finanzielle Förderung schaffen lassen. Leider steht bis heute bei keinem "Topf" die Reduzierung der Flächeninanspruchnahme im Vordergrund der Förderpolitik. Im Gegenteil: Viele Subventionen bewirken geradezu eine starke Flächeninanspruchnahme. Hierzu zählen zum Beispiel die Maßnahmen zur Wirtschaftsförderung strukturschwacher ländlicher Räume bzw. der Gemeinschaftsaufgabe Verbesserung der regionalen Wirtschaftsstruktur (GRW), Landesmittel aus den Wirtschafts- und Umweltministerien zur Schaffung von Industrie- und Gewerbegebieten, die Wohnbauförderung sowie in unterschiedlichem Maß die Fördermittel aus der Europäischen Union. Selbstverständlich lassen sich sämtliche Mittel auch für flächensparende Maßnahmen nutzen, besonders im Bereich des Brachflächenrecycling, jedoch sind sie nicht explizit hierfür vorgesehen. Daher muß eine Fördermöglichkeit entwickelt und bereitgestellt werden, die eine Reduzierung der Flächeninanspruchnahme und ein besonders nachhaltiges und innovatives Flächenmanagement zur Bedingung hat.

Jedoch sollten den Kommunen keine Vorgaben gemacht werden, wie diese Ziele zu erreichen sind, um sie in ihrem Handlungsspielraum nicht einzuschränken und um die Kreativität und die Vielfalt möglicher Lösungsansätze zu fördern. Dies könnte über ein Wettbewerbsmodell erreicht werden:

1. Auf Landesebene werden Mittel erheblichen Umfangs für einen Innovationswettbewerb "Flächensparen" bereitgestellt. Generiert werden sie z.B. aus den bestehenden Fördertöpfen der Wirtschafts- und Umweltministerien, dem kommunalen Finanzausgleich oder den Regionalisierungsmitteln.
2. Aufgabe des Wettbewerb ist es, während einer Laufzeit von fünf Jahren Maßnahmen zu einer möglichst flächensparenden, nachhaltigen Entwicklung einzuführen und umzusetzen.
3. Bewerben können sich Kommunen. Diese müssen einen Masterplan für den fünfjährigen Entwicklungszeitraum vorlegen, in dem dargestellt wird, mit welchen Maßnahmen bzw. mit welchem Maßnahmenpaket ein nachhaltiges Flächenmanagement erreicht werden soll. Die Motivation für die Teilnahme liegt einerseits in der hohen Förderung im Erfolgsfall, andererseits sind durch ein „Umtopfen" bisheriger Mittel in diese neue Fördermaßnahme nur wenige Alternativen vorhanden.
4. Nach Auswertung der Masterpläne erhalten die Bewerber eine Förderzusage, deren Höhe je nach Maßnahme und Instrumentenverbund differiert, in jedem Fall aber nur einen prozentualen Anteil (z.B. 50 % und Vorgabe eines Maximalfördersatzes) der zu erwartenden Aufwendungen ausmacht. Eine Einschränkung auf bestimmte Instrumente oder Modelle bzw. Umsetzungs-strategien gibt es nicht.
5. Eine regelmäßige Berichterstattung ist Voraussetzung für die Teilnahme. Neben der Überprüfung der Mittelverwendung wird vor allem auf eine kritische Bewertung der bisherigen Erfolge wert gelegt.
6. Am Ende der Förderperiode (nach 5 Jahren) findet eine Evaluation statt. Die Städte und Kommunen erhalten erneut einen Zuschuß bzw. eine Prämie, abgestuft nach dem Erfolg, d.h. nach der Effizienz ihrer Maßnahmen.
7. Soweit erfolgreich wird ein Folgeprogramm aufgelegt.

Dieses Wettbewerbsmodell schließt die Förderung von Bau- und Infrastrukturmaßnahmen aus, die eine schädliche Auswirkung auf die Flächeninanspruchnahme haben. Allein diese Tatsache wäre eine wichtige Innovation der staatlichen Förderpolitik. Die Umsetzungschancen sind deutlich höher als bei den diskutierten Modellen, da finanzielle Anreize im Vordergrund stehen, die die entstehenden Nachteile (z.B. Minderung oder Wegfall anderer Finanzierungsmöglichkeiten) in den Hintergrund treten lassen.

Der Wettbewerb läßt die Möglichkeit offen, ganz unterschiedliche Modelle einzusetzen. Hierbei muß das Rad nicht immer neu erfunden werden, denn es gibt bereits eine Vielzahl von Instrumenten, wie z.B. Entsiegelungsprogramme, projektbezogene Zweckzuweisungen, Nachverdichtungsförderung, Zuwendungen für Flächenrecycling etc., die finanzielle Anreize nutzen, um umweltgerechtes Verhalten zu fördern. Das besondere an dem hier vorgeschlagenen Wettbewerbsmodell ist, dass das Förderprogramm nicht auf eine Maßnahme festgelegt ist, weil nicht alle Instrumente allerorts anwendbar sind. So macht beispielsweise eine Förderung des Flächenrecyclings nur dort Sinn, wo auch (wiedernutzbare) Brachflächen vorhanden sind. Die Möglichkeit, mehrere Instrumente zu kombinieren, erhöht die Effizienz und die Raumbedeutsamkeit. Außerdem kann für jede Region die den meisten Erfolg versprechende Verfahrensweise gewählt werden.

Überdies lassen sich durch dieses Wettbewerbsmodell unerwünschte Nebenwirkungen vermeiden. Ein Beispiel: In Rheinland-Pfalz wird seit zehn Jahren mit großem Erfolg ein Konversionsprogramm durchgeführt, bei dem das Innenministerium in vorbildlicher Zusammenarbeit mit dem Arbeits- und Wirtschaftsministerium Mittel für die Revitalisierung von Konversionsliegenschaften bereitstellt. Eine Erkenntnis aus den regelmäßig stattfindenden Evaluationen der Konversionspolitik war die Einsicht, daß eine reine Standortkonversion in manchen Fällen auch kontraproduktiv sein kann: Wenn in einer ländlichen Gemeinde ein großer Militärflughafen stillgelegt wird, ist sie zweifelsohne sehr stark davon betroffen. Der Abzug bedingt nicht nur einen großen Kaufkraftverlust für die Region, sondern wirkt sich ebenso auf die Zivilbeschäftigten, die abhängigen Wirtschaftszweige etc. bis hin zum allgemeinen Befinden und zum Image der Region aus. Diese sogenannte Konversionsbetroffenheit muß durch Förderung ausgeglichen werden. Doch oftmals befinden sich diese Standorte zwar in einer militärstrategisch günstigen Lage, ansonsten aber abseits jeglicher Entwicklungsachsen, so daß genau genommen nur die Renaturierung als sinnvolle Nachnutzung in Frage kommt. Mit Natur schafft man aber keine Arbeitsplätze und keinen Ausgleich für die Konversionsbetroffenheit, also versuchen die Kommunen natürlich auf das Konversionsprogramm zuzugreifen, um an diesem Standort eine neue Entwicklungsperspektive zu schaffen. In ungünstiger Lage und mangels Erfahrung im Flächen- und Projektmanagement sind solche eingepflanzten Vorhaben mit großen Risiken behaftet. Diese Erkenntnis führte in Rheinland-Pfalz zum Leitbild der sogenannten Raumkonversion. Diese soll es den betroffenen Kommunen ermöglichen, auch eine standortunabhängige Förderung zu erhalten, um die Konversionsbetroffenheit zu lindern. Dieses Beispiel zeigt, daß Modelle, die sich für die Förderung bestimmter Maßnahmen mit ökologischer Lenkungsfunktion aussprechen, auch zu unerwünschten Effekten führen können. Sie verleiten zuweilen dazu, Fördermittel zwar zweckgebunden, aber ungeachtet der Zweckmäßigkeit einzusetzen. Nicht selten werden Programme aufgelegt, die nur den Zweck haben, sich Fördermittel nicht entgehen zu lassen. Ein Innovationswettbewerb würde die förderfähigen Maßnahmen deutlich weniger einschränken und läßt durch diesen Spielraum eine höhere Effizienz erwarten.

Die vorgestellten Steuerungsinstrumente könnten, soweit zulässig, ebenfalls zum Einsatz kommen. Den Kommunen steht es frei, über den Hebesatz Fläche zu verteuern oder selbstauferlegte Mengenlösungen einzuführen. Ein wichtiger Effekt des Wettbewerbsmodells liegt in der Erprobung theoretischer Maßnahmen. Im Praxistest lassen sich wichtige Erfahrungen sammeln, die durch die Berichterstattung gut dokumentiert sind und auf deren Basis ein Erfahrungsaustausch stattfinden kann. Am Ende der ersten Förderperiode (nach fünf Jahren) liegen umfassende Erkenntnisse zu den von den Kommunen eingeführten Instrumenten und Maßnahmen vor. Die geeignetsten können nun bei Bedarf bundesweit verbindlich eingeführt werden.

Nicht zuletzt schafft ein breit angelegter, über mehrere Jahre andauernder Innovationswettbewerb ein hohes Bewußtsein für die Problematik und legt so eine Basis für noch raumwirksamere Steuerungsinstrumente. Die Bundes- oder Landesgartenschauen könnten ebenso wie die dezentralen Expoprojekte ein Vorbild für diesen Wettbewerb sein. Der finanzielle Anreiz ist Bedingung für das kommunale Interesse, während der Wettbewerbscharakter und dessen Inhalte das Thema Flächenverbrauch endlich in die Öffentlichkeit transportieren.

6. Fazit

In Deutschland wird zur Zeit pro Jahr mit rund 470 km² (1999) mehr Fläche überbaut als die Stadt Köln (405 km²) oder das Bundesland Bremen (404 km²) insgesamt in Anspruch nehmen (vgl. PÜTZ u. JOB in diesem Band, S. 8). Ein sofortiger und drastischer Rückgang des Flächenverbrauchs läßt sich nur erreichen, wenn Fläche teurer wird. Mit einer behutsamen Anhebung des Flächenpreises ist es allerdings nicht getan. Ein Umdenken, eine Neuorientierung, die Suche nach Alternativen und alle weiteren notwendigen Effekte auf die Flächeninanspruchnahme werden nur dann nachhaltig einsetzen, wenn die Verteuerung ein Mehrfaches des heutigen Preises ausmacht. Unter dieser Einschränkung sind alle vorgestellten Modelle (Preis- und Mengenlösungen, kombinierte Modelle etc.), die sich auf den Preis auswirken, prinzipiell als Steuerungsmodelle geeignet. Eine solche (Preis-)Entwicklung kann jedoch nicht von heute auf morgen eingeleitet werden, weil dies auf viele (politische) Widerstände stoßen würde. Sollte es aber gelingen, ein gesellschaftliches Bewußtsein für die Problemlage zu schaffen, wie es in vielen anderen umweltrelevanten Bereichen schon vorhanden ist, würden sich die Umsetzungschancen stark erhöhen. Der vorgeschlagene Innovationswettbewerb "Flächensparen" könnte hierzu einen großen Beitrag leisten.

Literaturverzeichnis

APEL, D. et al. (Hrsg.) (1995): Flächen sparen, Verkehr reduzieren. Möglichkeiten zur Steuerung der Siedlungs- und Verkehrsentwicklung. (= Difu-Beiträge zur Stadtentwicklung, Bd. 16). Berlin.

APEL, D. (1999): Ökonomische Instrumente zur flächensparenden und ressourcenschonenden Siedlungsentwicklung. In: Bergmann, A. et al. (Hrsg.): Siedlungspolitik auf neuen Wegen. Steuerungsinstrumente für eine ressourcenschonende Flächennutzung. Berlin, S. 245-256.

APEL, D. (2001): Zur Reform der Grundsteuer. In: PlanerIn. Fachzeitschrift für Stadt-, Regional- und Landesplanung, H. 1, S. 62-63.

BERGMANN, A. et al. (Hrsg.) (1999): Siedlungspolitik auf neuen Wegen. Steuerungsinstrumente für eine ressourcenschonende Flächennutzung. Berlin.

BfLR - BUNDESFORSCHUNGSANSTALT FÜR LANDESKUNDE UND RAUMORDNUNG (Hrsg.) (1996): Städtebaulicher Bericht. Nachhaltige Stadtentwicklung. Herausforderungen an einen ressourcenschonenden und umweltverträglichen Städtebau. Bonn.

BIZER, K. (1995): Flächenbesteuerung mit ökologischen Lenkungswirkungen. Zum Mythos der Grundsteuer und den Anforderungen an eine ökologische Flächensteuer. In: Natur und Recht, 8, S. 385-391.

BIZER, K. et al. (1998): Mögliche Maßnahmen, Instrumente und Wirkungen einer Steuerung der Verkehrs- und Siedlungsflächennutzung. Enquête-Kommission „Schutz des Menschen und der Umwelt" des 13. Deutschen Bundestages, Konzept Nachhaltigkeit. Berlin u.a.

BIZER, K. UND E. BERGMANN (1998): „Steuerung der Flächeninanspruchnahme über preisliche Anreize". In: Zeitschrift für angewandte Umweltforschung, 3/4, S. 358-377.

BIZER, K. (1999): Die Flächennutzungssteuer. In: WESTDEUTSCHE IMMOBILIENHOLDING GMBH (Hrsg.): Die Novellierung der derzeitigen Grundsteuer – Immobilienwirtschaftliche Auswirkungen. Marktbericht VII, Düsseldorf , S. 26-35.

BIZER, K. (1999a): Flächennutzungssteuer und Flächenausweisungsrechte. In: Bergmann, A. et al. (Hrsg.): Siedlungspolitik auf neuen Wegen. Steuerungsinstrumente für eine ressourcenschonende Flächennutzung, Berlin, S. 278-288.

BMVBW - BUNDESMINISTERIUM FÜR VERKEHR, BAU- UND WOHNUNGSWESEN (Hrsg.) (1999): Planen, Bauen, Erneuern. Informationen zum neuen Städtebaurecht. Bonn.

BUNDESMINISTER DES INNEREN (Hrsg.) (1985): Bodenschutzkonzeption der Bundesregierung. (= Bundestags-Drucksache 10/2977). Stuttgart u.a.

DOSCH, F. (1994): Gewerbebrachen als Baulandreserven. In: BFLR - BUNDESFORSCHUNGSANSTALT FÜR LANDESKUNDE UND RAUMORDNUNG (Hrsg.): Bestand, Bedarf und Verfügbarkeit von Baulandreserven. Umfrageergebnisse und Regionalerhebungen. (= Materialien zur Raumentwicklung, Heft 64), Bonn, S. 123-134.

EINIG, K. (1999): Handelbare Ausweisungs- und Bebauungsrechte: Marktanaloge Instrumente zur Begrenzung der baulichen Flächeninanspruchnahme. In: Libbe, J.: Neue Instrumente zur Steuerung des Flächenverbrauchs. Dokumentation der Beiträge zum Seminar „Knappe Ressource Fläche: Vorschläge für neue Instrumente zur Steuerung der Siedlungsentwicklung" des Deutschen Instituts für Urbanistik am 7. und 8. Dezember 1998 in Berlin. (= Dokumentation „Forum Stadtökologie" 10), Berlin, S. 43-56.

EINIG, K. UND G. HUTTER (1999): Durchsetzungsprobleme ökonomischer Instrumente – das Beispiel handelbarer Ausweisungsrechte. In: Bergmann, A. et al. (Hrsg.): Siedlungspolitik auf neuen Wegen. Steuerungsinstrumente für eine ressourcenschonende Flächennutzung. Berlin, S. 289-309.

EITEL, J. (1999): Einsparpotenziale im Freiflächenverbrauch durch Brachflächenrecycling. Unveröffentlichte Magisterarbeit, Universität Trier.

ENQUÊTE-KOMMISSION „SCHUTZ DES MENSCHEN UND DER UMWELT - ZIELE UND RAHMEN-BEDINGUNGEN EINER NACHHALTIG ZUKUNFTSVERTRÄGLICHEN ENTWICKLUNG" (Hrsg.) (1998): Abschlußbericht. Konzept Nachhaltigkeit. Vom Leitbild zur Umsetzung. (= Bundestags-Drucksache 13/11200). Bonn.

ESTERMANN, H. UND H.-P. NOLL (1997): Brachflächenrecycling als Chance – die Brache eine Ressource? In: Kompa, R., M. v. Pidoll und B. Schreiber: Flächenrecycling. Inwertsetzung, Bauwürdigkeit, Baureifmachung, Berlin u.a., S. 4-17.

HERMANNS, K. (1994): Ökologische Altlasten in der kommunalen Praxis – eine Einführung. In: Hermanns, K. und H. Walcha (Hrsg.): Ökologische Altlasten in der kommunalen Praxis. (= Aufgaben der Kommunalpolitik, Bd. 11). Köln, S. 1-3.

KEDING, H. (1997): Vergleich der Kosten von baureifen Wohnbauflächen auf innerstädtischen Brachflächen mit Altlasten und auf ehemaligen Freiflächen am Ortsrand. In: ILS - Institut für Landes- und Stadtentwicklungsforschung des Landes Nordrhein-Westfalen (Hrsg.): Wohnquartiere auf innerstädtischen Brachflächen.(= ILS-Schriften, Bd. 105). Dortmund, S. 61-74.

KLAUSCH, H. (1984): Landschaftsverbrauch und Flächenrecycling. In: ILS - Institut für Landes- und Stadtentwicklungsforschung des Landes Nordrhein-Westfalen (Hrsg.): Flächenverbrauch und Wiedernutzung von Brachflächen. Beiträge zum Thema „Freiraum im Städtebau – neu gesehen". (= Schriftenreihe 2: Stadtentwicklung - Städtebau, Bd. 2.049). Dortmund, S. 9-17.

REISS-SCHMIDT, S. (1997): Vom Flächenrecycling zum Flächenmanagement – Interessenkonflikte und Lösungsansätze. In: Kompa, R., M. v. Pidoll und B. Schreiber: Flächenrecycling. Inwertsetzung, Bauwürdigkeit, Baureifmachung, Berlin u.a., S. 18-30.

ROHR, H.-G. V. (1995): Interkommunale Gewerbeflächenpolitik als Zukunftsstrategie. In: Geographische Rundschau, 47, Heft 10, S. 551-555.

SELKE, W. UND B. HOFFMANN (Hrsg.) (1995): Wiedernutzung von Industriebrachen. Simulation der integrierten Nutzungs- und Sanierungsplanung von Altlasten (SINUS). (= Praxis der Altlastensanierung, Bd. 9). Bonn.

TEICHERT, V. et al. (1998): Lokale Agenda 21 in der Praxis. Kommunale Handlungsspielräume für eine nachhaltige Wirtschaftspolitik. (= Texte und Materialien der Forschungsstätte der Evangelischen Studiengemeinschaft, Reihe A, 44). Heidelberg.

TUROWSKI, G. (1998): Aspekte einer nachhaltigen Flächennutzung in Deutschland. In: ARL – Akademie für Raumforschung und Landesplanung (Hrsg.): Nachhaltige Raumentwicklung. Szenarien und Perspektiven für Berlin-Brandenburg. (= Forschungs- und Sitzungsberichte, Bd. 205). Hannover, S. 34-50.

WESTDEUTSCHE IMMOBILIENHOLDING GMBH (Hrsg.) (1999): Die Novellierung der derzeitigen Grundsteuer – Immobilienwirtschaftliche Auswirkungen. Marktbericht VII. Düsseldorf.

DIE ZUKUNFT DER „INNEREN PERIPHERIE" ALS CHANCE DER STADT-ENTWICKLUNG

Thomas Sieverts und Jens Trautmann

Kurzfassung

Durch das Freiwerden innerstädtischer Militär-, Industrie- und Siedlungsflächen steht die Stadtentwicklung gegenwärtig vor der Herausforderung, die neue "innerstädtische Peripherie" wieder inwertzusetzen. Der Beitrag zeigt zunächst die städtebauliche Bedeutung von Industriestandorten aus historischer Perspektive. Anhand von zwei Fallstudien wird untersucht, wie die Transformation alter Industriebrachen zu hochwertigen Kultur-, Wohn- und Wirtschafts-standorten gelingen kann: (1) die ehemalige Zeche „Nordstern" und der „Horst Heßler"-Landschaftspark in Gelsenkirchen; (2) die Innenstadt-West und der Westpark in Bochum auf einem ehemaligen Gelände der Stahlindustrie. Die Beispiele zeigen, daß es sich lohnt, über einen langen Zeitraum wirtschaftliche und technische Anstrengungen zu unternehmen, um die einmalige Chance zu nutzen, die sich der zukünftigen Stadtentwicklung durch die neue "innere Peripherie" bietet.

1. Die „innere Peripherie" als neue Herausforderung der Stadtentwicklung

Die strukturellen Umwälzungen im letzten Jahrzehnt haben nicht nur auf der politischen und wirtschaftlichen Landkarte Europas ihre sichtbaren Spuren hinterlassen, sie wirken auch tief in die städtebaulich strukturellen Entwicklungen unserer Tage hinein (vgl. BMVBW, BMZ 2001; HESSE u. SCHMITZ 1998). War im westlichen Wirtschaftsraum bereits seit einigen Jahrzehnten der Strukturwandel weg von den "alten Industrien" absehbar, so wurde dieser Prozeß durch die europäische Wende in den Jahren 1989/90 und die damit einhergehenden Veränderungen in Osteuropa in Dynamik und Dimension gleichsam potenziert. Und nicht nur das: Neben der durch zunehmende Globalisierung verstärkten Deindustrialisierung, verbunden mit dem Brachfallen ganzer Industriestandorte, treten zwei weitere und in dieser Größenordnung neue Entwicklungsszenarien auf die Tagesordnung, die in ihren Auswirkungen unser Stadtbild und die Strukturen unserer Stadtlandschaft für die nächsten Jahrzehnte prägen werden.

Eine dieser Entwicklungen ist in Mitteleuropa nahezu abgeschlossen: Im Zuge der militärischen Demobilisierung und der damit verbundenen Standortaufgabe wurden in großem Umfang Flächen freigesetzt – Konversionsflächen mit einem in der Regel umfangreichen, aber nur begrenzt neuen Nutzungen zuführbaren Gebäudebestand und einer für zivile Zwecke wenig geeigneten Erschließungs- und Infrastruktur.

Die andere Entwicklung steht erst an ihrem Anfang und berührt unmittelbar den Entwicklungshorizont zahlreicher Städte und Gemeinden in den neuen Bundesländern. Oft in symbiotischem Zusammenhang mit den großen Industrieansiedlungen in der ehemaligen DDR sind die Großwohnsiedlungen in Plattenbauweise entstanden, die mit dem Niedergang der Industrie und dem mentalen Verfall ihrer Wertschätzung einen vielerorts dramatischen Leerstand zu verzeichnen haben. Abbruch und Rückbau von einzelnen Gebäuden, Quartieren oder ganzen Siedlungen, die auch mit hohen Aufwendungen angesichts einer in die wirtschaftsstarken Standorte abwandernden Bevölkerung nicht mehr am Markt zu halten sind, werden auch hier in beachtlichem Umfang Brachen hinterlassen.

Unter städtebaulichen Horizonten gesehen nahezu zeitgleich sind durch Industrie-, Militär- und Siedlungsbrachen Entwicklungsprozesse in Gang gesetzt, die in ihrem Umfang eine qualitativ neue Perspektive für die Stadtentwicklung eröffnen (vgl. SIEVERTS 1998). Diese Brachflächen sind trotz verschiedenartiger Zweckbestimmung und unterschiedlicher städtebaulicher Prägung vor dem Hintergrund politischer, wirtschaftlicher und sozioökonomischer Veränderungen durch eine gemeinsame Eigenschaft gekennzeichnet: Es sind verfügbare Flächen. Die mit dem Freiwerden dieser Flächen entstehenden Entwicklungspotentiale sind nur mit dem Schleifen der alten Stadtbefestigungen vor gut zweihundert Jahren vergleichbar. Damals wie heute ist eine Art "Innere Peripherie" entstanden bzw. im Entstehen begriffen, die bei aller Unterschiedlichkeit wichtige gemeinsame Merkmale aufweist. Viele dieser Flächen sind faktisch in das innere Stadtgefüge eingewachsen und reichen teilweise bis an die Kernstadt heran. Sie sind zwar in das innere und äußere Erschließungssystem eingebunden, stellen jedoch in ihrer bis dato monofunktionalen Prägung oftmals eine Behinderung für eine lebendige und dynamische Stadtentwicklung dar. Die meist eindimensionale mentale Vorprägung belastet die Standorte erheblich und versperrt den Blick auf eine integrative Entwicklung.

2. Industriebrachen als Baustein zukünftiger Stadtentwicklung

Unabhängig von den Gemeinsamkeiten und der Gleichzeitigkeit der "Freisetzungsprozesse" zu Industriebrachen, Konversionsflächen und Siedlungsbrachen kommt den Standorten der alten Industrien zweifellos die größte Bedeutung für die zukünftige Stadtentwicklung zu (vgl. KOLL-SCHRETZENMAYR 2000).

Mit der radikalen Landnahme der Schwerindustrie im 19. Jahrhundert fand unser heutiges Stadtbild seine Prägung. Die Wurzeln hierfür wurden binnen weniger Jahrzehnte im Gefolge immer neu erschlossener Rohstoffvorkommen gelegt, die tradierten Schlüsselstandorte an Wasserstraßen und entlang der Schienen- und Straßenwege wurden mit kaum vorstellbarer Energie und Vehemenz entwickelt. Mehr als 150 Jahre, bis weit in die Zeit nach dem zweiten Weltkrieg hinein, übernahmen diese Industrien so die Rolle des „Stadtbildners" unserer Tage und zogen die Stadt immer weiter ins Umland hinein. Im Gefolge der Industrien entstanden gleichsam symbiotisch wie divergierend immer wieder neue (schwere) Infrastrukturen - die großen See- und Flußhäfen, neue Wasserstraßen und für die Schiffahrt begradigte Flußläufe, die gewaltigen Bahnhöfe als Umschlagplätze für den Landverkehr sowie ein immer dichter gewobenes Straßennetz - neben wachsenden Arbeitervorstädten, Werkssiedlungen, Kleingärten, sozialen Bezugspunkten und Einrichtungen. Es war der Nährboden für eine stadtbildprägende Entwicklung gegeben, die beginnend mit der industriellen Revolution den Innovationszyklus der alten Industrieländer ausmachte.

Dieser Prozeß ist mit dem Sterben der Schwerindustrie nahezu zum Erliegen gekommen. Längst bestimmen andere Kriterien die Standortgunst und fördern ihrerseits die Ansiedlung der wirtschaftlichen Schlüsselbranchen. Während die Schwerindustrie als Garant des „alten Bruttosozialproduktes" rücksichtslos ihre Landnahme betrieben und ihre Standorte ökonomisch und ökologisch ausgebeutet hat, sind im heutigen Innovationszyklus landschaftliche Attraktivität, kulturelles Angebot, Freizeit-, Bildungs- und Versorgungsqualität Anreiz für die Ansiedlung von Unternehmen der Schlüsseltechnologien. Vielerorts wird neben guter Anbindung an die überregionalen Verkehrswege und guter regionaler Erschließung einem auf qualitativ hohem Niveau funktionierenden Dienstleistungsangebot und ökologisch durchdachten Standortkreisläufen nebst regenerierbaren Energien größter Wert beigemessen. Den ganz bewußt und nach den vorgenannten Kriterien gewählten Standort nutzen heute zahlreiche Unternehmen als Imagefaktor in einem Markt, der durch Fertigungseffizienz und erzielbare Produktqualität in der automatisierten Produktion zumindest bei hochwertigen Erzeugnissen für den Allgemeinverbraucher kaum Qualitätsunterschiede erkennen läßt. Es fällt zunehmend schwerer, sich von konkurrierenden Unternehmen abzusetzen. Atmosphärische Qualitäten werden so, beginnend mit der Standortwahl und den damit verbundenen Standortanforderungen über das ökologisch einwandfreie Produktionsprofil und das Selbstverständnis von Betriebsbelegschaft und –management, immer wichtiger und bis hin in das Endprodukt getragen. Nicht umsonst wagt sich Volkswagen mit seiner gläsernen Fabrik für seine Spitzenautomobile bis an das historische Dresdner Altstadtzentrum heran, erwirbt ein renommiertes Kölner Software-Unternehmen Teile der alten „Zementfabrik" in Bonn, direkt gelegen an der besonnten Uferpromenade des Rheinufers zu Füßen des Siebengebirges und sehen sich im Ruhrgebiet mit wachsendem Interesse auch etablierte Unternehmen die alten „neuen" Zechen und renaturierten Haldenstandorte an.

Ungeachtet dieser Tendenzen steht gleichsam ungebrochen immer noch der Verwertungsgedanke der fordistischen Industriegesellschaft im Vordergrund so mancher kommunalpolitischen Entscheidung und bestimmt das Programm der regionalen Wirtschaftsförderung (vgl. GÜLDENZOPH et al. 2000). Nur bebaute Fläche ist auch wirtschaftlich tragfähige Fläche. Fläche, die bereits einmal bebaut war, ist umgehend wieder wertschöpfend in den Verwertungskreislauf zu überführen.

Ungeachtet der eingangs skizzierten „Freisetzungsprozesse", die zumindest in vielen Städten und Gemeinden, die ihre Prägung durch die alten Industrien gefunden haben, in den nächsten Jahren zu einem „Brachflächenüberschuß" in ganz erheblichen Ausmaß führen werden, beherrschen zwei Strategien die Wirtschaftsförderung:

- Probates Mittel der kommunalen Ansiedlungspolitik ist nach wie vor die umfassende Ausweisung neuer, möglichst in jeder Hinsicht unbelasteter Industrie- und Gewerbestandorte, in der Annahme, die Lage an Autobahn und Schiene, die „freie" Bebaubarkeit und die geringen Erschließungskosten würden Unternehmen langfristig an den Standort binden.

- Wird dagegen die Entwicklung alter Industriestandorte in Angriff genommen, so kann am Ende nur die möglichst hohe bauliche Auslastung und in tradierter Art und Weise die vollständige bauliche Verwertung das Ziel sein. Wie ließen sich sonst die zweifelsohne vielerorts immensen Schwierigkeiten der Baureifmachung für neue Nutzungen wirtschaftlich darstellen. Zum einen belasten Altlasten und andere Kontaminationen die Böden. Zum anderen ist der Baugrund „gesättigt" mit den Relikten und Aufschüttungen oft mehrfacher Überformung durch die Schwerindustrie, denn jedes neue Verfahren brachte neue Maschinen und Technik sowie neue Hallen und weitere Gebäude mit sich. Die überkommene und für Maschinen errichtete Bausubstanz sprengt jegliche menschliche Dimension und täuscht in ihrer oft schönen, handwerklich wertvollen Anmutung meist über ihre „geplante Kurzlebigkeit" hinweg.

Nichtsdestotrotz bilden diese ehemals „verbotenen Städte" nach ihrem Brachfallen heute einen wertvollen Baustein in der zukünftigen Stadtentwicklung und das nicht zuletzt aus ihrer Lagegunst heraus. Es bestehen somit Anlaß und Notwendigkeit, die Chancen zur Inwertsetzung dieser neuen

„Innerstädtischen Peripherie" systematisch und strategisch überlegt zu nutzen. Natürlich bestehen Zielkonflikte und innere Widersprüche weiter fort und es bedarf daher geeigneter Planungs- und Entwicklungsverfahren, um die besagten Flächen dauerhaft und erfolgversprechend in den neu zu gestaltenden innerstädtischen Kontext einzubinden.

3. Die Inwertsetzung der „inneren Peripherie" – 2 Beispiele

Die Inwertsetzung der neuen „innerstädtischen Peripherie" soll mit Hilfe von zwei Beispielen aus der Praxis veranschaulicht werden (weitere Fallbeispiele finden sich u.a. bei KOLL-SCHRETZENMAYR 2000 und SCHELTE 1999):

- die Umgestaltung der ehemaligen Zeche „Nordstern" in Gelsenkirchen zum Gewerbepark und der „Horst Heßler"-Landschaftspark im Zusammenhang mit der Bundesgartenschau 1997;
- die Entwicklung der Innenstadt-West in Bochum mit dem Westpark auf dem ehemaligen Gelände der Stahlindustrie.

Die zwei Standorte mit jeweils eigener Zielsetzung befinden sich gegenwärtig noch in der Entwicklung und sollen nach teilweise jahrzehntelangem Brachliegen zu neuen städtebaulichen Bausteinen mit neuem Nutzungs- und Gestaltungsprofil umcodiert werden. Dieser Prozeß wird sich, auch wenn schon erste Ergebnisse der Neustrukturierung aufgezeigt werden können, noch über Jahre, in Teilen auch über Jahrzehnte hinziehen, bis diese alten Standorte der Schwerindustrie in das umliegende Stadtgefüge eingebunden sind.

3.1 Gewerbepark „Nordstern" und „Horst Heßler"-Landschaftspark in Gelsenkirchen

Seit Mitte der 1990er Jahre befindet sich der Gewerbepark „Nordstern" auf dem ehemaligen Zechengelände in Gelsenkirchen im Zustand einer durch die Bundesgartenschau 1997 initiierten stetigen und regen Bautätigkeit. Der Name „Nordstern" ist in Gelsenkirchen und im Ruhrgebiet ein leuchtender Name und mittlerweile ein Symbol für Industriekultur. Damit auf das engste verknüpft ist die Zechenarchitektur der beiden großen Baumeister Schupp und Kremmer, die auch für die berühmte Zeche Zollverein XII verantwortlich gezeichnet haben. Die Zeche „Nordstern" ist Mitte der 1980er Jahre außer Betrieb gegangen, blieb aber in ihrem baulichen Bestand als industriearchitektonisch bedeutsames Ensemble weitgehend erhalten. Mitte der 1990er Jahre stellte sich im Zusammenhang mit der Bundesgartenschau eine ungewöhnliche Aufgabe. Eine aufgegebene Zeche von herausragender Architektur sollte so erhalten, umgebaut und ergänzt werden, daß bei weitgehender Erhaltung der Architektur und des beeindruckenden Zechenensembles Gewerbe-, Dienstleistungs- und Wohnnutzungen auf wirtschaftlich darstellbare Weise integriert werden können. Gleichzeitig bildete der Zechenkomplex das baulich dominante Element der Bundesgartenschau und sollte für temporäre Nutzungen, insbesondere die wechselnden Blumen- und Pflanzenschauen während des Veranstaltungssommers, zur Verfügung stehen (vgl. Photo 1). Alles in allem kein einfacher, sondern eine komplexer und komplizierter Transformationsprozeß, der noch dazu in den außerordentlich engen Zeitrahmen der BUGA-Vorbereitung einzufügen war. Ein Nutzungsprogramm für die Zeit nach der BUGA stand ebensowenig fest, wie Finanzmittel für einen durchgreifenden Umbau bereit standen. Öffentliche Mittel standen nur der Bundesgartenschau und den damit unmittelbar verbundenen Events und Parkanlagen zur Verfügung.

Photo 1: Blick über den Nordsternplatz bei Eröffnung der Bundesgartenschau

Es galt inbesondere die perspektivische Dauernutzung der baulichen Anlagen im Kontext der Bundesgartenschau vorzubereiten und die qualitative Prägung des neuen Gewerbe- und Dienstleistungsstandortes zu finden. Ein konventioneller Wettbewerb schied aus, weil dieser ein festes Programm und eindeutige Rahmenbedingungen voraussetzt. Daher wurde eine Mehrfachbeauftragung von Architekten mit Erfahrung im Umgang mit alten Industriebauten im kooperativen Verfahren gewählt. Im Zuge eines gemeinsamen Entwurfsseminars wurden die Grundlagen und allgemeinen Rahmenbedingungen für die Lösung der Aufgabe entwickelt. Die planerischen Überlegungen konzentrierten sich in der ersten Phase auf die Bestandsgebäude der Zeche, wobei in der städtebaulich-konzeptionellen Betrachtung zum Gesamtkomplex ein größerer Teil Neubebauung als Randbedingung für die späteren Ausbaustufen mitbedacht wurde. Die historische Zechenanlage selbst besteht aus drei typischen baulichen Elementen:

- Bereich 1: Verwaltung, Waschkaue und Magazin,
- Bereich 2: Förderschächte 1+2 mit Wagenumlauf, Sieberei und Fördermaschinen,
- Bereich 3: Maschinenhalle, Kesselhaus und Werkstätten.

Im Hinblick auf die spätere Umnutzung als Gewerbe- und Dienstleistungsbereich im neuen Landschaftspark wurde, ausgehend von der Struktur der Gebäude und einer groben Abschätzung des Nachfragepotentials, eine Typisierung für die Gebäude entwickelt, in der denkbare Nutzungen, Umbaukosten und erzielbare Mieterträge zusammengefaßt waren. Vor dem Hintergrund dieser Denkstruktur wurde eine gestaltbare Linie zwischen Erhalt, Abruch, Neubau und Verfremdung im Bestand gesucht, die die architektonischen Qualitäten der einzelnen Gebäude und des Gesamt-ensembles nicht nur erhalten, sondern durch die teilweise notwendigen Zu- und Umbauten auch ein neues, funktional ertüchtigtes „Gesamtkunstwerk" entstehen lassen sollte. Der individuellen Entwurfsarbeit der Architekten wurden dabei folgende übergeordnete Leitlinien zugrunde gelegt:

- Das städtebauliche Ensemble der Zechenbauten mit den charakteristischen Kubaturen, Silhouetten, Raumfolgen und Platzbildungen soll erhalten und über die Neubauten weiter profiliert werden.

- Die einfache Formensprache der historischen Zechenbauten bildet den gestalterischen Rahmen für die neuen Architekturen.

- Ausgehend von der Gebäudesubstanz und im Interesse einer möglichst flexiblen Nutzung sollen hallenartige Gebäude konzipiert werden, in die spätere Nutzungen vergleichsweise einfach eingebaut werden können.

- Tageslicht, verbunden mit passiver Sonnenenergienutzung, ist wichtiges energetisches und gestalterisches Prinzip, sowohl im Um- als auch im Neubaubereich.

- Ein insbesondere der BUGA verbundenes, aber auch für die späteren Nutzungen interessantes Thema ist die Frage nach der „Natur im Gebäude" mit dem Unterthema „Wasser im Gebäude", nicht zuletzt als Teil eines umfassenden Regenwasserregimes.

- Ebenso bedeutsam wie die Qualität der Architektur und Raumbildung ist für die Wirtschaftlichkeit der Erstinvestitionen, die laufenden Betriebskosten und den sparsamen Umgang mit den natürlichen Ressourcen eine Energieplanung, die in Abhängigkeit von der Nutzung mit variablen Auslegungstemperaturen und zumutbaren Schwankungen im Raumklima arbeitet, insbesondere vor dem Hintergrund der unter energetischen Aspekten problematischen Bausubstanz.

- Atmosphäre und Anmutung des zukünftigen Gewerbe- und Dienstleistungsstandortes werden ganz wesentlich von der Wahl der Materialien bestimmt. Vergleichbar mit den durch sehr wenige Materialien charakterisierten Bestandsgebäuden wird auch für die Neubauten ein beschränkter Materialkanon vorgesehen.

Das auf dieser Basis durchgeführte Entwurfsseminar gliederte sich in vier Arbeitsphasen:

1. Einstimmung auf die Planungsaufgabe und gemeinsame Ortsbesichtigungen,
2. Entwicklung erster Entwurfsideen zur städtebaulichen Gesamtsituation, zur Nutzung und zum Umbau einzelner Gebäude oder Gebäudegruppen,
3. vertiefende architektonische Bearbeitung, verbunden mit Kostenschätzung, und Überprüfung der Wirtschaftlichkeit der räumlichen Organisation,
4. Endbearbeitung der ganzen Aufgabe.

Jedes Architektenteam widmete sich in der Vertiefung ab der zweiten Arbeitsphase jeweils einem Gebäude bzw. einer Gebäudegruppe. Der gesamte Prozeß wurde extern moderiert und koordiniert. Das charakterisierende Merkmal des Entwurfsprozesses war die jeweils zwischengeschaltete Systematisierung und Zusammenfassung der Arbeitsergebnisse in Form eines „gezeichneten Protokolls", welches die Grundlage für die nachfolgende Arbeitsphase bildete. So konnte sich im gemeinsamen Diskussionsprozeß Schritt für Schritt auch der Planungsprozeß verfestigen, und aus der eingangs unscharfen Aufgabenstellung kristallisierte sich ein städtebauliches und gestalterisches Bild heraus, das als Entscheidungsgrundlage für die weiterführenden Planungs- und Realisierungsphase bis heute Bestand hat.

Inzwischen, d.h. mehrere Jahre nach der Bundesgartenschau, treten neben Lagegunst und logistischen Präferenzen vor allem die atmosphärischen und imagebildenden Qualitäten in den Vordergrund. Der „Horst Heßler Park" als wichtiger Baustein im Emscher-Landschaftspark bildet zusammen mit der dominanten Silhouette der alten Zeche den eindrucksvollen Rahmen für erschlossenes Bauland, wie es weder in Innenstadtlagen - die Ränder unserer historischen Parkanlagen sind längst mit hochwertigen Nutzungen besetzt - noch in typischen Gewerbelagen am Stadtrand zu finden ist. Die Firma „Spinnrad", ein führendes Unternehmen der ökologisch orientierten Drogeriebranche, siedelte sich in unmittelbarer Nähe der alten Zeche mit Zentralverwaltung und Produktion an und betreibt mit Erfolg ein hauseigenes Restaurant am Park für Kundschaft und Belegschaft. Und in den nächsten Jahren wird die THS, eine der großen Wohnungsbaugesellschaften des Ruhrgebietes, in den vom baulichen Bestand her schwierigsten Teil der Zeche, den ehemaligen Wagenumlauf, einziehen. Angesichts des attraktiven Umfeldes ist heute auch die Ansiedlung von Wohnungsbau auf dem Gelände wahrscheinlich, z.B. im ehemaligen Maschinenhaus, das bis auf Fassade und tragende Stahlkonstruktion reduziert ist als besondere Form neuartigen Wohnens und im Einzugsbereich der neuen Parkanlagen in Form von Einfamilien- und Reihenhäusern mit Anteilen an Geschoß-wohnungsbau.

Der parallel zur Initialmaßnahme der Bundesgartenschau angelegte Prozeß der moderierten Ideenfindung und konzeptionell vorbereitenden Planung läßt sich in wirtschaftlichen, erfolgreichen und hochwertigen Projekten wiederfinden. Auch wenn die Entwicklung noch einige Jahre in Anspruch nehmen wird, kann bereits jetzt davon ausgegangen werden, daß die immensen Primärinvestitionen in die sichtbare und erlebbare Qualität des Standortes dauerhaft Bestand haben werden.

3.2 „Westpark" Bochum

Das zweite Beispiel aus der Reihe von Projekten, die hier exemplarisch für die thematische und planerische Auseinandersetzung mit der Entwicklung alter Industrie- und Gewerbebrachen zu Standorten einer neuen „Innerstädtischen Peripherie" dargestellt werden sollen, ist die Entwicklung der Innenstadt-West in Bochum mit dem Initialprojekt „Westpark" auf dem ehemaligen Gelände der Stahlindustrie. Der Prozeß der Neubesetzung und Umcodierung dieses Areals beschäftigt die Autoren seit nunmehr zehn Jahren, beginnend mit ersten Strukturuntersuchungen und Entwurfsvorschlägen, über mehrere Workshops und die Entwicklung des Rahmenplanes bis hin zur planerischen und baulichen Umsetzung des Westparks als erstem großen Baustein.

Die Innenstadt-West in Bochum zählt zu den bedeutenden Zukunftsstandorten im Ruhrgebiet und steht in einer Reihe mit Projekten wie dem Innenhafen in Duisburg, der Weststadt in Essen, der Neuen Mitte Oberhausen und dem Standort rund um den Bahnhof in Dortmund. Für die Stadt wird eines der letzten großen Areale schwerindustrieller Nutzung in zentrumsnaher Lage wiedergewonnen. Mit der Stadtbahn sind es wenige Minuten bis zum Bochumer Hauptbahnhof. Die Innenstadt und das Rathaus mit Stadtverwaltung sind fußläufig in wenigen Minuten erreichbar. Eine jahrzehntelang für Werksfremde und für die Stadtplanung "verbotene Stadt" öffnet ihre Tore. Ein zentrumsnahes Stadtquartier soll hier neu entstehen.

Die industrielle Vergangenheit von Bochum-West reicht zurück bis in das Jahr 1842. Vor den Toren der damaligen westfälischen Kleinstadt wurde die Bochumer Hüttenindustrie gegründet: Mayer und Kühn, Bochumer Verein und schließlich Krupp waren die Namen, die hier bis Mitte der 1980er Jahre

Industriegeschichte geschrieben haben. Anlagen, Gebäude und Transportstrecken wurden gebaut, abgerissen und neu errichtet. Die Reststoffe, große Mengen an Schlacke, verblieben am Ort und wurden in Gründungen und Überdeckungen eingebaut. Bahndämme wurden aufgeschüttet, riesige Materialmengen bilden heute Hochplateaus auf den Resten alter Produktionsanlagen. Schlackenberge dienten als Baugrund für neue Werkshallen. Das Gelände wurde durch die Schwerindustrie im Laufe der vergangenen anderthalb Jahrhunderte gut sieben Mal durchgreifend überformt und Schicht für Schicht, einem „Troja des Industriezeitalters" gleich, entstand eine dramatische, der umliegenden Stadt entfremdete Topographie. Nachdem Ende der achtziger Jahre erste Teilflächen des Areals „Innenstadt West" freigesetzt und von Krupp veräußert wurden, eröffnete sich die einmalige Chance für die Stadt, diese Brachflächen in einen attraktiven Standort für Wohnen, Arbeiten, Kultur und Freizeit umzuwidmen. 1999 wurde auf dem Gelände als Initialprojekt und qualitätsdefinierendes Signal für den Standort ein neuer Stadtpark eröffnet, die vorerst letzte Schichtung auf einem Terrain, auf dem zuvor rund 150 Jahre lang Roheisen und Stahl hergestellt wurden.

Nach dem Abriß der meisten Produktionsanlagen verblieb eine terrassierte Landschaft mit beeindruckenden Industriebauten (vgl. Photo 2). Über dem Niveau der Stadt von 70 m NN folgen in Zehn-Meter-Sprüngen zwei Höhenschichten. Wie ein Krater liegt im Zentrum die 80-m-Ebene, auf der die "Jahrhunderthalle" thront, die ehemalige Energiezentrale des Werks. Darüber liegt auf 90 m NN ein breiter Geländesaum, auf dem ehemals Stahlwerk und Hochöfen standen. Steinerne Böschungen und weiche Geländemodellierungen trennen und verbinden die drei Niveaus, die gleichzeitig den raumgestalterischen Ansatz für die spätere Landschaft des neuen Stadtteils bilden.

Photo 2: Das Areal nach dem Brachfallen - im Bildmittelgrund die Jahrhunderthalle

Mit dem Bau des Stadtparks, dessen zweite Ausbaustufe im Jahr 2000 in Angriff genommen wurde, werden mehrere Ziele gleichzeitig verfolgt:

- Die Bewältigung der Bodenkontaminationen ist in die Gestaltungskonzeption integriert. Über ein intelligentes Massenregime werden belastete Schlacken, Erden und geschredderte Abbruchmaterialien gleichsam als geordnete Deponie zum Aufbau der abschließenden Geländemodellierung genutzt und abgedeckt.

- Das durch 150 Jahre Industrieentwicklung belastete Standortimage wird durch den neuen Park aufgewertet und macht den Bereich erst attraktiv für Investoren.

- Der Niedergang der Arbeit und bescheidenen Wohlstand spendenden Montanindustrie - immerhin waren zu den besten Zeiten der Stahlindustrie weit über 10 000 Beschäftigte auf dem Gelände tätig - wird umgedeutet in eine langfristig optimistische Perspektive für den Standort.

- Der bereits fertiggestellte äußere Park bildet einen Aufsichtsrahmen auf die in der Mitte des 10 m tieferen Niveaus gelegene bau- und kulturhistorisch wertvolle Jahrhunderthalle - den bereits heute in Szene gesetzten und auch zukünftig kulturellen Mittelpunkt des neuen Stadtteils mit überregionaler Bedeutung.

- Die umliegenden Wohnquartiere erhalten einen neuen Naherholungsbereich, von dessen Hochpunkten aus weite und dramatische Fernsichten in die veränderte Kulturlandschaft des neuen Ruhrgebietes eröffnet werden.

Der Entwurf des neuen Parks präpariert nunmehr die vorgefundene Geländeform heraus, überhöht an einigen wenigen Stellen und verbindet mit Rampen, Treppen und Brücken die drei Ebenen. Mehrere Hauptzugänge eröffnen die ehemals „verbotene Stadt" aus der unteren Ebene der Stadt, machen den Park gleichsam von allen Seiten durchlässig und stellen die wichtige Verbindung zu den regionalen Grünzügen mit ihren Fuß- und Radwanderwegen her.

Von einer neuen U-Bahnstation im Süden aus führt eine breite Treppenrampe hinauf auf die 90-m-Ebene (vgl. Photo 3). Aus dem Wohngebiet im Westen gelangt man über einen langen bequemen Anstieg zur Jahrhunderthalle auf das mittlere 80-m-Niveau des Parks. Eine Brücke von 70 m Länge überspannt zwischen dem sogenannten „Nordpol" und dem „Colosseum" das neue Tor zum Park. Von Westen führen zwei „schnelle" Aufgänge direkt auf das 90-m-Niveau: Über den geplanten Schrägaufzug gelangt man hinauf zur Spitze des „Nordpols", weiter nördlich wird eine alte Treppenanlage wiederhergestellt und führt über fast 100 Stufen zum Hochplateau. Wo auch immer der Einstieg gewählt wird, die Besucher gelangen sehr schnell zum oberen Rundweg, der Belle Etage des neuen Parks. Wie an einem roten Faden werden die Besucher ringförmig über einen knappen Kilometer zu den großen und kleinen Attraktionen geführt: Der „Nordpol" mit seinem beschaulichen Birkenwäldchen und dramatischen Steilböschungen bietet den Blick über die angrenzenden Stadtteile und in das Innere des Parks. Das sanft geneigte Hochplateau im Norden mit den weiten offenen Spielflächen, dem großen Rundblick auf Stadt und Region mit dem Anschluß über die neue Brücke an den regionalen Grünzug in Richtung Herten und Recklinghausen, wird am südlichen Rand begrenzt durch eine expressiv gestaltete Böschungskante zum inneren Krater mit der Jahrhunderthalle. Zwei neue Brücken schließen den oberen Rundweg: Ein 180 m langer Steg führt erhaben in Wipfelhöhe alter Birken vorbei, eine zweite Brücke, bis zu 15 m über Niveau, verbindet den „Nordpol" und das Dach des „Colosseums".

Photo 3: Rampentreppe an der Alleestraße - der neue Haupteingang in den Park

Die wilde Vegetation mit ihren Pionierpflanzen und Neubürgern hat im Laufe der 10-15 Jahre des Brachliegens alle freien Substrate besiedelt. Spontan erschienen, aber nachhaltig in ihrer Wirkung sind es Birken, auffällig blühender Sommerflieder oder unscheinbare Pappeln und Weiden, die mittlerweile zu einem veritablen Industriewald herangewachsen sind. Die eigene Ästhetik und die besonderen Lebensraumqualitäten dieser „Industrienatur" dringen auf eine weitgehende Erhaltung der Bestände - ein Glücksfall für den Park, ein Kapital, das nicht zu ersetzen ist. Schritt für Schritt verwandelt der Westpark Bochum die historischen Zeugnisse der industriellen Vergangenheit, die künstliche Topographie und die spontan aufgewachsene Vegetation zusammen mit den neuen Gestaltungselementen zu einer eigenen Parkästhetik (vgl. Photo 4). Als Initialmaßnahme der Wirtschaftsförderung schafft die Parklandschaft gute, zeitgemäße und langfristig wirksame Standortbedingungen für Investitionen in Wohn-, Gewerbe und Dienstleistungsbauten, die teilweise in die Parklandschaft eingebettet sind oder die ganz wichtigen und repräsentativen Randbereiche und Schnittstellen zu den umliegenden Stadtvierteln besetzen.

Neben dieser landschaftlich-räumlichen Qualitätsbestimmung des neuen Stadtteils soll das vielseitige Kulturangebot für jung und alt in der Jahrhunderthalle der zukünftigen Weststadt eine eigene kulturelle Identität geben. Nachdem Werner Durth bereits 1990/91 mit einer bemerkenswerten Ausstellung von Arbeiten der Mainzer Kunststudenten zum Gelände und seinen alten Industriebauten das Interesse der Öffentlichkeit weckte und Dirigent G.M.D. Kloke mit seinen Bochumer Philharmonikern erste große Konzerte in der Jahrhunderthalle gegeben hat, sollen diese kulturellen Ambitionen hier nun dauerhaft beheimatet werden. Ein modernes Zentrum für „Musik im Industrieraum" ist in Vorbereitung und könnte beim Gelingen des Vorhabens dem Standort dauerhaft Wertigkeit verleihen und dem Stadtteil einen kulturellen Mittelpunkt geben.

Photo 4: Blick über das nördliche Hochplateau mit der „Landmarke" ehemaliger Wasserturm

4. Fazit

Die zwei Fallbeispiele zeigen jeweils eigene Wege zur Entwicklung alter Industriebrachen auf und lassen erahnen, welche Kreativität und vor allem welche wirtschaftlichen und technischen Anstrengungen über lange Zeiträume hinweg unternommen werden müssen, um die Brachen der „Inneren Peripherie" langfristig und vor allem qualitätvoll im Stadtgefüge zu entwickeln.

Auch wenn bei allen Standorteigenheiten eine vergleichende und verallgemeinernde Betrachtung schwerfällt, so sollen abschließend einige Aspekte hervorgehoben werden, die auch bei der Entwicklung anderer Industriestandorte von fundamentaler Bedeutung sein könnten. Mit dem Brachfallen großer innerstädtischer Flächen besteht die einmalige Chance, ehemals verdichteten Stadtgebieten ein Stück Landschaft zurückzugeben, die zum Stadtbildner der nächsten Generationen werden kann. Diese Art der Qualitätsentwicklung bedarf immenser Vorleistungen und eines „langen Atems". Es wird also nur im Einzelfall ohne ein Engagement der öffentlichen Hand möglich sein, auf diese Weise die Zukunftsstandorte einer neuen Generation zu kreieren. Die Praxis bisheriger Wirtschaftsförderung mit ihren vorgezogenen, scheinbar scharf gerechneten Kalkulationen und Verwertungsmodellen muß neu geschrieben werden. Und nicht zuletzt bedarf es einer kulturellen Zielsetzung und Adressenbildung für die neuen Stadtteile, damit auch für langfristige Entwicklungsszenarien nachvollziehbare Arbeits- und Planungsthemen gegeben sind.

Literaturverzeichnis

BMVBW, BMZ - BUNDESMINISTERIUM FÜR VERKEHR, BAU- UND WOHNUNSWESEN, BUNDESMINISTERIUM FÜR WIRTSCHAFTLICHE ZUSAMMENARBEIT UND ENTWICKLUNG (Hrsg.) (2001): Auf dem Weg zur einer nachhaltigen Siedlungsentwicklung. Nationalbericht der Bundesrepublik Deutschland zur 25. Sondersitzung der Generalversammlung der Vereinten Nationen ("Istanbul+5"). Berlin.

GÜLDENZOPH, W., C. BARACHI, R. FAGETTI UND R.W. SCHOLZ (2000): Chancen und Dilemmata des Industriebrachflächenrecyclings. Fallbetrachtung Zentrum Zürich Nord. In: DISP 143, S. 10-17.

HESSE, M. UND S. SCHMITZ (1998): Stadtentwicklung im Zeichen von "Auflösung" und Nachhaltigkeit. In: Informationen zur Raumentwicklung, H. 7/8, S. 435-453.

KOLL-SCHRETZENMAYR, M. (2000): Strategien zur Umnutzung von Industrie- und Gewerbebrachen (= Berichte zur Orts-, Regional- und Landesplanung, 105). Zürich.

SCHELTE, J. (1999): Räumlich-struktureller Wandel in Innenstädten. Moderne Entwicklungsansätze für ehemalige Gewerbe- und Verkehrsflächen (= Dortmunder Beiträge zur Raumplanung, 97). Dortmund.

SIEVERTS, T. (1998): Die Stadt in der Zweiten Moderne, eine europäische Perspektive. In: Informationen zur Raumentwicklung, H. 7/8, S. 455-473.

Münchner Studien zur Sozial- und Wirtschaftsgeographie

Band 1: MEIENBERG, PAUL: Die Landnutzung nach Pan-, Infrarot- und Farbluftbildern. Ein Beitrag zur agargeographischen Luftbildinterpretation und zu den Möglichkeiten der Luftbildphotographie. 133 S., 43 Abb., 7 Tab., 1 Bildmappe. 1966, DM 58.-

Band 2: SCHÄTZL, LUDWIG: Die Erdölwirtschaft in Nigeria. Eine wirtschaftsgeographische Sektoralanalyse. 215 S., 26 Abb., 105 Tab. 1967, DM 38.-

Band 3: BOPST, WOLF-DIETER: Die arabischen Palästinaflüchtlinge, ein sozialgeographischer Beitrag zur Erforschung des Flüchtlingsproblems. Erich Thiel zum 70. Geburtstag gewidmet. 202 S., 16 Karten, 4 Abb., 58 Tab., 9 Lichtbilder. 1968, DM 30.-

Band 4: Zum Standort der Sozialgeographie. - W. Hartke zum 60. Geburtstag. 1968. *Vergriffen.*

Band 5: Almgeographische Studien in den slowenischen Alpen. Mit Beiträgen von RUPPERT, KARL und VOJVODA, M. 55 S., 3 Farbkarten, 1 Abb., 5 Tab. 1969, DM 25.-

Band 6: Zur Geographie des Freizeitverhaltens. 1970. *Vergriffen.*

Band 7: Sozialgeographische Probleme Südosteuropas. 1973. *Vergriffen.*

Band 8: Bevölkerungs- und Sozialgeographie. Deutscher Geographentag in Erlangen 1971. Ergebnisse der Arbeitssitzung 3. 123 S., 72 Abb. in separatem Kartenband. 1972, ISBN 3 7847 6508 4, DM 42.-

Band 9: MAIER, JÖRG UND RUPPERT, KARL: Geographische Aspekte kommunaler Initiativen im Freizeitraum, der "Verein zur Sicherstellung überörtlicher Erholungsgebiete in den Landkreisen um München e.V." als Beispiel. 32 S., 3 Abb. 1974, ISBN 3 7847 6509 2, DM 8.-

Band 10: POLENSKY, THOMAS: Die Bodenpreise in Stadt und Region München - Räumliche Strukturmuster und Prozeßabläufe. 100 S., 14 Karten. 1974, ISBN 3 7847 6510 6, DM 58.-

Band 11: LEVEDAG, ROLF: Industrialisierungstendenzen in den Kibbuzim. Wirtschafts- und sozialgeographische Aspekte. 252 S., 9 Karten, 40 Tab., 4 Abb. 1974, ISBN 3 7847 6511 4, DM 48.-

Band 12: PAESLER, REINHARD: Urbanisierung als sozialgeographischer Prozeß, dargestellt am Beispiel südbayerischer Regionen. XI+ 198 S., 51 S. im Anhang, 9 Kartenbeilagen. 1976, ISBN 3 7847 6512 2, DM 38.-

Band 13: LETTRICH, EDIT: Urbanisierungsprozesse in Ungarn. Sozialdemographische Analysen. 129 S., 38 Karten und Abb. 1975, ISBN 3 7847 6513 0, DM 26.-

Band 14: SZYMANSKI, MARGRET: Wohnstandorte am nördlichen Stadtrand von München. Sozialgeographische Planungsgrundlage. XV + 173 S., 29 S. im Anhang, 9 Abb., 20 Karten, 17 Tab. 1977, ISBN 3 7847 6514 9, DM 29.-

Band 15: PENZ, HUGO: Die Almwirtschaft in Österreich. Wirtschafts- und sozialgeographische Studien. 211 S., 6 Karten, 18 Abb., 49 Tab. 1978, ISBN 3 7847 6515 7, DM 39.-

Band 16: THÜRAUF, GERHARD: Industriestandorte in der Region München. Geographische Aspekte des Wandels industrieller Strukturen. XIII + 183 S., 37 S. im Anhang, 21 Karten, 12 Tab. 1975, ISBN 3 7847 6516 5, DM 44.-

Band 17: MAIER, JÖRG: Zur Geographie verkehrsräumlicher Aktivitäten. Theoretische Konzeption und empirische Überprüfung an ausgewählten Beispielen in Südbayern. 192 S., 28 Karten, 30 Abb., 9 Tab. 1976, ISBN 3 7847 6517 3, DM 42.-

Band 18: GRÄF, PETER: Zur Raumrelevanz infrastruktureller Maßnahmen. Kleinräumliche Struktur- und Prozeßanalyse im Landkreis Miesbach - ein Beitrag zur sozialgeographischen Infrastrukturforschung. *Vergriffen.*

Band 19: KERSTIENS-KOEBERLE, EDITHA: Freizeitverhalten im Wohnumfeld. Innerstädtische Fallstudien, Beispiel München. XXXV + 228 S., 24 Tab., 19 Karten, 14 Graphiken. 1979, ISBN 3 7847 6519 X, DM 45.-

Band 20: Räumliche Struktur- und Prozeßmuster in der SR Makedonien. Zusammengestellt von RUPPERT, KARL. 138 S., 16 Karten, 4 Skizzen, 1 Abb. 1980, ISBN 3 8747 6520 3, DM 35.-

Band 21: Industrialisierung und Urbanisierung in sozialistischen Staaten Südosteuropas. 152 S., 20 Tab., 22 Karten, 7 Abb. 1981, ISBN 3 7847 6521 1, DM 35.-

Band 22: HECKL, FRANZ XAVER: Standorte des Einzelhandels in Bayern - Raumstrukturen im Wandel. LVII + 242 S., 42 Tab., 15 Karten, 23 Abb. 1981, ISBN 3 7847 6522 X, DM 44.-

Band 23: Beiträge zur Landeskunde Jugoslawiens. Zusammengestellt von RUPPERT, KARL. 230 S., 58 Tab., 37 Karten, 24 Abb. 1983, ISBN 3 7847 6523 8, DM 47.-

Band 24: HAAS, HANS-DIETER; HESS, W.; SCHERM, GEORG: Industrielle Monostrukturen an Mikrostandorten. Ansätze zur Arbeitsplatzsicherung im Rahmen der Stadtentwicklungsplanung, dargestellt am Beispiel Albstadt. XXVI + 102 S., 39 Tab., 11 Karten, 14 Abb. 1983, ISBN 3 7847 6524 6, DM 35.-

Band 25: DECKER, HEDWIG: Standortverlagerungen der Industrie in der Region München. XXVI + 92 S., 36 Tab., 13 Karten, 3 Abb. 1984, ISBN 3 7847 6525 4, DM 45.-

Band 26: Geographische Strukturen und Prozeßabläufe im Alpenraum. Zusammengestellt im Auftrag des Verbandes Deutscher Hochschullehrer der Geographie von RUPPERT, KARL. 193 S., 40 Tab., 18 Karten, 38 Abb. 1984, ISBN 3 7847 6526 2, DM 56.-

Band 27: Raumstrukturen der randalpinen Bereiche Bayerns und Sloweniens. 135 S., 20 Tab., 9 Karten, 4 Abb. 1984, ISBN 3 7847 6527 0, DM 36.-

Band 28: HAAS, HANS-DIETER; SCHERM, GEORG: Der Bauxitbergbau als Entwicklungsfaktor - untersucht am Beispiel lateinamerikanischer Rohstoffländer. XX + 144 S., 36 Tab., 8 Karten, 24 Abb. 1985, ISBN 3 7847 6528 9, DM 37.-

Band 29: LINTNER, PETER: Flächennutzung u. Flächennutzungswandel in Bayern. Strukturen, Prozeßabläufe, Erklärungsansätze. XXXIV + 145 S., 20 Tab., 12 Abb., 12 Karten. 1985, ISBN 3 7847 6529 7, DM 49.-

Band 30: METZ, ROLAND: Räumliche Auswirkungen von Insolvenzen auf Arbeitsmärkte in Bayern. XXXIV + 210 S., 16 Tab., 2 Zusammenstellungen, 26 Abb., 40 Karten. 1987, ISBN 3 7847 6530 0, DM 43.-

Band 31: BECKER, WALTER: Messen und Ausstellungen - eine sozialgeographische Untersuchung am Beispiel München. XXXI + 120 S., 47 Tab., 13 Abb., 24 Karten. 1986, ISBN 3 7847 6531 9, DM 38.-

Band 32: KIM, BOO-SUNG: Die Bedeutung von Innovationsprozessen für sozialdemographische Strukturen im Freizeitraum. XXII + 130 S., 24 Tab., 18 Abb., 9 Karten. 1987, ISBN 3 7847 6532 7, DM 39.-

Band 33: Bayern - Aktuelle Raumstrukturen im Kartenbild. Zusammengestellt von RUPPERT, KARL. 153 S., 17 Tab., 11 Abb., 80 Karten. 1987, ISBN 3 7847 6533 5, DM 40.-

Band 34: GRÄF, PETER: Information und Kommunikation als Elemente der Raumstruktur. LII + 204 S., 46 Tab., 35 Abb., 57, Karten. 1988, ISBN 3 7847 6534 3, DM 56.-

Band 35: Müll – Untersuchungen zu Problemen der Entsorgung und des Rohstoffrecycling. Zusammengestellt von HAAS, HANS-DIETER. VIII + 94 S., zahlreiche Tab. und Abb. 1989, ISBN 3 7847 6535 1, DM 29.-

Band 36: LEMPA, SIMONE: Flächenbedarf und Standortwirkung innovativer Technologie und Logistik, unter besonderer Berücksichtigung des Logistikkonzeptes Just-In-Time in der Automobilindustrie. XVI + 168 S., 14 Tab., 40 Abb., 12 Karten, 3 Zusammenstellungen. 1990, ISBN 3 7847 6536 X, DM 58.-

Band 37: RUPPERT, KARL u.a.: Ländliche Räume im Umbruch - Chancen des Strukturwandels. 150 S., 16 Abb., 18 Tab., 44 Karten. 1992, ISBN 3 7847 6537 8, DM 48.-

Band 38: SAGAWE, THORSTEN: Una vision geografica de la poblacion Dominicana, Atlas demografico de la Republica Dominicana. 92 S., 45 Karten, 26 Figuren, 8 Tab. 1992, ISBN 3 7847 6538 6, DM 35.-

Band 39: HAAS, HANS-DIETER (Hrsg.): Zur Raumwirksamkeit von Großflughäfen – Wirtschaftsgeographische Studien zum Flughafen München II. XVIII + 196 S., 17 Karten, 30 Abb. 1997, ISBN 3 7847 6539 4, DM 58.-

Band 40: GLAS, CHRISTIAN: Wirtschaftsgeographische Neubewertung des Main-Donau-Kanals. X + 131 S., 10 Karten, 8 Abb. 1996, ISBN 3 7847 6540 8, DM 42.-

Band 41: BAUER, ELISABETH-MARIA: Die Hochschule als Wirtschaftsfaktor – Eine systemorientierte und empirische Analyse universitätsbedingter Beschäftigungs-, Einkommens- und Informationseffekte – dargestellt am Beispiel der Ludwig-Maximilians-Universität München. XIV + 178 S., 4 Karten, 33 Abb. 1997, ISBN 3 7847 6541 6, DM 52.-

Band 42: JOB, HUBERT UND KOCH, MARTIN (Hrsg.): Gewerbebrachflächenrecycling. Ein Beitrag zur nachhaltigen Stadt- und Regionalentwicklung. X + 132 S., 7 Karten, 26 Abb., 18 Photos, 6 Farbkarten im Anhang. 2001, DM 48.-

Bestellungen von „Münchner Studien zur Sozial- und Wirtschaftsgeographie" bitte an:
Kommissionsverlag, Buchdruckerei Michael Laßleben, Postfach 20, 93183 Kallmünz
Tel.: 09473/205; FAX: 09473/8357.
Eine aktuelle Liste aller Publikationen des Instituts für Wirtschaftsgeographie ist unter
http://www.wigeo.bwl.uni-muenchen.de/ erhältlich

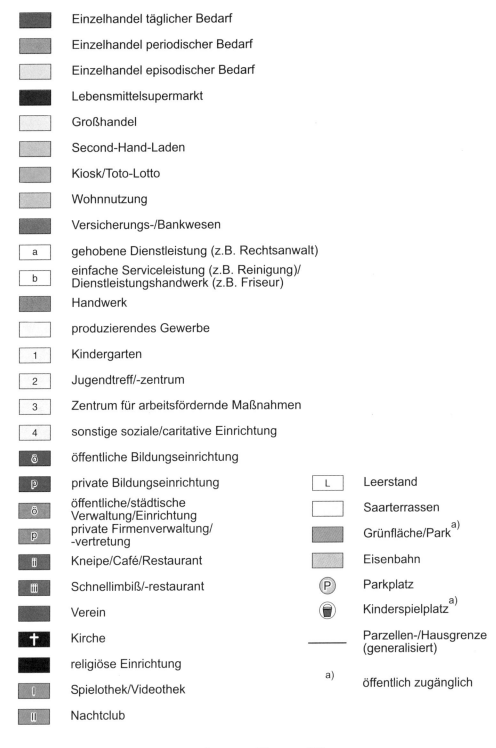

Funktionalkartierung Saarbrücken - Erdgeschossnutzung ausgewählter Bereiche in den Stadtteilen Burbach und Malstatt im Juni 1999

N

- Einzelhandel täglicher Bedarf
- Einzelhandel periodischer Bedarf
- Einzelhandel episodischer Bedarf
- Lebensmittelsupermarkt
- Großhandel
- Second-Hand-Laden
- Kiosk/Toto-Lotto
- Wohnnutzung
- Versicherungs-/Bankwesen
- a gehobene Dienstleistung (z.B. Rechtsanwalt)
- b einfache Serviceleistung (z.B. Reinigung)/ Dienstleistungshandwerk (z.B. Friseur)
- Handwerk
- produzierendes Gewerbe
- 1 Kindergarten
- 2 Jugendtreff/-zentrum
- 3 Zentrum für arbeitsfördernde Maßnahmen
- 4 sonstige soziale/caritative Einrichtung
- ö öffentliche Bildungseinrichtung
- p private Bildungseinrichtung
- ö öffentliche/städtische Verwaltung/Einrichtung
- p private Firmenverwaltung/ -vertretung
- Kneipe/Café/Restaurant
- Schnellimbiß/-restaurant
- Verein
- † Kirche
- religiöse Einrichtung
- I Spielothek/Videothek
- II Nachtclub

- L Leerstand
- Saarterrassen
- Grünfläche/Park [a)]
- Eisenbahn
- (P) Parkplatz
- Kinderspielplatz [a)]
- Parzellen-/Hausgrenze (generalisiert)
- a) öffentlich zugänglich

0   50   100 m

Kartengrundlagen: DGK 1: 5.000, Ausg. 1987, Blatt Nummern 7056 Saarbrücken Malstatt, 7054 Alt-Saarbrücken, 6856 Saarbrücken-Burbach, 6854 Saarbrücken-Burbach-Süd

Kartierung/Kartographie: Nina Kuhn & Christoph Renschler

A: BURBACH - Helgenbrunnen

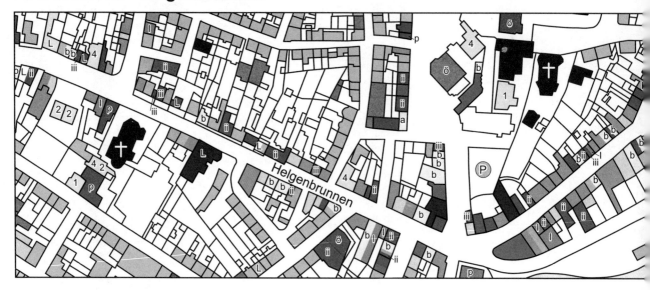

B: MALSTATT - Breite Straße

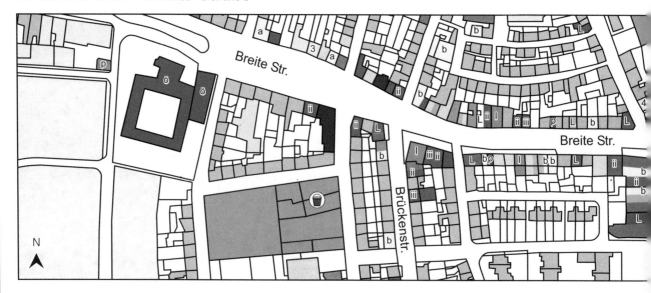

C: MALSTATT - Lebacher Straße

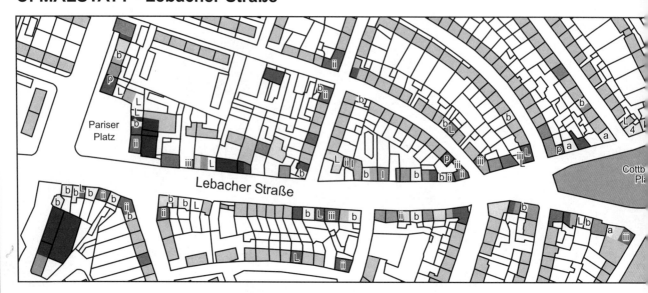

Renschler, C.: Wahrnehmung und Akzeptanz der "Saarterrassen" (als 'weltweites Projekt' der EXPO 2000) durch die Einheimischen
Münchner Studien zur Wirtschafts- und Sozialgeographie (MSSW), Band 42

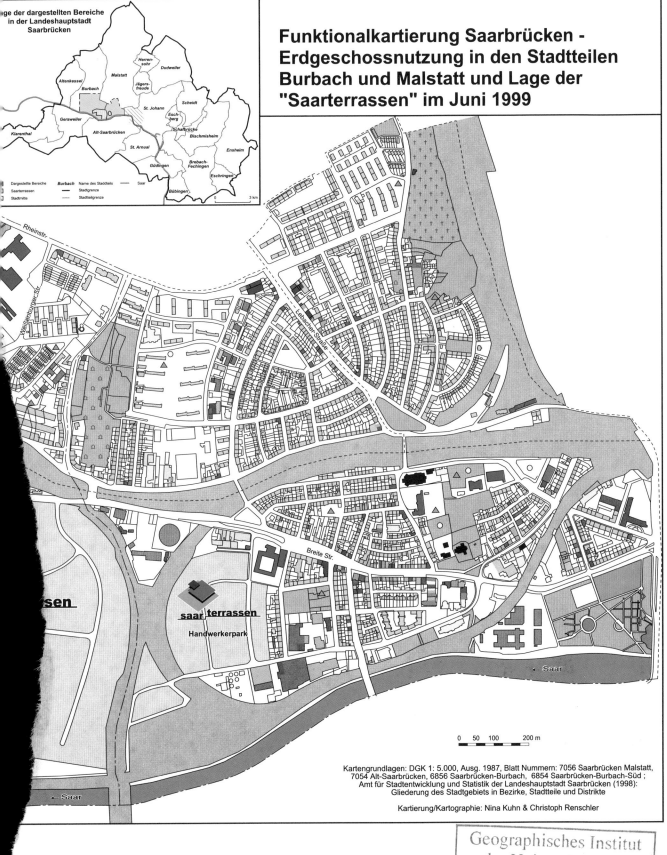

Funktionalkartierung Saarbrücken - Erdgeschossnutzung in den Stadtteilen Burbach und Malstatt und Lage der "Saarterrassen" im Juni 1999

ge der dargestellten Bereiche
in der Landeshauptstadt
Saarbrücken

Altenkessel   Malstatt   Herren-
Burbach   sohr   Dudweiler
Jägers-
freude
Gersweiler   St. Johann   Scheidt
Esch-
Klarenthal   Alt-Saarbrücken   Schafbrücke   berg
St. Arnual   Bischmisheim
Güdingen   Brebach-   Ensheim
Fechingen
Bübingen   Eschringen

0   3 km

Dargestellte Bereiche   *Burbach*   Name des Stadtteils   —— Saar
Saarterrassen   —— Stadtgrenze
Stadtmitte   —— Stadtteilgrenze

Rheinstr.

Weitenburger Str.

Lebacher Straße

saar terrassen
Handwerkerpark

Breite Str.

← Saar

← Saar

0   50   100   200 m

Kartengrundlagen: DGK 1: 5.000, Ausg. 1987, Blatt Nummern: 7056 Saarbrücken Malstatt,
7054 Alt-Saarbrücken, 6856 Saarbrücken-Burbach, 6854 Saarbrücken-Burbach-Süd ;
Amt für Stadtentwicklung und Statistik der Landeshauptstadt Saarbrücken (1998):
Gliederung des Stadtgebiets in Bezirke, Stadtteile und Distrikte

Kartierung/Kartographie: Nina Kuhn & Christoph Renschler

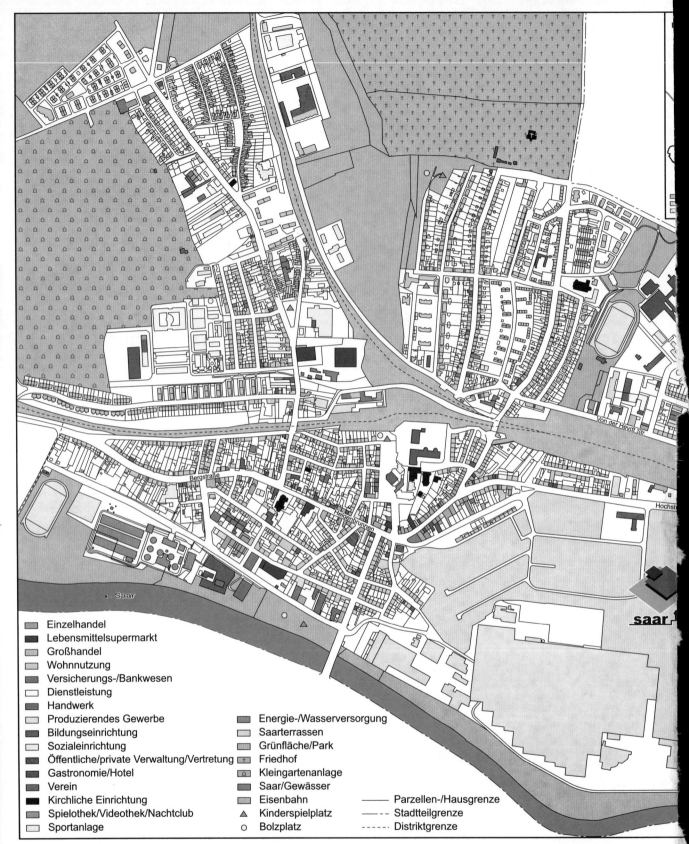

Einzelhandel
Lebensmittelsupermarkt
Großhandel
Wohnnutzung
Versicherungs-/Bankwesen
Dienstleistung
Handwerk
Produzierendes Gewerbe
Bildungseinrichtung
Sozialeinrichtung
Öffentliche/private Verwaltung/Vertretung
Gastronomie/Hotel
Verein
Kirchliche Einrichtung
Spielothek/Videothek/Nachtclub
Sportanlage

Energie-/Wasserversorgung
Saarterrassen
Grünfläche/Park
Friedhof
Kleingartenanlage
Saar/Gewässer
Eisenbahn
Kinderspielplatz
Bolzplatz

Parzellen-/Hausgrenze
Stadtteilgrenze
Distriktgrenze

Renschler, C.: Wahrnehmung und Akzeptanz der "Saarterrassen" (als 'weltweites Projekt' der EXPO 2000) durch die Einheimischen
Münchner Studien zur Wirtschafts- und Sozialgeographie (MSSW), Band 42

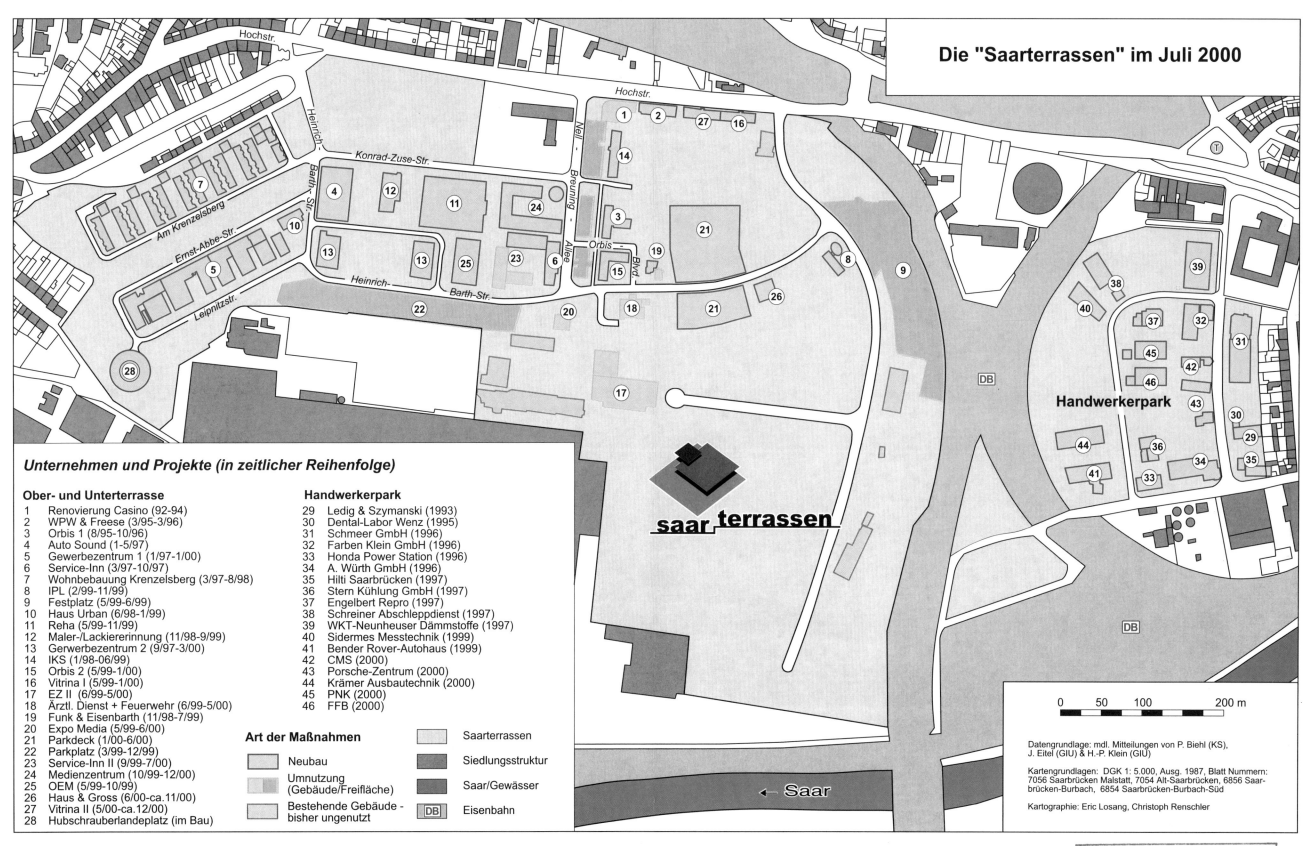

Die "Saarterrassen" im Juli 2000

Unternehmen und Projekte (in zeitlicher Reihenfolge)

Ober- und Unterterrasse

1 Renovierung Casino (92-94)
2 WPW & Freese (3/95-3/96)
3 Orbis 1 (8/95-10/96)
4 Auto Sound (1-5/97)
5 Gewerbezentrum 1 (1/97-1/00)
6 Service-Inn (3/97-10/97)
7 Wohnbebauung Krenzelsberg (3/97-8/98)
8 IPL (2/99-11/99)
9 Festplatz (5/99-6/99)
10 Haus Urban (6/98-1/99)
11 Reha (5/99-11/99)
12 Maler-/Lackiererinnung (11/98-9/99)
13 Gewerbezentrum 2 (9/97-3/00)
14 IKS (1/98-06/99)
15 Orbis 2 (5/99-1/00)
16 Vitrina I (5/99-1/00)
17 EZ II (6/99-5/00)
18 Ärztl. Dienst + Feuerwehr (6/99-5/00)
19 Funk & Eisenbarth (11/98-7/99)
20 Expo Media (5/99-6/00)
21 Parkdeck (1/00-6/00)
22 Parkplatz (3/99-12/99)
23 Service-Inn II (9/99-7/00)
24 Medienzentrum (10/99-12/00)
25 OEM (5/99-10/99)
26 Haus & Gross (6/00-ca.11/00)
27 Vitrina II (5/00-ca.12/00)
28 Hubschrauberlandeplatz (im Bau)

Handwerkerpark

29 Ledig & Szymanski (1993)
30 Dental-Labor Wenz (1995)
31 Schmeer GmbH (1996)
32 Farben Klein GmbH (1996)
33 Honda Power Station (1996)
34 A. Würth GmbH (1996)
35 Hilti Saarbrücken (1997)
36 Stern Kühlung GmbH (1997)
37 Engelbert Repro (1997)
38 Schreiner Abschleppdienst (1997)
39 WKT-Neunheuser Dämmstoffe (1997)
40 Sidermes Messtechnik (1999)
41 Bender Rover-Autohaus (1999)
42 CMS (2000)
43 Porsche-Zentrum (2000)
44 Krämer Ausbautechnik (2000)
45 PNK (2000)
46 FFB (2000)

Art der Maßnahmen

Neubau
Umnutzung (Gebäude/Freifläche)
Bestehende Gebäude - bisher ungenutzt

Saarterrassen
Siedlungsstruktur
Saar/Gewässer
DB Eisenbahn

Datengrundlage: mdl. Mitteilungen von P. Biehl (KS), J. Eitel (GIU) & H.-P. Klein (GIU)

Kartengrundlagen: DGK 1: 5.000, Ausg. 1987, Blatt Nummern: 7056 Saarbrücken Malstatt, 7054 Alt-Saarbrücken, 6856 Saarbrücken-Burbach, 6854 Saarbrücken-Burbach-Süd

Kartographie: Eric Losang, Christoph Renschler

0   50   100   200 m

saar terrassen

Handwerkerpark

← Saar

Hömme, F.: Entwicklung und Prognose des Angebots und der Nachfrage an Gewerbebrachflächen in Deutschland
Münchner Studien zur Wirtschafts- und Sozialgeographie (MSSW), Band 42

Städte mit Reaktivierungsprojekten aus Clippings und siedlungsstrukturelle Kreistypen

Zahl der Projekte pro Stadt

1

2 - 4

≥ 5

Agglomerationsräume

Kernstädte

Hochverdichtete Kreise

Verdichtete Kreise

Ländliche Kreise

Verstädterte Räume

Kernstädte

Verdichtete Kreise

Ländliche Kreise

Ländliche Räume

Ländliche Kreise höherer Dichte

Ländliche Kreise geringerer Dichte

Staatsgrenze

Landesgrenze

Kreisgrenze

0   25   50 km

Entwurf: F. Hömme & C. Renschler
Kartographie: C. Renschler

Wiesbaden

Mainz

Frankfurt

Offenbach

Darmstadt

Ludwigs-hafen

Heidelberg

Karls-ruhe

Heilbronn

Pforz-heim

Stuttgart

Tübingen

Ulm

Konstanz

Ravensburg

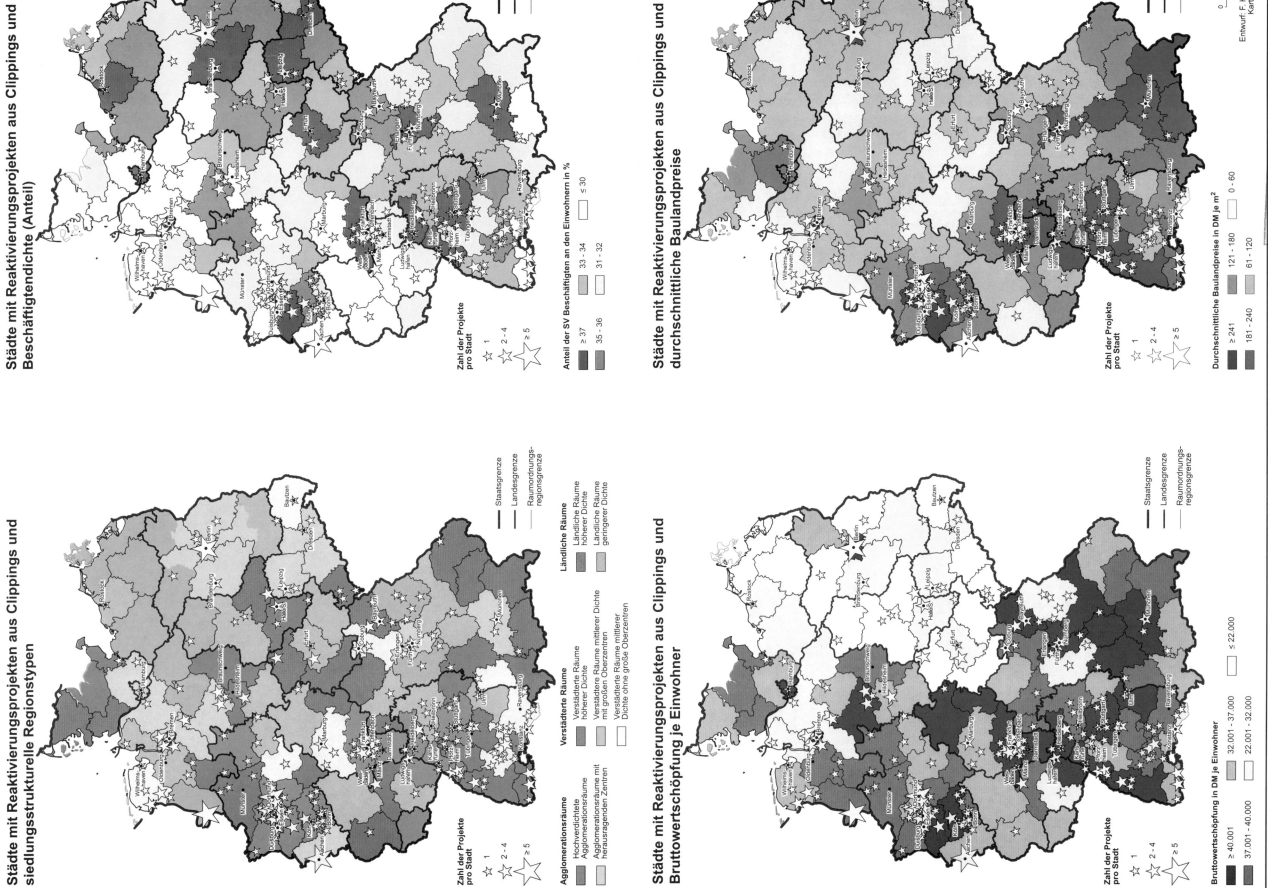

Städte mit Reaktivierungsprojekten aus Clippings und Beschäftigtendichte (Anteil)

Zahl der Projekte pro Stadt
☆ 1
☆ 2 - 4
☆ ≥ 5

Anteil der SV Beschäftigten an den Einwohnern in %
≥ 37
35 - 36
33 - 34
31 - 32
≤ 30

Staatsgrenze
Landesgrenze
Raumordnungs-regionsgrenze

Städte mit Reaktivierungsprojekten aus Clippings und durchschnittliche Baulandpreise

Zahl der Projekte pro Stadt
☆ 1
☆ 2 - 4
☆ ≥ 5

Durchschnittliche Baulandpreise in DM je m²
> 241
181 - 240
121 - 180
61 - 120
0 - 60

Staatsgrenze
Landesgrenze
Raumordnungs-regionsgrenze

0   50   100 km

Entwurf: F. Hömme & C. Renschler
Kartographie: C. Renschler

Städte mit Reaktivierungsprojekten aus Clippings und siedlungsstrukturelle Regionstypen

Zahl der Projekte pro Stadt
☆ 1
☆ 2 - 4
☆ ≥ 5

Agglomerationsräume
Hochverdichtete Agglomerationsräume
Agglomerationsräume mit herausragenden Zentren

Verstädterte Räume
Verstädterte Räume höherer Dichte
Verstädterte Räume mittlerer Dichte mit großen Oberzentren
Verstädterte Räume mittlerer Dichte ohne große Oberzentren

Ländliche Räume
Ländliche Räume höherer Dichte
Ländliche Räume geringerer Dichte

Staatsgrenze
Landesgrenze
Raumordnungs-regionsgrenze

Städte mit Reaktivierungsprojekten aus Clippings und Bruttowertschöpfung je Einwohner

Zahl der Projekte pro Stadt
☆ 1
☆ 2 - 4
☆ ≥ 5

Bruttowertschöpfung in DM je Einwohner
> 40.001
37.001 - 40.000
32.001 - 37.000
22.001 - 32.000
≤ 22.000

Staatsgrenze
Landesgrenze
Raumordnungs-regionsgrenze

Hömme, F.: Entwicklung und Prognose des Angebots und der Nachfrage an Gewerbebrachflächen in Deutschland
Münchner Studien zur Wirtschafts- und Sozialgeographie (MSSW), Band 42

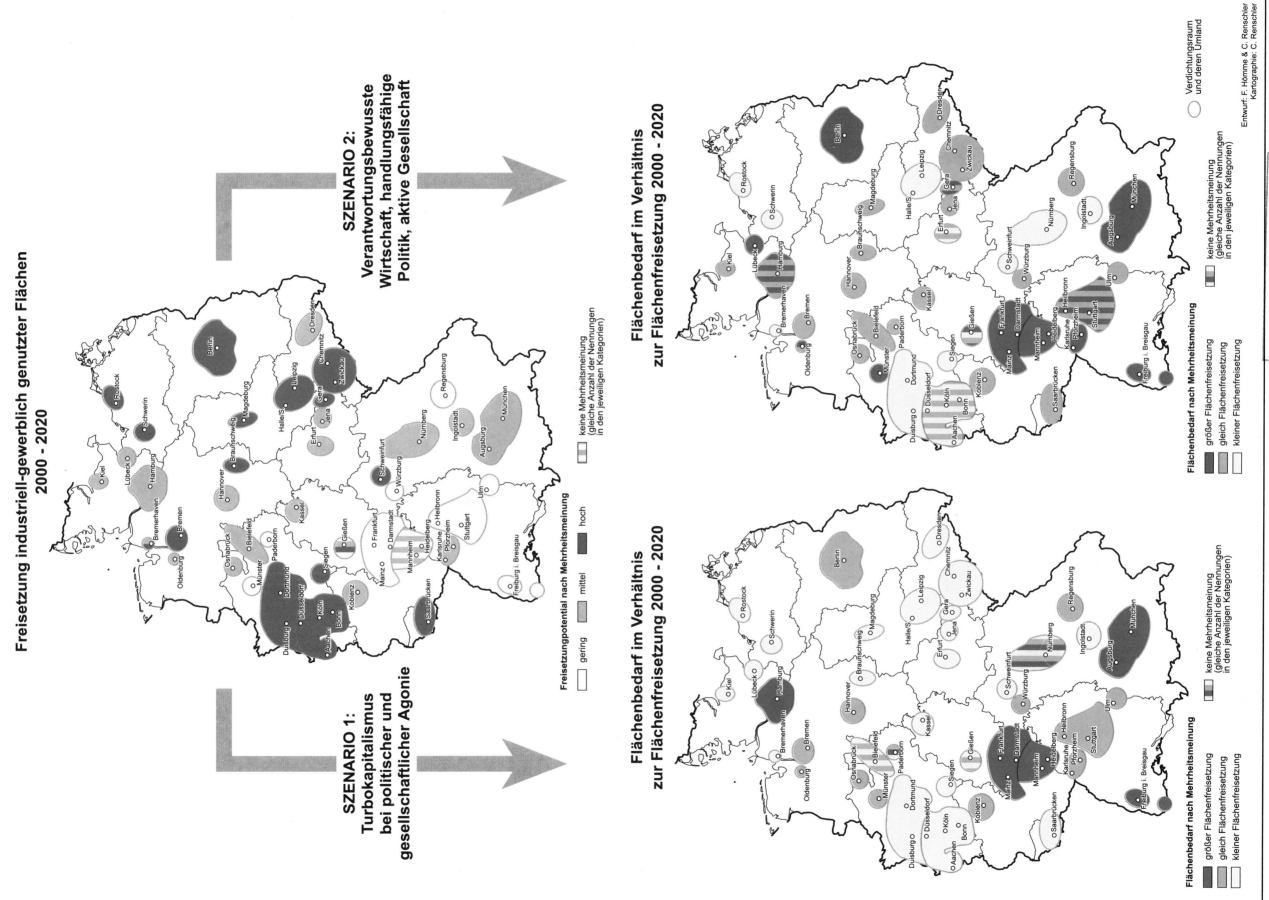

Freisetzung industriell-gewerblich genutzter Flächen 2000 - 2020

SZENARIO 1:
Turbokapitalismus bei politischer und gesellschaftlicher Agonie

SZENARIO 2:
Verantwortungsbewusste Wirtschaft, handlungsfähige Politik, aktive Gesellschaft

Freisetzungspotential nach Mehrheitsmeinung

gering   mittel   hoch

keine Mehrheitsmeinung
(gleiche Anzahl der Nennungen
in den jeweiligen Kategorien)

Flächenbedarf im Verhältnis zur Flächenfreisetzung 2000 - 2020

Flächenbedarf nach Mehrheitsmeinung

größer Flächenfreisetzung
gleich Flächenfreisetzung
kleiner Flächenfreisetzung

keine Mehrheitsmeinung
(gleiche Anzahl der Nennungen
in den jeweiligen Kategorien)

Flächenbedarf im Verhältnis zur Flächenfreisetzung 2000 - 2020

Flächenbedarf nach Mehrheitsmeinung

größer Flächenfreisetzung
gleich Flächenfreisetzung
kleiner Flächenfreisetzung

keine Mehrheitsmeinung
(gleiche Anzahl der Nennungen
in den jeweiligen Kategorien)

Verdichtungsraum
und deren Umland

Entwurf: F. Hömme & C. Renschler
Kartographie: C. Renschler

Z-187

Hömme, F.: Entwicklung und Prognose des Angebots und der Nachfrage an Gewerbebrachflächen in Deutschland
Münchner Studien zur Wirtschafts- und Sozialgeographie (MSSW), Band 42

Geographisches Institut
der Universität Kiel